勘誤　第四章章名

誤：先秦儒學民主而上學思想體系

正：先秦儒學民主形而上學思想體系

林庭琳 著

儒政新書

臺灣學生書局印行

自序

正時命世，乃儒者之天命，孔子繼承周公完成儒學體統，孔子一生行事之深切著明，以《春秋》詔後世，「貶天子，退諸侯，討大夫以達王事（仁政）而已矣。」以為歷史儀法。宋張載欲「為天地立志，為生民立道，為去聖繼絕學，為萬世開太平[1]。」雖未必能至，但顯現儒者之氣魄，乃孟子「浩然之氣」的復述，審世事之是非，存正義於史冊，為後所矜式，立志明道，得歷史建立至公至平之人理。鼓舞知識分子關心眾人之事，中山先生謂之為「政治」。孔子曰：「政者，正也[2]。」

夫天地原理之於萬物，古人所認識，日月無偏照，雨露不偏施，至均至平，是之謂正。政事平公私，均義利，謂之天道，是正之標準。不偏不倚之謂中，故《書》曰：「允執厥中」，人心就正於天道，無過無不及，乃中庸之成理。〈大禹謨〉曰：「人心惟危，道心惟微，惟精惟一，允執厥中。」蓋人心必有私，私則不直，易為物蔽而失正，蔽於物而離中允，則私過正理，是為不合理之私，遂成貪濫幸得，甚而損人利己，悖「明德」之大義，乃一切罪惡之根源，源濁則流自不清，於是有私心濫欲，過求不合理之私，立為人患。此人心之所以「危」

也，危而不中，不中則不正，故前哲伸誡正之教以道「明德（得）」。

道心出自天理，天道無私，故古之造字者，以日正為是，是天道普利眾生，直導人以不貪求，不濫得，無損人利己，消幸得之心，以合理之勞動，取得合理之報酬，是謂合理之私，合理之私得中正之義，和義利，均人欲，俾人人得其合理的生存權利與空間，是平天下之正理，然而天下人事之公理，往往為私心利己者所藐視，如西方實用主義哲學之所謂：「個人利益、幸福，只存在於個人之成功。」乃衍伸為：「成功證明手段合理。」「能滿足我即是真理。」之偏蔽。如是必至於「徇人欲而滅天理」，令心不能中正活潑、所以為「微」，微而不顯，則中正蔽塞，遂與儒學信守仁義「明德（得）」之教相背馳，成為資本主義帝國主義的理論依據，至其近代東漸而侵蝕「明德」之正理，浸染人心，於是人倫乖析，儒學愈衰，夫明德者，使其所得必合於天理之正，不詐欺，不侮正，利己利人而天下均平，老弱殘疾得以救濟，人道全而仁義顯，才是人類永續發展的真正普世價值。世無高論足以出「明德」之教理。《易》曰：「中正以通[3]。」中正以通天下之義利，和人事莫如「明德（得）」，是儒學教育所追求的最高真理。一切施政法令，以明德中正為依歸「節以制度、不傷財、不害民[4]。」「執其兩端，用其中於民[5]。」均平和民，則國家天下自臻大同，《易》曰：「中正以觀天下[6]。」

蓋自西學東湊，賈其帝國主義之餘威，資本主義之掠奪，又挾其宗教文化以侵凌中夏，國人因我之積弱，一時炫於其強悍兇橫之氣燄，初則民貧志短，震富強陵轢之勢，或有極小部分知識分子惑於宗教之誘導，繼有小量貧民利於教會物質小惠，而靦腆受餌，自卑自棄，由是而民氣斫傷，人慕西化，華夏人文為之陵替，恥本宗之衰微，羨西俗之強梁，於是望西風而阽畏，崇異域之威靈。惟志士仁人，鼓風雷之勢，亟思自救，雖仍難免於時代形勢之影響，乃有洋務運動以求民族自立，惟新惟變，本中學為體，西學為用，苟存族脈，未厭人心，遂會成富國強兵，師夷以敵夷，繼而師倭日之明治維新，冀以禦侮，惟師倭而倭侮愈甚，於是乃激起五四運動，青年、學生矢志救國同誓，求急成而未審擇，由是而有全盤西化之主張，擊鼓以進，飢不擇食，自遺積數千年人文之生命願力，遂惑於「蔽於物而不知人」之所謂馬、列主義思想，從此雖救國同心，而黨爭歧路。一時同唱革命之歌，而不本中山先生以湯、武革命「順乎天而應乎人[7]」的正大思想。假革命以爭權奪利，同床異夢，百年於茲，共黨當權，國漸富強而人文掃地，倫常失序而道義愈衰，亦可謂「自貽伊戚[8]」矣。

審西方自然科學發達，帶來了新型工具之運用，促進生產力躍升，經濟固著先鞭，俾人民在物質上獲得豐盈富厚，但亦以淘空地球為代價，滿足其商業利潤，造就資本主義當代之榮景，使義利分而爭無已。因物質之享受未能全人生價值理義，逐物喪心，乃成資本主義的社會本質，故宗教日失其誨善之功，利益競爭終歸於壟斷和掠奪。人不恥「獨富」，缺德讓之心，奢言無限競爭為其真理。為滿足資本利潤，卻耗盡人的生命精神心力，於是人既富矣，惟精神虛忽泛濫，失義理之歸宗，猶貫其帝國主義之本質，虛唱民主、人權、自由，以賺弱小國家人民，自我優越，而到處侵裂他國，貽害列國民生，令弱國人民流離失所，至今未息，猶無恥心已充其虛偽之「民主、人權、自由」誑民意志，此乃西方文明之大略，依此無假深論。

且觀現今人類大部物質生活豐足，可是主體精神落索，俗文化生活浸淫於紅霓燈之光耀，缺乏應有人生理想道德的歸宗，一場狂歡享樂，一旦靜止，即一場虛夢，神志游離，心既不存念忠、孝、仁、義之理，重以激烈之過度競爭，剝落人的自主意志，空喊自由，而自由實益被競爭所箝制。當代資本主義強調無節制的資源物質競爭，無止境令人逐物忘返，終於「滅天理而窮人欲」，使人與人之間變成利益誰歸之敵人，朋友信義被利益完全取代，酒肉之交，遂成商場詭隨。於是強兼弱，智詐愚，權欺譎變，為競爭之必然。忠信德讓，難存於資本主義商場之間，德讓忠信既衰，教育無從施為於激烈而無品節競爭之際，情大可悲而人不之悟，猶奢言永續發展，寧有是理乎？

由是觀之，西學之優劣，可以實理考評，尤其資本主義經濟學說，最終與進化論末流結合，并於實用主義哲學之悖謬同流。「飾邪說，文奸言」以亂人性。利用人必有私之特性，忽視合理之私以明德之正向，而鼓動不合理之私的獨富與壟斷，適人性之偏蔽而冥動，崇尚競爭以提高生產力，滿足資本非理之利潤追求，使人窮利忘反。競爭有促進進步之能量，凡愚皆識，惟一意於無節制的劇烈競爭，令人無暇反省善端，必無從與人共利，強調一己佔有慾，以「成功證明手段合理」，「能滿足我即是真理」這種黑格爾式和實用主義哲學之悖謬，促使人私無義理之品節，必流於濫，貪求、幸得，行檢無度量分際，惟利己是求，則盜賊匪類，皆有成功之期，盜賊匪類之成功，帝國主義之侵略是把自己的快樂，建築在他人痛苦身上，因此說：凡無休止的劇烈競爭，不知所止，會使人忘其所得的合理義節，喜其得而忘卻賊害傷人之惡，人理迷失，由是人懷危懼之心，不知何以自處，寧不可悲！

昔日追求西學之熱忱者，蓋未曾洞明其實理之或有偏差。徒取功利之先鞭，浮光掠影，缺乏對人文實理之探究，致有所蔽。如今回頭檢吾舊物，方知前時之失。審西學無異先秦諸子，道釋高論，莫不皆持之有故，言之成理，或有嘉處，猶皆未及儒學之全人道，精義入神、消獸性、養良知、敦良行，「己所不欲，勿施於人」「己欲立而立人，己欲達而達人」，道明德以止於至善之境，闡釋天地之性人為貴之人文義理，說明人所以異於禽獸之特性，人為萬之靈的充分論據，消除進化論末流，將人等同於一般野生動物之淪落，以正實用主義哲學人惟利己之差謬。

方今世道綸紛，人莫不虛談民主，假令民主真能登民生於至樂至善之境，亟當焚香以祝。然民主民粹紛紛其說，實難界定，空勞雜沓，日日以倡。鑒於西方所謂之民主政治，發展至今，歷數百年於茲，雖人人以民主自高，自我優越，一人一票的選舉形式，並未能真正顯現以民為主之本質。野心家之撥弄，政客瘋狂地追逐滿足個人之野心與權力慾，未盡見當選者，把人民的利益安危放在心上，惟受假權以圖私利，不顧民生之為何物，致令民眾向隅，如今西方民主政制疲態畢露，無法做到民之所欲天必從之，天且從民，何況當政者，如不能做到從民之所欲，則何為民主之定義，政客們憑藉資本主義之商業包裝，利用行銷和廣告之伎倆街遊巷號，欺蔽老誠，民眾莫如之何，行銷學者何？合法之行騙術，廣告學者何？合法之詐欺術，如是人無明德中正之誠，焉能福利民生。

究民主之真諦，一言以蔽之，在於追求人世間之公平正義而已，不達則民主何為？公平與正義者，無非俾人人有生存空間，生活有尊嚴之實質。故凡人權、自由、平等皆民生之一環。假使民生寡遂，僅憑一己自是之心，而欺矇善良，而飾詞曰：「理想」，理想者人人皆有，如無從公服義，追求公平正義堅定之信念。徒成不逞之徒口實，是之謂民妖，民妖橫行，令民生塗炭，為現代不審之民主說者陷阱。

虛偽成習俗的商業化民主，缺乏崇高之理民抱負，或有抱負而不知所施，不能所施，徒為倡說，與資本主義之不負責任，鼓動揮霍地球自然資源，相濟為患，欲期人類之免於沉淪，形同緣木求魚，必不能得。資本主義之鼓勵人生縱欲消費，以滿足資本更高利潤要求，以偽善宣傳，以貪濫施教，竭澤而漁，以填無止境慾壑，影響所及，狂暴橫流，去明德之理義，仁義失所，人理物化，誠正髡鉗，奸人得志，是非混淆，人文浸衰，於是窮人欲而滅天理，人道明德為之解體，果真是「天作孽，猶可為，自作孽，不可逭[9]」的資本主義社會民妖之寫照。

考我國歷史，於三千年前之周初，早已有：以天下國家，人民為主體的高度政治認識，說：「天聰明，自我民聰明，天明畏，自我民明威[10]。」「天視自我民視，天聽自我民聽[11]。」「民之所欲，天必從之[12]。」「民惟邦本，本固邦寧[13]。」宋呂祖謙釋說：「民可近而不可下。見君民的然一體，可親之使近，不可推之使下，視民為下，則有邈然不相接之意矣，……百世與王之定法也[14]。」君民平等，宋人已有確見，古人睿智，早已告訴後儒，人君之布政施教，是代行上天的意志。夫太古未有君之時，世人人人平等。君是後天的歷史逐漸發展出來的，故人君必須尊天敬民，才可確保存在，這一極為可貴之上古歷史觀，被後來者所忽視，甚至被專制思想大師的董仲舒，扭曲成「屈民而伸君」，反人民的極端專制，造成歷史的被動導向，呂祖謙的睿智之見解，亦不受當時和後世所重視，令人嘆惜。

孟子繼承周代人文，重拾既有的歷史觀，綜合儒學民主形而上學思想，而提出具體的貴民輕君思想，完全符合古代歷史發展的實況。揭示人民才是國家主人之本質，反映真實人類發展史的自然法則。民養君是勞動者的義務，君治民為勞心者義務，所以說：「勞心者治人，勞力者治於人[15]。」初見社會分工的意識概念。於是有「畜君」之說，畜君實質就是人民出貢賦以養君的道理，猶今總統食人民薪資賦稅無異。為免觸怒主君，乃挾其縱橫之辯說，避去觸宣王逆鱗，故矯情地釋畜君為好君之詭說。查先秦儒家經典，除孟子釋晏嬰畜君為好君之外，未見有此說。徵諸晏嬰所引《逸詩》之徵招角招（招同韶），是樂名，案古樂五音有君臣定位，角為民，徵為事，觀孟子引晏嬰一章，全在批評在位者只顧宴樂而怠忽民生，故樂師亦以角韶，徵韶相應民事之不可緩也，並無好之褒讚，足見孟子好君為詭辯。

案畜義為畜養，古有明義，文之為奉養。《易・遯卦》九三爻辭曰：「畜臣妾、吉。」《左傳》哀公二十年曰：「畜諸公宮。」《詩・邶風・日月》曰：「蓄我不卒。」《荀子・非十二子》曰：「則一君不能獨畜。」《禮記・祭統》曰：「孝者，畜也。」皆表養義。（詳第二章第四節「君」之定位）孟子一向主張君民同樂，反對人君獨樂而忽視民生，獨樂之君何好之有，且丘民為國家主體，是儒學民主形而上學的主體思想，乃至荀子而明確地指出人民對統治者，擁有主動權曰：「君者，舟也，庶人者，水也。水則載舟，水則覆舟16。」以水的威力，伸明人民的主體地位，《周書・泰誓》曰：「撫我則后（君），虐我則仇。」人民擁有具體的主動權，是儒學民主形而上學無可致疑的思想精神。《易・繫辭》上傳曰：「形而上者，謂之道，形而下者，謂之器。化而裁之，謂之變，推而行之，謂之通。」道者乃天理所顯現之至公、至正、至真、至純的真理本源。民養君，君理民，分工合作，各盡本分，化裁變通，達致人事和諧，自然可君民同樂，通之至也。凡逆民之君，人民有權廢黜他，如湯、武之革命，就是「順乎天，應乎人。」之義舉。此乃儒學思想中，最可貴，並可能發展成形而下的民主思想體系，誰敢說中國無民主思想的歷史實證。

只是我國傳統文化，素來追求選舉人才，必求才德兼備，不主唯才而無品德的人物，拒絕小人亂正之病，不肖者竊權害民之弊。因此，所求既高，實施自然不易。意其求上而不得，猶冀及其中，求其下而下之，其弊不可勝言。方今西式民主一人一票之選舉法，乃不得已而求其下者，實未能達到選賢與能之要求。賢與能是兩個概念，賢必求諸人的道德高尚之品格修齊，懷明德兼濟之胸懷抱負，始乃儒家之選；而能者，善處事，曉撥弄，行偽而堅，言偽而辯，強足以拒諫，皆能者之表現。無仁善之質，故有才能而未明德，不足以兼善天下。是以儒學之選舉法主張，特別追求強調賢能兼備的高等人才，始能普澤天下「光被四表」，故非賢能不許以居大位，此乃儒學選舉的理想追求。固其求之既高而詳備，致令歷史發展至今，尚未發展出符合理想的選舉制度，蓋《陽春白雪》能和之者寡，而《下理》《巴人》能和者眾，然未合高義，絕非我國傳統文化中無民主選舉思想，顧義高而未易達到，為求人文至善之境，固雖艱而不可棄。

當代西式民主選舉方法，只求技術手段之成功，未達民主制度之圓滿。一人一票雖給人人有參與之權利形式，只是公的一步，固未能平之真理。蓋當選者之良窳，猶當求諸選民之明德素養來決定。而三權分立，惟以力相制，雖便於行政，略至要德性之一環，實施固然便利，形式上粗看起來，似乎合理，惟德性之良知未具，何能發揮良行？故不如主觀想像之美善。果有小人得志，不肖者弄權私利，刀筆傷人，選民依然向隅。故一人一票是政治上不得已之過渡，猶非政治完善之良法，取法於西式一人一票之技術手段，仍須折中於中華選賢與能之良規，始不失真民主之義諦。利以圖功，義以成善，合明德之公理，求新求真，未嘗不可設計出我中華民族真誠的公平選舉制度，何必嗷嗷於西化之囂囂。

本書之作，是以多年來在各大學授課之部分講稿，及於「明德書室」對諸生講論文史近稿集結整理成書。主要以發揚先秦儒學民主形而上學為宗旨，以彌補西式民主形式之缺陷，糾正中國傳統文化無民主思想之武斷，伸張中華民族之傳統智慧，洗刷文化自卑，唯以屈己從人之病。

著者學疏，惟究《禮記・大學》篇「明德」之教，深知言民主而不主明德之義理，終歸浮泛。不真知合理之得乃人事至正之公義，合理之得濟合理之私，則民主有根本，免淪為虛偽與庸俗之權利爭奪淵藪，反覆思維，漸成條貫，慨自辛亥革命成功，推翻了二千多年來非理的專制王朝，建立民主共和之新中國政體，革命惟新，民族復興在望，舉國稱慶新中國之成立，惟自鴉片、甲午諸次戰爭之敗衂，帝國主義之強盜劫掠，致我國貧民困，無以聊生，劇烈創痛，至今猶有餘傷。獨惜新中國建立甫成，遂遭奸人竊國，於是人懷異心，利權爭奪，軍閥、黨爭相仍，人民失所，致令部分知識分子喪失信心，乃逆取西來之種種學說，提出其擬議，追逐新異，捐棄本有之鴻寶。雖熱心救國而藥石亂投，由於處方失當，急救國而國愈傷。邯鄲學步，未得國能，而失其故行，言之傷心。遂致中華衰弊，人文為墟，夫國之理亂強弱，有理有義，非惟堅船利砲之足恃，人文根本尤不可失，人文失則國魂消，國魂消則民族無以自立，遑言復興之高論。我國人素以禮義之邦自豪，非徒託空言，仁、義、忠、孝、信、誠、和、平八大人文極則，重之以明德為根，始能開數千年之宏局，修文德而來遠人，令我中華民族永恆壯大，歷史萬古長青，緜而不斷，舉世界無足倫匹，巍巍功業，乃根於前哲之至善業力，使人道明而理正，遂繫人倫於不墜。

儒者究天人之際，通古今之變，日新而不竭，德博而化。著者年登耄耋，凡庸衰朽，惟心有所鬱結，不得不言，自知見識淺陋，僭越之處，罪不敢逃，然猶期人文復興，民族之生機永續，恢弘儒學於當世，使人道昌而文以明，無忝前哲志意云爾。

中華民國一零四年乙未秋於九龍明德書室。林庭翀序

1 《張載集・語錄》中。
2 《論語・顏淵》篇。
3 《節卦・篆辭》。
4 同上注。
5 《禮記・中庸》篇。
6 《觀卦・篆辭》。
7 《革卦・篆辭》。
8 《詩・小雅・小明》章。
9 《商書・太甲》篇。
10 《夏書・皋陶謨》。
11 《周書・泰誓》中篇。《孟子・萬章》上引〈泰誓〉原文。
12 同上〈泰誓〉上篇。《左傳》襄公三十一年引〈泰誓〉原文。
13 《夏書・五子之歌》。
14 見《書說》。
15 《孟子・滕文公》上篇。
16 《荀子・王制》篇。

儒政新書目次

緒論

政、孔子曰：「政者、正也[1]。」夫天地之於萬物，至均至平之謂正，平公私，均義利，乃人事至正之標準，《易》曰：「中正以觀天下[2]。」人心就正於天道，無過無不及，是謂中庸之正理，《夏書・大禹謨》曰：「人心惟危，道心惟微（精正之理，人不易發揚理解，故曰：微）。」蓋人心有私，私無節制必遂濫，濫則不正，不直不正，易為物蔽而自失，蔽於物而失中允，是之謂不合理之私，私心自利，必成貪濫之私，貪濫幸得，損人利己，失「明德（得）」之中正，是一切罪惡之根源，源濁者，流自不清。於是人心濫欲，過求不合理之得，立成禍患，此人心之所以「危」也。故前哲申誠正之教，伸「明德（得）」之大義，救人心之危。人心正則公義張，《說文》曰：「公、平分也。」又引韓非子〈五蠹〉篇曰：「背公為私。」私心自用，乃今日資本主義之為害人理，其危可知，若人類必隨資本主義之張狂而不知自省，則人心莫得自救，墮落乃至於淪亡，人將與禽獸無異，喪失「天地之性人為貴。」為「萬物之靈[3]」定義，焉得不危。

人心之危，觀資本主義社會可謂表露無遺，其理論正利用此危心，而極力彰顯人之私欲，刺激非理性之競爭，以提高所謂的生產力，滿足資本之利潤，危害人性原有本善之天質。競爭可以促進進步，庸人皆曉，然而過度競爭亦必使人喪失互信之主體，令人與人之間無可信賴之朋友，更遑論道義。至於不問是非，以戰勝對方滿足己利為旨歸。尤其其所謂絕對自由經濟理論，是資本主義經濟學之高峯，進一步促成兼併的惡性競爭更趨激烈，令中小企業與大型企業形成極不公平的不對稱競爭，因其實力懸殊，致使弱者小者無法攀援，大魚食細魚，成為商場之定例。故所謂自由競爭，從表面看起來，似乎極公平，而實質絕不平的虛假遊戲。令微小企業極難有生存空間，造成大企業的終局壟斷地位。其力足以操縱市場動向，乃至對社會政治之操控，資本主義之民主政治，政府實際是大資本家的傀儡，利用金權主導選舉，使一人一票，人人喜悅有參與權的快感一瞬即逝，狡者則利用它喊口號鑽空隙，假以爭權奪利，故選民懵懵，選後仍然受特定階級所操控，若是，則儘管聲嘶力竭去高喊民主，選民只能是野心家，聰明的小人之工具，難以期待真民主之出現。選民所能得到的就只有一時參與權的情感滿足，宣洩對現實之不滿，熱情稍縱即逝，於民生民權，實無何裨益，沉溺於非專制之控制。企求僥倖者，真心為人民謀福祉，猶同緣木求魚，終不可得。當今之世，人民尚需猛省，追求切切實實的公平正義的真民主，以免己排除專制，又陷入虛偽的假民主圈套，其法固難，但大義在前，必有賢哲以成其事。

　　更有甚者，大資本家力足以支配新聞媒體，為其利益服務，造成極少數人之意志，足以操縱整個社會風向，甚至媒體人或因個人之好惡，或利益主導而甘為虛偽的政治宣導之虎倀，俯張為幻，誤導民眾，擾亂是非，顛倒黑白，乃至於對學理只一知半解而作主觀之報導，假名為新聞自由，鼓吹無對待的自由，無節制之競爭，使人與人之間淪喪應有之誠信相依存。宣揚資本主義利用人與人之無限競爭提高生產力，最終淘空地球以滿足資本累積。積無用之餘財，損貧者之不足，掩蓋人食人的實況。繼以微薄的社會福利制度，作為資本主義社會實質掠奪的遮羞布，炫耀有餘者之慷慨，既非出自真誠之偽善，卻剝削貧者之尊嚴，而政客蒡民高喊民主自由，玩弄人民大眾於股掌之中。

蓋無對待之自由，實屬放縱，人世間，有我必有人，我欲自由，更需尊重他人之自由，不得任意行使我的自由以侵犯他人之自由，所以自由無絕對，才是自由之真諦。如無節制的絕對自由經濟理論者，是資本主義之惡的高峰，成其絕對侵略，令弱小喪失生存餘地，則民主何從談起，故絕對自由經濟，乃民主之悖謬，甚不足為法。使人性失去正道，必淪為與禽獸同科，仁義道喪，埋沒「天地之性，人為貴」之善道，愧稱「人為萬物之靈」之令譽，此人心之所以「為危」也。

道心出自天理，「皇天無親，惟德是輔[4]。」天澤溥施，不私少數個人，故日正為是。夫天道廣利眾生，為仁義所出，直導人以不貪求，不幸得，不損人利己，以合理之勞動，賺取合理之報酬，以中道而行，伸明合理之私，乃人類社會共存共榮之基礎，故建明德（得），和義利，均人欲，天下人人得其合理之私，始能使人人得其應得之生存空間，仁義人權民主皆在其中，是治國平天下之至理。此理不明，社會無真正之公平正義實現可言，任何政治制度，如不能伸明此理，使人民服膺而堅決這一天地人之公理，克復人之偏私濫欲，則政不得其正，孔子曰：「克己復禮為仁，一日克己復禮，天下歸仁焉[5]。」禮乃社會標準之公共秩序，公共秩序之守則，在於既愛護自己亦必尊重他人，故「己所不欲，勿施於人[6]。」與現代資本主義己所欲則掠奪，己所不欲則必施於人，和共產主義以暴掠收買民意，使一時貧民歸心以奪取政權者，恰好相反，蓋「禮以行義，信以守禮[7]。」乃天地之常經，人事之正理。人能克復貪濫幸得之心，始能行公義於人間。私者曲而不直，不直必非禮犯分，破壞社會公共秩序，故孔子教人「非禮物視，非禮勿聽，非禮勿言，非禮勿動[8]。」非禮而視則亂目，非禮而聽則惑心，非禮而言則擾眾，非禮而動則失序，如此正理為一般群眾所忽視，故收效甚微，大凡人見利而忘義者居多。猶如西方實用主義哲學之所謂：「個人今天的利益，幸福，只在於個人的成功。」而衍伸為：「成功證明手段合理」，「能滿足我就是真理」之詭隨心術。循此以往，必至於循人欲而滅天理，所以為「微」。

天理博仁明義以敦和人道而成性善之端，若毀滅此善端，惟循人欲之滿足出發而無所節制，必生損人利己之心，破壞「明德（得）」公理，乃大亂之根源，人之所以為人，乃樂仁、義禮、敦和而明德，使人我相安而成治。所以異於禽獸，而為「萬物之靈」，成天地之性貴於禽獸。人而但求滿足自己之欲望，而不計傷害他人，則淪為禽獸物理而非人理，其害必甚於禽獸。蓋禽之欲，只知滿足其飢餓之欲而搏殺吞噬，不曉得是非之計較，人可本仁義而講明德，野獸無知，焉知明德。人若喪心，循獸性而行則失性而物化，於是由「微」至於滅矣。人性滅則人不足以為人，淪與禽獸同科，而禍必大於禽獸之殺食，惟禽獸基於飢餓一時之求飽，無知識積其貪濫之心，人有智巧心計，是以奸險佞人，利得無厭，積多而非均利之心，如資本主義之惡性競爭，令人在競爭無限而喪失人的主體性，精神耗損，物欲愈足，而心靈益虛，沉淪無邊苦海，惶惶不可終日，其惡千萬倍於野獸，人若淪沉至此，則天地滅而乾坤毀，談禮說教，已屬虛設，「道心惟微」故可以理測知也。

儒學之教，以崇天道，明仁義為立教之本，達仁義莫尚乎「明德（得）」，德（得）明則利均，利均則禮達，仁體而現，故《大學》經文首章即立「明德（得）」大義，明德乃社會一切公平正義之全體，崇天理，尊人欲，仁義包於其中。利己利人則天下均平，人無偏害，此乃人類社會得以永續發展不可或缺之真理，公平正義是普世價值，世無高論足以過此境界。是以明德者，為一切教育之根本，成人成物，皆在於此。故《中庸》曰：「天命之謂性，率性之謂道。修道之謂教。」尊性循理，發天賦之自然固善。然而氣稟所偏，固有清濁，是以需立教糾偏而導正歸於本善，是謂「修道之教」。不偏不倚之謂中，兩不相犯謂之和，致中和，則萬物歸於正，此儒政之所本。《易》曰：「中正以通天地」，通天下之義利，修人事以節於明德（得）之中，則「不傷財，不害民（人）[9]」，明德自然和義，乃儒學政教所追求的最高準則，一切施政行法，必以此為依歸，故曰：「政者，正也。」以故特別強調要「執其兩端，用其中於民（人）[10]」，均平自然民和，國家天下可不令而治，《易》又曰：「中正以觀天下」，天下中正，自然民安國治，禍患不生。

溯自西學東駁，賈其帝國主義之餘威，挾宗教文明以侵凌中夏，國人一時畏其強悍凶橫之氣燄，初因民貧志短，靦腆接受其宗教所施的物質小惠利誘，繼而精神屈服，自卑自棄，由是民氣斫傷，華夏人文為之陵替，厭本宗之衰微，崇西俗之強勢，望西風而興畏，服異類之威靈，故有志之士，亟思自救，乃有洋務運動以求自立，遂有「舊學為體，新學為用（後改中學為體，西學為用）」之倡說，但不為革新派所諒解，惟新惟變，遂欲棄承傳數千餘年之文言文，妄言二千年中國沒有真正有價值有生命的文言的文學，說二千年文人所做的文學都是死的，死文字決不能產生活文學，所以中國這二千年只有死文學之虛妄謬論，試問司馬遷的〈報任少卿書〉，賈誼的〈過秦論〉，晁錯的〈貴粟疏〉，李陵的〈答蘇武書〉，王燦的〈登樓賦〉，諸葛亮的〈出師表〉，魏文帝的〈典論論文〉，陶淵明〈歸去來辭〉，王勃的〈滕王閣序〉，白居易的〈與元九書〉，范仲淹的〈岳陽樓記〉等等，這些文言文，篇篇充滿活力，人所不可無的真情感，文字結構美不勝收，精神常新，依今讀之，猶如見其人，怎可說它們都是死文學呢？又如《左傳》、《史記》、《漢書》、《文心雕龍》等巨著，韓、柳、歐、蘇之文，詩經、楚辭、漢賦、唐詩、宋詞、元曲等。熟誦熟讀，皆無不可懂，亦不難懂，且乃我民族精神所寄，族魂族脈之所繫，奈何要說它是死的文字？死的文學呢？謬言妄語，完全經不起事實之檢驗。

文學革新派之成見，又以中國人文盲太多這一社會結構問題，怪罪於國字（漢字）太難學，文言文太難懂，因此造成多文盲，將西村的張三，錯認為東村之李四。其實不然，文盲多是由於專制時代，只重視御用人才，不重視大眾文化，不投入資源於教育事業，口頭興教而無實際行動，而農莊社會又充滿天民思想，雖人人深知讀書之可貴，然缺少積極投入，蓋農村人口經濟上薄弱佔絕大多數，生活艱難亦影響大多數人接受教育意願，而依靠宗族幫助讀書，此甚好，但人數極少，此乃造成大眾文盲之主因，非因國字難學，文言文難懂之故。國字雖然較諸拼音文字稍為難學，但國字有音有義，指事象形，恆久不變，有生命有靈魂，方之西方之拼音文字，隨音拼切，有音無義，語言隨時間流動，變易不常，故今日之西方人，即不能讀三四百年前之書[11]。審思明察，自可分曉，故國字雖不易學，但有機會接受教育，學子一旦入門，則所謂難者，莫不可迎刃而解。只要教育普及，文盲即可掃清，證諸今日，因人人接受教育識字，可證明文學革新派之謬。

至於文言文精練絢美，乃我民族審美的哲學精神成果，可入於高度藝術殿堂，豈容輕言廢棄，文言文由於錘鍊精純，意境協諧，境生象外，韵外之致的審美要求，雖匠心獨運，而意指明晰，若有良師教導，讀者稍為用心，即可知曉其大旨，掌握文章的中心思想內容。反而所謂白話文，行文繁複，缺乏簡煉，思想內容鬆散，用文言數百字可以完成的文章，往往必衍伸至千字甚至於數千字才能完成，而讀之猶不易得其要領，增一些的、麼、那、怎、了等，增加這助辭虛字，並不代表文章就容易懂。貪多務得，是白話文之通病，有些不好理解甚過於文言文。文體隨時間語言演化，各代自有其體式，三代以上不可盡知，春秋戰國諸子之文宏肆峻高，兩漢散文純淨精煉，兩晉南北朝駢文聲韵鏗鏘，對仗工整，唐宋文章多溫柔醇厚，明清文不及唐宋，仍有不少雅馴名作，奈何以一時意氣，而否定二千年文學之精粹，強說它們是已死的文學，已死的文字呢？欲拋棄而學歐洲之國文，過矣甚矣！惟洋博士嚇倒土秀才，竟一時風靡，會成潮流，人人革命，隨聲追新，一場白話文運動哄然而起，幾斷中華文脈，更有甚者，高喊「漢字不滅，中國必亡」，危言聳聽，不一而足，雖主觀勇於救亡，而實入歧途。

蓋自清末洋務運動，師夷以圖自強救國禦侮，惟人心未醒，政治腐敗，故師夷而夷侮愈甚，其中尤以倭侮為烈，於是激起五四學生之愛國運動，青年矢志，救國同誓，以強國興邦自勵，轟轟烈烈，追新求變，由是有全盤西化之主張，擊鼓以進，志氣凌雲，義聲衝霄漢，人人如是，卻缺乏深思熟慮，一個民族積數千年之歷史經驗，雖經無數憂患，而文化活力依然，中心的人文精神價值，乃全人類定義人所以為人之標準，恒古所不可變亦不能變的真理，是以中華民族能歷五千年，屹立於世界，為其它民族不可倫比，激於一時意氣，遂欲棄積數千年人文文化之生命願力，雖一時同唱革命之歌，在政治上，雖喚起民族自覺的決定性積極功績，而於文化上卻不免走上歧途，令人為之惋惜。

孫中山先生領導辛亥革命，推翻腐朽的滿清王朝，建立新中國，儘管未成熟的黨爭不已，軍閥割據，爭權自利，或有背離人民有非分之想，但一時不得不同唱革命之歌，承認中華民國為合法之新中國，表明辛亥革命乃順應儒學和人民之要求，勢同「湯、武革命」，「順乎天而應乎人[12]。」為歷史和人民共同認可之新中國，任何人無能因一時之權勢得失，而掠奪這一歷史和人民共同認可之革命果實，妄自尊大。雖然革命後黨爭軍閥交相爭奪，新中國的歷史不因之而變，百年於茲，雖共黨最終奪得政權，新中國仍然是辛亥革命之新中國。而今國漸富強矣，而人文掃地，倫常失序，道義日衰。鄧小平先生有除殘去穢，解革開放之功，但一句，「向錢看」改變了國人之視聽，不盡義而自謀其利，不正道而各圖己功。先哲有言為戒曰：「君子之德風，小人之德草，草上之風必偃。」一言興邦，一言喪邦，亦謂：「自貽伊戚[13]」矣。居上位者，寧不慎言哉！鄧先生之功，正在於「建立有中國特色的社會主義。」恢復中山先生的「民生主義。」令中國重獲新生，其有歷史傳統繼承之功不能否認，但一言不慎，貽害無窮。

審西方文化自然科學發達，帶來新型之工具利用，促進社會生產力之提升，俾人們物質生活豐厚，有利於資本主義之生產力，卻淘空地球資源以滿足資本利潤，造就資本主義一時榮景。惟物質未能全人生之價值理義，忽視人文教養，必然逐物而喪心，令人格物化。宗教乃西方文化之主體，然而時至今日，由於自然科學之高度發達，洞知大自然之原理，頓使宗教漸失其所憑之基，是以使資本主義化成極端之壟斷與掠奪，不恥「獨富」。無德讓之心。又為滿足資本主義生產力之需要，提倡高度競爭，以達成資本的高利潤，藐視人之勞動力有其極限，耗損人類生命精神心力。人既或富矣，而精神虛忽，缺義理之歸宿，賈其帝國主義之侵略本質，虛倡、民主、人權，而自我優越，到處侵略弱小他國，貽害列國民生，令弱小國家人民為之流離失所，哀鴻動天地，老少填渠溝，無恥心以充其虛偽之「民主」。

由於西方之主體文化宗教，被自然科學之發展而日益減值，誨善之功日衰，而資本主義之本質，猶另一種形式的唯物主義思想，雖然在哲學的表述上，與馬克斯有所不同，然唯物之本質不異。同以唯物為思想主導，忽視人類之所以異於禽獸者，為有主善之精神價值。致使善道無從伸張，放縱人欲之無限擴張，成為商業上的掠奪法則，如行銷學、廣告學之合法詐欺，社會無視其惡而容忍之，而社會學之救濟理論，又難免流於為善不足之虛套。善道不存，仁義遂為芻狗，使主體之仁義變成被利用之工具，於是偽善滿街衢，以真善為愚。如欲避免人道沉淪，惟有超越資本主義之價值體系，重新找回人道之主體，仁義道張，則人道復正。始可避免人性倒退，化為與禽獸同倫的境地。善體仁，禮明義，能仁知義，使知尊重他人，尊重別人是真民主之本質，以侵佔掠奪為恥，如是不濫私，不倖得，自不會傷害大眾，是之謂「明德（得）」之正。則社會資源，從本質上得到合理之分配，俾天下人人得其合理之生存空間，共存共榮，否定資本主義之貪濫幸得，人人應得其合理之私，禮讓蔚成社會秩序，有理有法，敦善道而崇和平，致達真民主之境界。

禮是人類歷史從遠古生活體驗中，逐漸積成的人文條貫，乃社會秩序之義理，社會無序是野蠻時期的社會型態，由無秩序至有禮制秩序無疑是人文進化之表現，文明時代，一旦人倫失序，則人倫紊亂，必然要造成「強者脅弱，眾者暴寡，智者詐愚，勇者苦怯」的亂世現象，方今資本主義社會雖已進入高度文明之世，卻猶難免有這些弱點之存在，是以孔子在二千多年前即已大力主張復禮，復禮就是社會秩序所歸宗，非徒為復古之說，社會秩序恢復重建，有禮有法，則人文上升，仁義的普遍價值成為人的共同行為準則，安和康樂，人文明而遠離人相食的禽獸之倫，故禮以行義，順應時代而為法，是以說，禮和為貴，和乃社會秩序至善至美之表現，言社會秩序者，無尚於和。

當今資本主義社會，人格物化日趨嚴重。由資本主義所推生的自然科學，日進萬里，機械之功又萬倍於人力，人受機械控制日漸顯現。人心危逼，頓使歷史所累積之人文，消若煙雲，不能常駐。似此人類能否繼續生存下去，已成求生之危厄。至人類完全被機械所控制，屆時非惟人道淪亡，而是人類將被機械滅絕，地球無人類之存在，乾坤毀則人道無以為繼。如是則自然科學家們之苦心孤詣，去尋覓外星球寄足之地，實乃自相矛盾，彼輩自賢成就，以自然科學消滅人類，而又尋找外星人類寄足之地，寧不詭異！實則資本主義促成自然科學之進步，其反面就是令人心人性為之退步，還歸人相食的野蠻時代，實屬歷史之文明反動，方今賢哲者寧不深思。

縱觀現今人類的大部分物質生活，確實得到豐盈之滿足。惟精神虛忽落寞，未能體會生命之歸趣，俗文化生活浸淫紅霓燈光耀之下，商業宣傳廣告侜張為幻，新聞傳播主導思維，人理迷糊，青年人一場狂歡，靜止即一場虛夢。神志游離於虛實之間，缺乏應有的理義歸宗。重以生活上的激烈競爭，剝落人的自由意志，高喊自由，而不知自由已為過度競爭所鉗制。競爭酷烈助長人性之惡，逼使人逐物忘返，造成良知被物欲所蔽，於是乃「滅天理而窮人欲」，遂使人與人終變成利益誰歸之敵人，朋友信義被利益所取代，酒肉之交，遂成商場詭隨。於是強凌弱，眾暴寡，智詐愚，一切權欺譎詐之危俗，乃競爭過度，失中正之必然。故忠信，德讓，難存於資本主義商場之間，心無信義，則依賴於外在之契約，惟心不存忠信，則一法立而一弊生，罅漏存則成敗取決於險心智計。「人心惟危」，若此委棄善道，則教育明德（得），無從施為於激烈競爭之際。於是家無孝慈，交失信義，缺乏良師，乃資本主義社會之特徵。人而不悟，猶奢談民主自由，民為資本家所主，自由受制於過度競爭，似此而徒言永續發展，寧有是理乎！

由是觀之，西方文化之優劣，學問之長計，可以審問而得，無待餘評。尤其資本主義經濟學的絕對自由學說，最終統合於進化論與實用主義之哲學悖謬，「飾邪說，文奸言」，欺蒙大眾，以弊人性，由是而利用人必有私之弱點，從而鼓勵人的無限欲望，推動無盡止之競爭與獨佔，如黑格爾所言：「現實的就是合理的，合理的就是現實的。」，似此以往，必然形成非理性的掠奪，為滿足一己之欲望，而不惜把自己的所謂快樂建築在他人痛苦上，正所謂：「滅天理而窮人欲」的極端行為出現，這就是資本主義社會必然出現的普遍現象，人們不假深思而沾沾自喜，竭力去歌頌絕對自由經濟，殊不知絕對自由經濟的最終結果，又必然造成強者的擴張兼併，令弱小者無生存空間，高喊政治民主，到頭來卻被資本所專制，一切自由皆無法擺脫資本之專制而橫行無忌。人的一生，生命惟有分期賣給資本，受盡剝削以終結生命，與人受科技控制一樣可怕，如是則人之所以為人，完全無自身價值可言，人文汰盡，人僅是工具而已，此乃資本主義思想的真正本質。

競爭能促進進步，愚者皆識，惟單獨鼓勵競爭，提高生產力以滿資本利潤，而忽視人本之共利，僅知強調人的佔有欲私心特性，以「成功證明手段合理」，「能滿足我即是真理」是資本主義偏蔽之實用悖論，不足為人理之法。人私如缺乏禮義之制，必然要流於濫，造成貪濫、幸得、損人利己之惡俗邪風的社會風氣，人而行檢無度量分際，明是非善惡之辨，必有賊害之傷，大虧天和之理。人惟利己是求，不顧他人之痛，必將自己的快樂，建築於他人痛苦之上，造成佞便險詐之徒得利，而大多數人淪為競爭的犧牲品，得者喜其得而無視傷人之賊害，於是人懷危懼之心，誠信者不知何以自處，是人之所以為人之極大悲哀。

蓋天下人事，紛繁雜沓，利欲之誘人無窮，故需法制契約以限制之。惟法生於禮，人而無禮義良知之內制自省，則法的外在制約，僅出於法之威懾，孟子曰：「徒善不足為政，徒法不足以自行[14]。」人若缺乏內省之行檢，則一法立而一弊生，聰明險猾者鑽其漏洞，依一己之意志，行險僥倖，如是者惡性循環，人世間難有致治之望。雖聲嘶力竭高喊民主自由，只具形式，徒為一場場的選舉政治遊戲，固無以正天下之不平。孔子曰：「政者，正也。」欲正天下者，惟有禮義法制並施，令人得內外相應，不致強凌弱，智詐愚，行銷廣告等商業之唯利欺人不敢施其技，人與人相得而樂生，無過度競爭所造成之憂患，不待天堂而人間自有樂土，普天之下，同利共榮，人人明德其合理之私，自然可達成天下為公之境地，則安和樂利致太平之世。誠乃儒學所期盼而努力的最終目標，指明人生之路。若捨此而不務，恐人文將衰歇，人理不存，天地間還復於遠古蠻荒之世，所謂文明不復存在，人亦無以自命聰明才智，是謂均滅之世。

昔者追求西學以救亡，固是不得已之舉措，然未深究其實質所在，徒羨帝國主義之強，取功利之先鞭，浮光掠影，缺乏人文真理之解悟，致成偏差，如今回首猛省，重檢舊物，悔過歸原，猶不失豪傑之舉。審西學無異中華之先秦諸子，道釋高論，固皆持之有故，言之成理，或有嘉處，以補我之不足，究之則皆未若儒學人文精神之全體大用。消獸性，養良知，保全人性之善端正氣，敦品力行，「己所不欲，勿施於人。」「己欲立而立人，己欲達而達人。」勿視非禮，止於至善，闡釋「天地之性人為貴」之人文高義，道明人所以有異於禽獸的基本特性，性善的本質，非禽獸所有之異質性。極人為萬物之靈的高尚品格，仁義為人道與天地相參之原理，故「立天之道陰與陽，立地之道剛與柔，立人之道仁與義[15]。」仁義乃人文之極則，道仁義則人道彰，人道彰則人文明，一切所謂文化者，皆本於此。則天地之理，盡人之善性，行五常之德，顯示人理文明，故曰：「窮理盡性，以至於命。」天賦予人自然善之氣質，是先天即具異於禽獸之氣稟，而後天之有善有惡者，乃出於生養習染所造成，故孔子曰：「性相近也，習相遠也。」相近者善之本質，相遠者各因於習染之有過差。至孟子而極表善去惡，欲保全天賦之靈德，冀人道於臻美，真善之境，此中國聖哲之用心，足以去除西學進化論把人性等同於一般物性的偏蔽無明之患。

方今世道紛綸，人人虛談民主，空勞雜沓，日日以倡，然人民猶未能登至善之境，而深受資本所支配，受資本家工廠主所專制，超工作時限的勞作，適應所謂競爭而不能自我擺脫，猶何有民主之可言。唯資本單極發展所帶來一時物質之豐盈，卻犧牲了大眾的家庭生活，日以繼夜，子女思懷父母而難得常見親面，父母慈懷子女而難以沾洽家庭幸福。所謂民主社會，仁聲仁聞而澤不及民。亦生資本之惡，資本之惡，使虛聲民主，化成資本之專制，人而不思，徒勞選舉，終是形式而未能達成真實之民主，則虛言無益，形同談禪。

鑑之西方民主政治發展至今，歷兩三百年於茲，雖其人人以民主自高，甚而自我優越，可是能洞明民主真義者，少之又少，但知虛談民主，而不知資本主義社會，民主徒具形式而轉化為資本家工廠主之專制，完全控制勞動者行為和生活方式，然而政客們甚至於政治乞丐，瘋狂追逐以滿足其個人的權慾，或假權力以自圖私利，民主變成街談巷說的順口溜，其存利民濟眾者，亦在瘋狂追逐之間，消磨具盡，人民的期望必然向隅，顯見依今西式民主已疲態畢露。尤其政客憑藉商業包裝，又利用行銷的商業手段推銷，廣告的誑欺譎詐，譁眾取寵，撈取選票。居心不誠，雖一旦當選，尤多不履行承諾，民眾知受蒙蔽，猶當奈何？行銷學者何？合法之詐欺術，廣告學者何？合法之行騙術。政客集兩者之會以臨眾，中心無明德之誠正，其未能正己，焉能福利民生。惟憑貪濫之心，以廉價奪權，空喊民主，虛舉人權者是謂民妖。

商業化的西式民主形式，難以擺脫其虛偽與庸俗的本質，缺乏崇高理民的抱負，或有抱負而不知所施，不知所施，則民不能承其澤，徒為倡說，使民當主而實為資本所專制，甚而與資本主義之強調絕對自由經濟，和過度競爭之虛假片面如出一轍，相濟為沴，如是欲人類不至沉淪而超生，永不可得。甚以資本主義學說強力鼓動人生縱慾，勵行高消費，以滿足資本利潤更高之要求，殊不知高消費即是浪費，徒然淘空地球，造作高汙染之毒害，以偽善宣傳，以貪濫施教，以竭澤而漁，填人無窮之慾壑，影響所及，狂暴橫流，去明德（得）之中正，人文失所，教育成災，誠正髡鉗，奸偽成俗，人文衰則天理滅而窮人欲，前哲有云：「天作孽，猶可違，自作孽，不可逭[16]。」乃資本主義西式民主之寫照。

儒學深知人有自然之私，此私乃人類生存必有之理，亦是生理心理自然反應，絕不可抹煞之事實，但又必當周知私必有對待，不可放縱以我之私去妨礙他人亦有必有之私，尊重他人之權利，建立我私不致損害他人之私，自然致天下為公，公私能得到合理的平衡發展，則可使惟危之人心，化成惟微之道心。否定一切貪濫幸得，不勞而獲，乃至於損人利己的罪惡之私。是以儒學特別重視教育之要義「明德（得）」，故《禮記．大學》篇開宗明義即標舉「大學之道，在明明德，在親民，在止於至善。」道即理，人生可通行不造成窒礙之謂路，是義之所依。義者，一切合理之事之謂，故亦謂之宜。「明明德」上明字為動詞，即審察人之得來者是合理之得是謂「明德」。以我身付出的相應之合理勞動而獲得之報酬，就是合理之得的義得，義得者自然進升為抽象之德。人人對天下社會務盡相稱之權利與義務，得其宜得，自然不會造成貪濫、幸得、不勞而獲，乃至於損人利己之害，互利互惠，人無向隅之憂，大義所歸，必可止至善之境。古文民人二字義同通用，親民就是親人，不做損人利己之事，就是親人之表現，自然安和，為人所親愛和尊重，致太平之公理，故曰：「至善」。

當代人人襲西人之牙惠而高倡民主，所謂「民主」，如不建基於明德（得），則理得不明，義無從歸正，必入於矯偽造作，弄虛作假以欺矇大眾，唯騙選票，不崇義理，雖日日高倡民主頌歌，終不免流於資本主義民主之騙人遊戲，政治上形式反專制，而實質乃大資本家專制一切，人民無作主之實，言民主而不闡明「明德」的普遍社會真理，終歸浮泛，不能真知合理之得，乃人事至正之公義，則民主無根，難免淪為虛偽與庸俗的權利爭奪之淵藪。

概我國自辛亥革命成功，推翻二千多年的帝王專制政體，建立民主共和之新中國。雖有人居心欲篡奪歷史果實，標榜以非義奪取的政權為新中國，但歷史豈容一時之政權暴力篡改，千古悠悠，難道中國無真正的史學家，歷史事實必不容唯力妄加篡亂。獨惜辛亥革命成功，民族復興有望，舉國歡慶，期待新中國之興作。惟自鴉片、甲午兩大戰爭之敗衂，橫遭大小帝國主義國家之侵略劫掠，致我國勢窮促財盡，國貧民困，劇烈創傷至今猶有餘痛，使國家興作無力。加以承受滿清腐敗的舊官僚系統浸蝕，人懷異心，繼以軍閥、黨爭相仍，人民失所。遂令部分知識分子喪失自信心，乃逆取西學之種種學說，捐棄本有之鴻寶，忘卻歐陸啟蒙時代景仰中國理性學說。追逐新異，捨甲取乙，所謂全盤西化，其實所取者乃西學之堅船利炮，和新起資本主義之所謂民主遊戲，而略其自然神學之理性哲學，自蔽帝國主義侵略之惡風，惡風長則弱小國蒙受無窮禍害，故彼輩熱心救國，其志可嘉而藥石亂投，導致處方失當，乃有悖救國之情實，是以辛亥革命後中國之亂，未嘗不部分因是所致。但悲邯鄲學步，未得國能，而失其故行矣，遂致人文衰弊，倫常失序，徒生今日之亂象。夫國之強弱，有理有義，非惟武功之盛，人文之大本固不可不加倍重視，人文失則國魂銷，國魂銷國將無以自立，遑言民族之復興。我國人素以禮義之邦自豪，非徒託空言的自大，因具有仁、義、禮、智、信之人文極致，加以慈、孝、悌、恭之傳統，乃能修文德以來遠人，四鄰景慕，異域同欽。

鑒於歐洲自十七、八世紀因接受傳教士引入之中國思想，文化哲學深受影響，觸動其自然神學之啟蒙思想運動，中華文明備受推崇，自然哲學家大都備受儒家思想影響與啟迪，孔、孟為其學習對象，尤其孔子思想學說被認為「是理性之結晶，智慧之寶庫。」伏爾泰更指出「中國是一個純粹德性的民族。」商人「只求得中國的財富。」而「哲學家卻求得新的道德世界。」他說「人類智慧絕不能想出比中國文化更偉大更優美。」，遂有歐洲全盤華化之主張出現。另一啟蒙思想家狄德羅稱許「中國民族萬眾一心，歷史悠久、天資、藝術、聰明、哲學無不在所有民族之上」。巴夫爾在所著《一個哲學家的旅行記》中說：「若是中國的法律變為各民族的法律（禮），地球上就光華燦爛的世界。」總之在十八世紀歐洲的自然學哲家們心目中，中國就是一個具備德行、智慧、信義、仁愛、禮貌、有威儀而謙遜的民族。至於德國哲學大家萊布尼茲更具體說明「中國之實際哲學和政治道德，實遠勝吾輩。孔子學說對於公私生活，秩然有序，可謂已無遺憾。此種偉大完美之政治哲學體系，得以出現世界，使歐、亞兩大文化互相補益，實為天命。故歐洲人均宜從中國學習人生的道理[17]。」

就歷史事實言，歐洲十八世紀的自然哲學家，大都深受中國儒家思想之深度影響。直至稱文明的歐、亞帝國主義之野蠻侵略者，八國聯軍統帥瓦德西，亦不得不承認，「中國土地廣闊，民氣堅勁，殊非印度南洋各處可比。」「神明華胄」，「不能視為已成衰弱，或已失德性之人，彼等實際上，尚含有無限蓬勃生氣，更備具出人意外之勤儉，巧慧諸性，以及守法易治。」這些侵略者凶橫霸道，卻能認識我中華文化的優良成分。及觀盲目趨新者，妄自詆毀詛罵中華人文文化，欲使自身文化無所立足，盲目狂呼打倒孔家店，禮法食人之妄語，而閉目無視歐人之見識，寧不令人驚詫。

我中華文化所以能令歐人欽敬景慕者，正以人文之極致，仁、義、禮（社會秩序）、智（辯是非）、信（不背約）、忠（負責任）、誠（體仁明道）加以父義、母慈、兄友、弟恭、子孝的五常家庭倫理，如此人文周備，萊布尼茲稱之為「無遺憾」之文化，確非過譽。有如此優良之人道文化傳統，始能開中華歷史數千年之弘局，修文德而來遠人，令民族永恆壯大，悠悠緜長而不斷，即憑藉此舉世無雙的人文為根本，長乾坤之生氣，樂至善之人生，人道明而理正，故能維繫人倫於不墜，逢今之世，當思儒學將來之功，究天人之際，通古今之變，日新而不竭。

1 《論語・顏淵》篇。

2 《易・觀卦・彖辭》。

3 《孝經・聖治》章。《周書・泰誓》上篇。

4 《周書・蔡仲之命》《左傳・僖公》五年。

5 《論語・顏淵》篇。

6 同上〈衛靈公〉篇。

7 《左傳・僖公》二十八年。

8 同注5。
9 〈節卦〉之〈篆辭〉。
10 《禮記・中庸》篇。
11 參見黃尊生先生《中國語文新論》。
12 《易・革卦》之〈篆辭〉。
13 《詩・小雅・小明》。
14 《孟子・離婁》上篇。
15 《周易・說卦》之言。
16 《商書・太甲》中篇。
17 請參讀蕭一山《清代通史・中國文化之西被》。

第一章 儒學變質之歷史背景

第一節 儒學思想變質之先聲

秦始皇任用李斯，推翻傳統的周制宗法封建制度，唯時宗法封建思想仍不絕如縷，激盪於思想界，提出恢復宗法封建之聲猶存。在此歷史社會過度之際，君主專制思想逐漸從形成趨於成熟，故新舊學者高瞻博識之士，紛紛提出各自思維，檢視其主觀上的出發點，無非望天下歸於至治同安，清除禍亂。然或因其認識上各自的偏蔽，以其主觀意願立說，或因此掩蓋掉了廣大的客觀世界事務，由是其視野所限，致影響所思想的前瞻，遂使思想局促於其主觀願望，而缺乏應有對歷史的深度和廣度發展的全面省察，故而造成其學術思想未能給後來者，帶領出更好的發展。反而將原來好的學術思想成分，因理解能力之偏差，而產生極大之流弊。如秦時荀子的隆禮思想，本意正大，意欲導引儒家禮學向有制度的合理社會公共秩序發展。而其性惡說卻意外帶出由禮變法的結果。韓非、李斯承其學，乃發展出極權專制的完整法家之帝皇思想。更由李斯而落實秦政的專橫酷毒妄斷，遂開二千多年帝皇專制制度之先河，演至漢初，董仲舒號稱大儒，承前學，並以《公羊春秋》之泛衍，乃引黃老、申、韓等法，術，勢、陰陽諸說入儒，成其天人感應之俗學，徒使正大誠明，頓成陰陽怪氣，雜黃老、法術、勢、陰陽於其間，混淆正學，於是儒家蒙塵而董家俗學卻挾公羊學以媚世。造成儒學無法向正常道路發展，義理窒礙。先秦原本儒學思想中，固有的民主形而上學思想，橫遭蔽塞，致胎死腹中，從此喪失儒學最寶貴之真理，無從導向形而下的現代民主制度發展。皆由董氏雜學之所誤，甚而變民本思想之公天下，為君本思想之私天下。使儒學被當代人不究情實者所詬病，實由董氏雜學所造成。二千多年來儒學之延誤，乃原於董氏，現今正本清源，需從梳理董氏思想做起，以還原於先秦儒學之本來面目。而素來濫譽董氏為純儒者，蓋未能究董氏俗學之誤儒，猶當隨之糾正其過當之妄譽。[1]

當西漢之初，承秦末亂亡之後，人文廢弊，瘡痍待復，尤其社會秩序久經破壞而紊亂不堪，秦法之苛，倫理蕩然，正亟待重建之際，當是時仁人君子，應此新興之機運，莫不自動自發尋求適當方法來安定國家，俾天下復歸於長治久安之大計，故紛紛提出其高見卓識。惟其在久經戰亂之後，民心趨於思安厭亂，家望重建，於是黃老無為思想，乃著先鞭，成為社會主流思潮，遂為漢初政治的主導思想，然仍戰國之餘緒，學派各守成說，如陸賈、司馬談、蓋公、張蒼、叔孫通、賈誼等，雖已略失戰國百家爭鳴之磅礴氣勢，然仍未造成一家一派學說之壟斷局面，學術生氣尚存。乃至董仲舒當漢之盛世，業號專精，惟執公羊一派之學說，卻以儒學正統自許，主觀上欲以三代之隆治，輔助新銳之漢武帝，但他未透切理解《春秋》尊君思想，尊其該尊而廢其不該尊的政治倫理，乃把先秦儒家中最可貴的君權相對論完全絕對化，大力提倡君權至上論，以「屈民而伸君」。張大君權與法家學說合流，又引入黃老，申韓諸學說，製造君權的絕對化，君統威權絕不可侵犯，先秦儒學所具有之形而上學民主思想，為之廢置，而教導君主以權略陰謀駕御部屬臣民，已無復儒家之正大坦蕩襟懷，完全違背儒學之誠明正大的實理教導。細尋董氏之說，其思路明顯出現前後矛盾。且看他在《春秋繁露．王道》篇中，開頭說：「五帝三皇之治天下，不敢有君民之心。」似具真儒的正大襟懷。但中間延續其《公羊春秋》大段繁言俗論，煩言碎辭，借故實已炫博，無限延伸，而繼以其權謀術勢的法家和縱橫家思想滲透儒學，故轉而說：

故明王視於冥冥，聽於無聲，天覆地載，天下萬國，莫敢不悉靖，共職受命者，不示臣下以知之至也。故道同則不能相先，情同則不能相使，此教也……由此觀之，未有去人君之權，能制其勢者也。

如此使君位孤懸於上，成獨明專斷之勢，陰謀操控，與臣民相隔絕，則傳統儒學之君臣相正互動從何說起，堯、舜之虛懷望治，諮詢臣工孜孜求賢求治，亦將無以達致，禹、稷、皋陶，君臣相濟以道的儒學義理被束諸高閣，則君臣股肱一體同尚，又從何而說起。迹實董氏所說者與法家韓非子的〈主道〉篇思想主張如出一轍。延法入儒乃董仲舒的主體思想。尤其是在其〈保位權〉篇中，更極力主張君主要設陷阱，誘人自蹈法綱來表示君主的威權統治說：

民無所好，君無以權也；民無所惡，君無以畏也；無以權，無以畏，則君無以禁制也。……故聖人之治國也，……務致民令有所好，有所好，然後可得而勸也，……有所惡，然後可得而畏也，……既有所勸，又有所畏，然後可得而制；制之者，制其所好，是以勸賞而不得多也；制其所惡，是以畏罰而不可過也；所好多，則作福；所惡多，則作威；作威則君亡（無）權，天下相怨；作福則君亡德，天下相賊。故聖人之制民，使之有欲，不得過節；使之敦朴，不得無欲。

如此陰險的統治心術，儒者所不忍言。從理論上，完全暴露出法家陰險之本質。由此可以看出，董氏之學乃承韓非、李斯由荀學隆禮而質變出來的法家理路非常清晰。不過董氏借儒學外衣披在法家身上的外套而已，其思想主體與韓、李無較大之差別。然而以班固史學家之博學廣識，竟亦在其《漢書．敘傳》中，稱董氏為「純儒」之妄譽。後學如程、朱等理學大師又謬稱其「有儒者氣象。」程頤僅稱其「氣象」而已。朱熹乃以為：「漢儒惟董仲舒純粹，其學甚正。（見蘇輿〈董子年表〉所引說）」，都是未究其實之妄譽。而神和聖人在董氏思想邏輯中，都是人君之化稱，藉以加強其專制之權威，故〈立元神〉篇又說：

體國之道，在於尊神，尊者所以奉其政也，神者所以就其化也，故不尊不畏，不神不化，莫見其所為而功德成，是謂尊神也。……聖人積眾賢以自強，……聖人務眾其賢，……眾其賢而同其心，……同其心然後可以致其功，是以建治之術，貴得賢而同心。

其所謂畏化，與上舉〈保位權〉意念完全相同，意在有效地控制臣民。而所謂「同心」者，即〈為人者天〉篇中所指的「君之所欲，民必從之」的君主專欲。君受命於天，既是天的化身，所以是神，是聖人，是以享有專欲，故君之所欲臣民必須無條件服從君欲，後世帝王之專欲害民，而猶自命聖人，無疑是受到這種政治思想所影響和汙染。

在此董氏之天命說，無疑是為君主專制做化裝師，但由未能如法家排棄儒學，故隨處可見其自相矛盾，〈為人者天〉篇曰：「唯天子受命於天，天下受命於天子，一國則受命於君。」而忸怩地襲《禮記・表記》之文說：「君命順，則民有順命，君命逆，則民有逆命。」豈不與「君之所欲，民必從之。」自相矛盾嗎？歷史上，人君之專欲，不但多有逆天命，亦逆民意，所以有暴君、昏君、庸君等失道之君，那麼君之所欲焉能皆出於順命？如逆命，人民如何可從。在儒學政治思想中，君臣民之倫理是相對價值的，《夏書・皋陶謨》曰：「百工喜哉，元首起哉，百工熙哉。」和「元首叢脞哉，股肱惰哉，萬事墮哉。」君臣民相責以義的儒學倫理思想傳統，至此被破壞逮盡，表面尊儒，而實質使儒學變質者，正是董仲舒，歷史上尊董氏為

「純儒」「大儒」「真儒」者，皆不知董氏，或僅一知半解之認識，故必當糾正之，以復儒學之本來面目。廓清思想之謎務，令真儒重光，以慰孔、孟之真靈。

質實董仲舒之〈王道〉篇形式上是承襲荀子〈君道〉篇而立說，而其思想內容卻反君道思想而行。細察荀子君道思想，志在樹立人君正大光明的君體形象，極力反對人君之專擅獨斷，陰謀操控等的不光明手段，是以說「上好權謀，則臣下百吏誕詐之人乘是而後欺。」君源臣流，「源清則流清，源濁則流濁。」君主當先樹立正大的好榜樣，「兼聽齊明」，「愛民、利民」，「善生養人」，自然能歸於「既知且仁」為「人主之寶」的有道明君。然後隆禮尚賢始能滙集人才而用人才，「故明主急得其人，而闇主急得其勢。」荀、董思想對照起來，顯然荀子是賢明君主之君道，董仲舒是闇劣之君道，兩者所見，天差地別，大儒雜儒判然可見。

在荀子看來，為人君只要樹立光明正大之君體，胸懷磊落。自然可以逸道治國，用人分工得當，便不需自我察察為明。「故天子不視而見，不聽而聰，不慮而知，不動而功，塊然獨坐，而天下從之如一體，如四胑（支）從心。」體現儒學思想中君使臣以禮，臣事君以忠，如此君臣一體，元首股肱，休戚與共的治國安民正道，乃儒學思想的君道思想之主旨。然而董氏之所謂〈王道〉篇的思想，卻完全與此背道而馳。反映董仲舒對於真正儒學思想，習之未熟，故知之未徹，究無真知灼見。僅以固陋的公羊學一派作主觀之無限延伸。尋其胸中無主，是以前面雖背誦「五帝三王之治天下，不敢有君民之心。」不敢有君民之心，是真儒學正大光明的君道思想，唯董氏不能一以貫之。故隨即以法家之權謀術勢滲入儒學，極其陰謀術勢操控之能事，使原儒之君道思想為之變質，令五帝三王不敢有君民之心，成為其裝飾的空話大話。徒成為董氏自己陰闇的可怕「王道」思想，遂將荀子本意法家化，無異於韓非、李斯之荀學之變質，深惜儒學至董氏，乃變成帝王專制之私學，令漢代真儒無置身之地。宋代理學家孫復嘗怪當時人不舉董仲舒側身於大儒之列而憤憤不平。其實不列董仲舒於大儒者，恰對董氏有真知卓見之人，反見孫復之陋。

儒家的君道思想旨在君致誠以達堯、舜之治，絕非擅任勢以操弄臣民，董氏的唯權勢論，與儒學完全相悖。宋呂祖謙釋《夏書・五子之歌》「民可近，不可下」云：「可近不可下，見君民的然為一體，可親之使近，不可推之使下，視民為下，則有邈然不相接之意矣。民惟邦本，本固邦寧，百世興王之定法也。禹受位於舜，其相傳之要曰：『可愛非君，可畏非民，眾非元后何戴？后非眾罔與守邦。』躬履之久，見之精切，故作訓以戒子孫。」呂氏真能深切體會儒學君道思想之真意，在董仲舒無此深切著明的認識。故其所謂五帝三王不敢有君民之說，在其意識中，未有堅定之信仰。僅是蒙茸掠過，缺乏堅定信念，令其由是而植入黃老法術勢陰陽怪迂於其間，不但其學不純，且思想往往與儒學相悖。其甚者在〈離合根〉篇中，更直接教導君主要以陰謀操控臣民，儼然君主是一大陰謀家。頗似慎到之崇法尚勢的唯勢論[2]。董氏說：

> 天高其位而下其施，藏其形而見其光。高其位，所以為尊也，下其施，所以為仁也，藏

其形，所以為神也，見其光，所以為明也。故位尊而施仁，藏神而見光者，天之行也。故為人主者，法天之行，是故內深藏所以為神，外博觀所以為明也，任群賢所以受成，乃不自勞於事，所以為尊也。為人臣者法地之道，暴其形出其情以示人，高下、險易、堅耎、剛柔、肥臞、美惡，累可就財（與裁通）……為人臣常竭情悉力而見其短長。

這段文字有三個背儒的誤導概念，一、仁的普遍性被侷限於君主的持權施捨；二、養惰君坐享其成，與儒學之「無教逸欲有邦。」「禹卑宮室，而盡力於溝洫。」「文王卑服、功田功[3]。」的原儒學勸君思想深相違悖。三、以內深藏而外博觀去誠就偽，正是法家弄權自固的統治權術之法寶，由是演變出他「屈民而伸君[4]」的極端專制的獨裁帝王思想。

董氏雖然亦曾推崇「五帝三王之治天下，不敢有君人之心。」這在他來說，只是裝飾品，過去式的，且一閃即逝，故推轉而變成「君人（案《後漢書．酷史傳注．無人字，是》），國之本也。夫為國，其化莫大於崇本，崇本則君化若神，不崇本，則君無以兼人[5]。」其下他伸論天地人三本，皆崇君之餘論，至此連儒學最基本之要求「民本」亦被推翻掉，使民本變成以君為本。固有的「天視自我民視，天聽自我民聽。」「天聰明自我民聰明，天明畏自我民明畏。」「民自所欲，天必從之。」等原儒的民主形而上學思想完全被窒息，〈立元神〉篇中夾雜黃老之術而大談其反誠行詐之術說：

為人君者，其要貴神。神者，不可得而視也，不可得而聽也，是故視而不見其形，聽而不聞其聲。聲之不聞，故莫得其響，不見其形，故莫得其影。莫得其影，則無以曲直也，莫得其響，則無以清濁也。無以曲直，則其功不可得而敗，無以清濁，則其名不可得而度也。所謂不見其形者，非不見其進止之形也，言其所以進止不可得而見也。所謂不聞其聲者，非不聞其號令之聲也，言其所以號令不可得而聞也。不見不聞，是謂冥昏。能冥則明，能昏則彰。能冥能昏，是謂神人。君貴居冥而明其位，處陰而向陽，惡人見其情而欲知人之心。是故為人君者，執無源之慮，行無端之事，以不求奪，以不問問，吾以不求奪則我利矣，彼以不出出則彼費矣。吾以不問問則我神矣，彼以不對對則彼情矣。故終日問之，彼不知其所對，終日奪之，彼不知其所奪，吾則以明而彼不知其所亡，故人臣居陽而為陰，人君居陰而為陽。陰道尚形而露情，陽道無端而貴神。

觀此謂董氏為純儒者，誰敢信之。以董氏為純儒者，大概惑其《天人三策》而未假深思耳。蓋未曾理解董氏思想之全體，考先秦儒學思想中，天意即是民意所轉化而來的，故天心即是民心，天意就是民意。《書》曰：「天視自我民視，天聽自我民聽[6]」，「天聰明自我民聰明，天明畏自我民明威[7]」，復更進一步指出「民之所欲，天必從之[8]」。君受命於天，必須奉天行政，否則違天就是逆民。《夏書．大禹謨》曰：「可愛非君？可畏非民？」即是說，君的地位是很可貴可愛的，可是民意亦是很可畏的，故處君位首當尊重民意。如無民意支持，則君的地位就會動搖不穩。接著說：「眾非元后何戴，后非眾罔與守邦。欽哉！慎乃有位，敬修其可願，四海困窮，天祿永終。」為君者，必須小心謹慎如禹訓所謂：「懍呼若朽索之馭六馬。」以尊重民意，領導無方，人民失所，君位就會被革命推倒，「天祿永終。」君是人而非神。非常明顯，天下國家，人民才是主體，君附從於民，這是我國至可寶貴的民主思想先驅，遂演成孟子貴民輕君的良好政治主張，誰說我傳統文化中無民主思想。只緣董氏雜黃老、申商、陰陽、縱橫之說而變儒，才把這深具前瞻智慧的良好思想倒轉過去，成其「屈民而伸君」的專制獨裁之極權帝王思想，貶低人民主體以伸張君權，完全違背儒學的正大思想精神，乃衍變為權謀術勢陰暗的所謂「帝王之術」。

其實在儒學思想中，君和臣民都是具有相對互利的倫理關係的，而非絕對的一面倒唯君權論。《左傳・襄公》十四年師曠答晉侯問衛出逐其君答曰：

良君將賞善而刑淫，養民如子，蓋之如天，容之如地。民奉其君，愛之如父母，仰之如日月，敬之如神明，畏之如雷霆，其可出乎？夫君神之主也，民之望也。若困民之主，匱神乏祀，百姓絕望，社稷無主，將安用之？不去何為。天生民而立之君，使司牧之也，勿使失性。……天之愛民甚矣，豈使一人肆於民上，以從其淫，而棄天地之性，必不然矣。

師曠所論非常清楚，天授命君，君對人民有義務庇輔容養的天賦責任，保輔人民是君之職責。同上〈桓公〉六年曰：「君……忠於民……上思利民，忠也。」君必忠於民非獨享權利而無所問責。如是然後人民尊敬君主應有之領導權，所謂「司牧之」。否則悖天逆民，是縱淫之君，人民自然有權驅逐他；如桀紂之遭革命，符合天理人情，這是儒家政治倫理思想精華所在。「天地之性人為貴[9]」君以民為本，民以君為帶頭人領導者。若為君濫權淫縱，大傷民生，則人民有理由廢逐之而另立新君，是合情合理之天道，現在所謂民選，不亦是這樣嗎？只是現代人的手段較為高明罷了。

先有民然後有君，這本來就是自然法則，儒家尊天貴民，是符合自然規律而順理成章的哲學認識。「天之生民，非為君也，天之立君，以為民也[10]。」天之所以立君者，是為人民服務而立，故君亦必由人民奉養而存在，用現代語言表達，人民就是納稅人，一切公費皆自人民稅收所出。是以孟子引晏子「畜君」「好君」之所本。「畜君」即人民奉養人君，故有民始有君，君忠於民，則民愛尚而供養之，否則仇而廢之，如《說苑．政理》篇所說：「成王問於尹逸曰：『吾何德之行，而民親其上？』對曰……『忠而愛之，布令信而不食言。』……『天地之間，四海之內，善則畜之，不善則讎也。』」此乃申明畜君思的最好說明，《周書．泰誓》下篇：「撫我則后，（君）虐我則讎。」的治道思想。即君必忠於民，表現真誠對人民負責，才能令人民敬好君主，此晏子引《逸詩》「畜君」「好君」之用意。蓋晏子一向具有強烈的國家主體思想，嘗指出：「君民者，豈以陵民，社稷是主。」即是說：為君者，不徒居人民之上而已，而是要領導好國家，造福人民，以盡君之職責而忠於人民。這樣人民自然樂意供養君上而「畜」之。畜字《說文》曰：「止也」，即留止不革命而去之。國家人民為主體而君是服從於國家人民之從體，正是儒學民主形而上學之精華所在。

又案孟子的主體思想，是先敬民而後尊君，織成儒學政治上君民相對論的倫理責任架構，從而否定君主專制獨裁的理論根據。故率先提出民貴君輕的具體民主主張。抨擊齊宣王的荒淫享樂，不顧民生，浪費民膏民脂而自鳴得意的可恥行為。故他引晏嬰「畜君」「好君」說，好而奉養之謂之好君，以指出君是由人民的勞動成果租稅所畜養的，人民才是國家最大的貢獻者，居民上而不與民同樂，不憂民之憂，不樂民之樂，是昏君、庸君，乃至為暴君，這樣他必然要喪失民意所付予的領導權，喪失人民的支持，就是獨夫，人民革命的對象。獨夫人得而誅之。故孟子憤怒專欲獨樂之君曰：「聞誅一夫紂矣，未聞弒君也[11]。」夫賊仁害義，荒淫虐民，君道既敗，喪可尊之義，人民如何猶能容留畜養此失道無義之君，是孟子立言之主旨，儒學民主形而上的真諦。

憂民之憂，樂民之樂，才能配稱好君，人民支持奉養之對象，故得乎丘民為天子，得乎天子為諸侯，諸侯危社稷（泛指國家）則變置（更換之）；犧牲既成，粢盛既絜，祭祀以時，然而旱乾水溢（神之失職），則變置社稷（此社稷指土地神祈）。層層下推，皆以在位者，必以憂民之憂而樂民之樂為其職事的中心，離此中心就是失職，須撤職更換之，即所謂之變置。這是儒學最具前瞻性的政治理想追求。「畜君」思想的精神，否定了君無條件享受人民的奉養，這種相對責任的儒家政治倫理學說，已具備政治上權利與義務的相對價值體系。

案先秦經典除《孟子》外，他《經》未見單一釋「畜」字為好義。《易》〈小畜〉〈大畜〉〈彖傳〉曰：「養賢也。」〈師卦・象傳〉曰：「容民畜眾。」〈遯卦〉之九三〈爻辭〉曰：「畜臣妾・吉。」《詩經・小雅・蓼莪》曰：「拊我畜我，長我育我。」〈節南山〉曰：「以畜萬邦。」《商書・盤庚》曰：「作我畜民。」「奉畜汝眾。」《左傳・襄公》二十六年曰：「天下誰畜之。」《荀子・非十二子》有仲尼，子弓「在一大夫之位，則一君所不能獨畜。」又《左傳・哀公》二十六年曰：「宋景公無子，取公子周之子得與啟畜於公宮。」以上諸畜字皆是養義。君愛民而民敬君，如父之愛子，子之孝親，皆好而存養之，乃文之曰「好君」固是晏嬰，孟子人民養君之本意。釋為「畜止」則辭意勉強，猶未達意。《禮記・祭統》曰：「孝者，畜也。」孔穎達曰：「畜養其親，故釋孝謂畜。」義理至為明白。所以儒學有革命之主張，必要時以革命之手段奪還人民應有之權利，是以湯武革命是應天順人之義舉，就連神之不盡責亦要革它的命，何況世俗，故忠於民是為君者之職責。民養君是君之權利，反之民養君是國民的義務，君忠於民而民奉養君，這樣權利與義務兩得安妥，《易》曰：「利者，義之和也[12]。」利字從禾從刀，有分割義，《說文》曰：「禾，嘉穀也。」古人以農業為經濟之大宗，穀乃利之源，故利以分禾為象徵。而和從禾從口，亦有分享義。凡財物之積聚為利，分享均和而安為義，是以說：「利物足以和義[13]。」天道「裒多益寡，稱物平施[14]。」孔子曰：「丘也聞有國有家者，不患寡而患不均，不患貧而患不安。蓋均無貧，和無寡[15]。」天道虧盈下濟，人相濟以利義，自然仁明義達，合情合理，乃古今治國不易之正道。一切民主政治之根本，離此所謂民主者即是空談。

如上所述，無疑已突顯原儒民主形而上學思想之本質。未究真諦而率爾謂我國傳統無民主思想，甚而攻擊儒家不適合現代民主思想，寧不反思乎！因未能深究原理，更炫惑於西方當代資本主義的形式民主，忽視傳統原儒學，自上古已努力在追求實實在在的真民主本體。無異於葉公之好龍，見真龍而五色無主失其魂魄。然無庸置疑，儒學為追求賢與能的道德思想，致不善於民主形式的選舉遊戲，蓋真理難於與俗人論也。

尋根儒學之民主思想，乃上承三千年前西周初年之明德教育文化，而發展出合理之得的利益分配概念，合理之得就是合理之私，私得合理即不侵公利，亦不妨礙人人皆有合理之得之私，蓋溥利與獨利均得，則公不妨私而私不害公。公私皆得人利同利，是謂之「道德」。即現代民主之訴求亦不能悖此義理之準則。如此合理之私得進升為道德之德的抽象概念。《說文》曰：「德，升也。」即私得之合理進升為公共道德。得、德二字古文通用，而義理有層次高下之別。蓋合理之得即合理之私，因人必有私，能節己之私以利及他人合理之私，不濫得、不獨佔、不詐取、不貪求、不掠奪，擯棄一切非理之得，實現巧者不奪，則拙者不乏，義利和而天下平，體現私的合理性，由是得薦升為道德之德。又《說文．心部》悳字釋曰：「外得於人，內得於己也（小徐作「內得於己，外得於人。」）」用此闡明合理之私最為透切。和通同利是道德之標準，故凡合理之得即是道德行為，道者理也，正路之道也。是故人能做到得其合理之私合理之得，皆符合道德之準則，乃是有道之得，凡道德云者，都以此為標準。則道德之名正，人人知道德之云何。（詳下明德教育章）由此可知人我同得同利，否定獨占與壟斷，是民主的最高境界。徒為一人一票的選舉遊戲，並未能真正達致公平正義之地，泛泛之羊群效應，而相信黠者神聖一票之誑說，徒令小人得志，而利歸奸人，則西方資本主義所謂民主者，何異高級騙術，違反合理之私合之得的道德標準，惟有令人皆明其合理之私，是民主之最高準則。

因民之所利而利之，是儒學一貫之主張。利天下人人得其合理之私，即是大同社會的具體表現。孟子繼承傳統得而發揚光大之，以闡明其「畜君」精神的思想本意。為君者能為人民謀福祉，人民理當奉養之，君民相濟同利之主旨。故君能盡其職任義務以利民，民保畜而養之，否則不畜。《左傳．文公》十三年，邾國君卜遷於繹曰：

邾文公卜遷繹，史曰：「利於民而不利於君。」邾子曰：「苟利於民，孤之利也。」天生民而樹之君，以利之也，民既利矣，孤必與焉。」左右曰：「命可長也，君何不為。」邾子曰：「命在養民，死之長短時也，民苟利矣，遷也，吉莫如之。」遂遷於繹。

此乃儒學君道思想之鮮活寫照。荀子曰：「天之生民，非為君也。天之立君，以為民也[16]。」乃承此發展出來之一貫傳統。如此地清楚說明君道之本質。君是因為人民需要服務始存在的，民為本，君非本，董仲舒的「君本」思想，絕對違背儒學的特大錯誤主張，非儒者論。以民為本之經緯大義，乃儒學政治思想的真實本質。政者，正也，正萬物萬事所不正，正合理之得，就是正合理之私的根本大義。經論條理之端緒。蓋人類歷史經千萬年之努力，儘管經緯萬端，所追求的理想無非公平正義之達成，始有此政治理念之產生。孫中山先生曾說：「政治乃眾人之事。」人群綜事，紛紜雜沓，然所追求之目標則無非公平、正義。明德（得）均利即公平正義之體現，俾人人有生存空間，活得有尊嚴，始能進以安和樂利。否定獨佔與壟斷不明德的種種不道德，不合理取得行為。儒學主張人本，人本就是仁義，仁義即是人性，善之體現，排除禽獸之非理掠食，凡進化論之野蠻，唯物論之非毀人性，皆非人理之學，儒學絕不認同。人性必不同於動物性，人性本於仁義，故仁義即是人性。《易》曰：「立天之道陰與陽，立地之道剛與柔，立人之道仁與義。」仁義之體現，中庸就是明德邏輯之所生，仁義是明德真正之體現。故明德是民主之根蒂。

近人總不曉得或不承認原儒具有濃厚，而且明晰的民主形而上學思想，依附西學而籠統認為中國只有「民本思想，而無民主思想。」但知花不是果，而不知果乃出於花。這一類炫惑於西學的皮相之論，唯知有「民惟邦本，本固邦寧[17]。」《夏書》之成說，乃囫圇吞棗，而不知《書經》還有：「天視自我民視，天聽自我民聽。」「天聰明自我民聰明，天明畏自我民明威。」「民之所欲，天必從之。」「民貴、君輕」，「民水、君舟」等鮮活的民主形而上的寶貴思想，這種吊詭現象，依今未息。草樹不先開花，何來結果，不先有尊重人民為國本，何由進於民主。如不以人民的根利益為依歸，將不齒於人，高談民主，一切都是空談。不顧人民大眾利益而空言民主，必淪入於廉價之竊權盜勢，虛偽庸俗，嘩眾取寵，以騙取選票者，是之謂民妖。

必須承認，凡選舉者，當在儒學提倡的「選賢與能」基礎上，落實釐清權利和義務的本質，君（實際當選各級之領導者）利民而後民養君，君民同利，普天同德（得），杜絕竊權盜勢者弄權欺蔽以圖獨利，才是真民主之本質。蓋賢與能是兩個不同的概念。案儒學思想，賢是以仁義為體，才能為用，如人無仁義之質，則聰明佞辯之徒，藉其辯慧行事，令奸梟得勢，行其欺詐之能而當選，坐擁權勢行私廢公，侵傷人民利益，如是者民主蕩然。所以儒者追求「選賢與能」是實質的民主選舉基石。能的概念就是才能，人而不修身立德（明德之得），則才足以傷人害物，成其小人得志而君子向隅之弊。小人道長，君子道消，為禍將不可勝言，長此以往，人類沉淪將可預見。欲免於沉淪，則有待於人自覺猛省，更有賴教育以淨化心靈。故儒家特別重視教育，而今教育又被資本主義實用主義思想所敗壞，進化論助長其凶焰，唯物論甚而窒息人性，視人性為其階級產物，可悲的歷史觀。

先秦儒學中，具有民主形而上學思想，是肯定的，經典中隨處可考。惟因自兩漢以後，承秦之專制而愈加發展，董仲舒之伸君權而抑民志的思想，獲得獨裁君主之激賞而登諸衽席。董氏「屈民而伸君」完全違背先秦原儒之民權思想，是歷史的反動。遂造成自兩漢以下，君權日益高張，而儒學的民權初步思想，受到極大之壓制，固無法獲得正常發展之餘地。實在地說，董氏獨尊儒術，從表面上看，似乎儒家得到莫大的光彩，而實質上無裨儒學良性的正常發展，反而被歷代統治者偷樑換柱，利用為其壟斷思想之工具。令儒學的主體精神被盡壓抑，喪失應有的生命力，倫理架構的相對價值被抽空，僅作為其專制獨裁之帝王思想粉飾門面招牌，失去原本的生命力，兩漢經學，本質就是如此。應當指出，董氏似儒非儒，最多為儒門之執守，絕非儒家之智者，謂董氏為純儒者，誠屬過譽。

嚴格來說，董氏之推尊儒術，其志在今文公羊學一派之主張，非整體儒學之大局。惟是其獨尊儒術，正適合專制帝王渴望其對思想學術之壟斷要求，乃局部假借儒學倫理架構，加以片面改造利用，而違棄相對倫價值的精神，由是而妨礙了先秦原儒學思想中，所具備的民主形而上學進一步發展。致令儒家學說自漢代以後根本變質，成為只利統治集團的帝王思想，以絕對的政治倫理高唱「名教」，三綱五常成為死的教條，世俗說甚麼「君欲臣死，臣不敢不死」「父要子亡，子不敢不亡」的庸俗不堪，反理性的小說戲文，鄙語，亦被闌入為儒家思想，此種庸愚陋語，實導源於讖緯之說，雖籠罩於漢代，卻為真儒所不齒，先秦原儒絕無此不堪之妄言，經典仍可以查案，在此不得不為之申理。

1　見蘇輿《春秋繁露義證》序。
2　《韓非子・難勢》篇。
3　《論語・泰伯》《周書・無逸》〈皋陶謨〉。
4　《春秋繁露・玉杯》篇。

5 同上〈立元神〉篇。
6 《周書．泰誓》中篇。
7 《夏書．皋陶謨》。
8 同注6。
9 《孝經．聖治》章。
10 《荀子．大略》篇。
11 《孟子．盡心》下篇。
12 《易經．乾文言》。
13 同上。
14 同上《謙卦．象傳》。
15 《論語．季氏》篇。
16 《荀子．大略》篇。
17 〈五子之歌〉。

第二節 質變之深化

尋繹先秦原儒學之思想本質，自不難發現，它確實具備適合人類社會發展所需要之條件。生化的宇宙觀，人文的歷史觀，民主形而上學，日新之德，促進人類理性之提升，從而排除人類原始之野性，尊重人格尊嚴，君民權利相對論的權利義務之倫理價值體系，皆能切中人類生存和發展之底蘊。其人文理論的整體有序，確出乎并時存在的各家學說之右。是故司馬談承漢初黃老學說之盛行而論六家要旨，雖然特意推崇道家，但仍然不得不承認儒學於人文社會科學方面之優越性而指出：「然其序君臣（領導階層，即現今所謂的上層建築），父子（先天倫理不可變的必然關係）之禮（家庭秩序），列夫婦（兩性結合的家庭主體，乃五常所本），長幼（確定人際關係之先後之分之通理），不可易也[1]。」至其子司馬遷博捷宏通，卻仍然歸宗於儒學而對儒學推宗備至，尊《春秋》為「禮義之大宗[2]。」

是即儒學思想之優良文化思想成分，必然要成為我中華民族的主導思想，符合人類理性發展之自然法則，自有它無可取代客觀實質，故不必待政治干預使獨尊而後然。儒學之學術思想，完全經得起歷史考驗的，是以歷史上遭受多次之打擊，近世尤甚，仍然能不廢江河萬古流，屹立輝煌而不倒，猶可預見儒學將是人類未來賴以持續發展不可或缺的要素。

反而因抱具政治目的漢武帝，承董仲舒偏其一是之倡說，忽其大體而強使獨尊，令儒學從此成為帝王之私學，巧取利用，置原儒民主形而上學於不顧。由是売儒而內實帝王之專制思想，欺蔽人民。抽空儒學最有值價之精華，使儒學喪失掉再發展的生命力，經學固滯，外表孤芳獨盛，內則儲芳難發。蓋凡真理一旦被統治者所壟斷，必然喪失它的有價值之普通效應，功能遭受閹割，只有局部被統治者自利地利用而已，故再難有向更高峰發展機會，漢代經學之所以固滯缺乏生命力，其弊正在於獨尊，令學術變成依附政治，學者利用它作為獵取功名富貴的工具，使儒學的民主形而上學，被經生操弄，而無敢再申論民主之優良傳統，僅有者亦必遭政治之歧視或迫害。如眭弘、鮑宣、谷永等並遭是扼。

細檢儒學在接受獨尊之後，已失去學術自主能力，任由統治者揑造，如同麵塑，成圓成扁，了無定著，黑白唯以維護帝王家利益為依歸，成為箝制人民思想之工具，民生、民利等民之所欲，無從自主。悲乎！儒學一變而為帝王思想之私學也！儒學因獨尊立成僵化，名教流行，二千多年來帝王思想即成為宰制人民之口實，儒學陷入黑暗之中。董仲舒之獨尊儒術，拘不論其主觀意願如何，最終由之扼殺了儒學再發展空間，民主形而上學思想，飄零而無所歸處，先儒之苦心為人民營造的公平正義所追求理想由之中斷，舉首昊天，寧不歎息。而自五四運動以來，激進分子立志欲打倒孔家店，卻找錯對象，乃砸爛店中的優良產品，致令當今國人思想文化處於真空狀態，遂成迷途，昔日禮義之邦，頓成無禮之國，唯董家店猶依然存在，復有極力推崇董氏之獨尊儒術者，實非真知儒學，僅服膺其《天人三策》而未窺董學之全豹，致生誤會耳。

迹實董仲舒與公孫弘於武帝元光元年同時對策，而譏彈公孫弘從諛。然武帝本好儒術，故丞相衛綰早就建請武帝「所舉賢良，或治申、商、韓非、蘇秦、張儀之言，亂國政，請皆罷。」蓋是時漢國家已趨安定，人心望治，是以出現去黃老苟安之政，欲從事儒學積極之治道，乃盛世之思潮。故趙綰、竇嬰、田蚡、王臧、老儒申公等皆推隆儒術。然則董氏起於當時，見要人名位皆推隆儒術，乃投時流以求名位，因此所對三策雖如一貫附會《春秋》多言災異詭說，猶是未入雜學迷途，尚存儒者氣態。後人或未考其實，未究仲舒《春秋繁露》之思想全體，遂有過稱之疵。劉向乃稱其：「有王佐之材，雖伊、呂無以加、管、晏之屬，伯者之佐，殆不及也。」誠屬過譽。故向子劉歆糾正之曰：「伊、呂乃聖人之耦，王者不得則不興，故顏淵死，孔子曰『噫！天喪余。』為此一人為能當之，自宰我、子贛、子游、子夏不與焉。仲舒遭漢承滅學之後，《六經》離析，下惟發憤，潛心大業，令後學者有所統一（指獨尊儒術），為儒者首。然考其師友淵源所漸，猶未及游、夏、而曰管、晏弗及，伊、呂不加，過矣[3]。」後人指歆所言為篤論，誠篤論也。

用是，兩漢以後，已少有如先秦的真正之真儒、大儒。僅有那些各假借一端以謀取富貴之俗儒、庸儒、陋儒乃至於鄙儒者居多，真儒如隱。而一切權謀變詐、欺世盜名法術勢陰陽以及庸俗之讖緯怪誕之說，並附儒以自重，當今儒學之所受詬病，舉皆此等小儒俗儒乃至於冒儒之累！由是儒學真理為世俗所蔽。晉范寧嘗痛斥王弼、何晏罪深於桀、紂，然則董仲舒之罪深於王、何矣！

董仲舒專精《公羊春秋》一家之學，而公羊學主張大一統。追求文化統一，這本來就是儒學之傳統理想本旨。其始於周初，周公制禮作樂，建制的目的，即以人文統一為教育宗旨。〈樂記〉一篇中，內容全在於追求文化上的統一。志在建立天下共同的價值體系，「所以同民心而出治道也」的人文主張。孔子繼周公，尊崇周代文化，申明周道，是孔子的中心思想。故著《春秋》建元於王統，紀事必繫王以尊周為始，曰「春王正月」，一統諸侯於王室。此乃儒學追求天下人文統一之熱望。人文一統，令低級文化學習高級文化，從而認同先進的生活方式。是以有「遠人不服，修文德以來之，既來之則安之[4]。」招來遠方氏族，以令其安於共同價值體系之高級人文生活方式。蓋遠人包括遠方之夷狄低級文化者，如孟子曰：「吾聞以夏變夷」之原理，此乃儒學一統的人文一貫理想。有了《春秋》大一統思想，始能凝成秦之大統一，漢承秦而鞏固之遂為我國歷史永恆壯大之生命力。

仲舒僅習知《公羊春秋》一派今文之學說，未曾真知儒家學問之全體大用。又雜申、商法術勢利之學，遂將《公羊》大一統之說，轉化成帝王私天下之大一統，令儒為之失真。從此儒學變成帝王家私學，為專制獨裁之工具。猶有甚者，把原儒學一貫所秉持之學術指導政治的王道思想，由獨尊儒術一變而為政治支配學術思想。又其《天人三策》，無疑是董氏思想的重要部分，卻明顯將學術降格成政治附庸。此亦一切專制政治之特質。蓋專制政治必然要首先控制思想，使不得自由發展，任由統治者意志擺布，壓逼學術思想成為政治的奴婢。董仲舒說：

> 道者，所由適於治之路也，仁義禮樂皆其具也。故聖王已沒，而子孫長久安寧數百歲，此皆禮樂之功也。

在董氏道是統治者的帝王可以操控的工具。而非他自己所說的「道萬世無弊」恆常之真理之道，可隨統治者的意志而轉移。所以他又說：「天不變，道亦不變[5]。」在董氏思想中帝王就是天的化身，故「為人王者」「位尊而施仁」。仁是儒學思想王道仁政的最高指導原則，道的本體，是不可變的，非君主個人之意志所可轉移。但依仲舒之邏輯言，凡災異之出現，就是天變，然則天變道亦隨之而變，王道仁政，無常理可守，則儒家所堅持的五常之道：「父義、母慈、兄友、弟恭、子孝[6]」亦無常理可守，如流沙浮萍，難以定位，只有工具的認識是漂浮不定的，一切仁義道德，父慈子孝，都可隨君王的意欲而轉移，所以處處顯現他的自相矛盾，無法自圓其說，並將原儒學的父義、母慈、兄友、弟恭、子孝的先天五常的倫理附會入仁、義、禮、智、信的後天智知論認識，看似進步發展，但卻不符合儒學的思想內容，總使人有似是而非之感覺。尤其可怕的是他改造民本思想為君本思想。故曰：「君者，國之本也。夫為國，其化莫大於崇本，崇本則君化若神，不崇本則君無以兼人[7]。」乃顛覆了儒學一貫所主張的民本思想，使民主芽蘖為之摧折。

儒學最精粹思想在於以仁義立本，從而產生建構民主形而上學的基礎，民本思想由是而生，是有理路可循的，凡人道王政，必循是而行，不然就是無道。孟子曰：「舜、明於庶物，察於人倫，由仁義行，非行義也[8]。」足見仁義就是真理本體，是恆常不可變的，即是說：仁義即天理，舜亦只能循仁義之天理而行，不能獨創一套離開此天道真理而獨行其是的君主意志，依仁義之天理而行就是舜，否則就非舜。王道仁政，天理自然顯現，非舜自創一個道理，「天之愛民甚矣，豈其使一人肆於民上，以從（縱）其淫，而棄天地之性，必不然矣[9]。」天地之性就是仁義，民本就是行仁義循天地之性。董仲舒變民本為君本，是反儒而非真儒，遑論大儒純儒？

仁義是先天之真理，禮樂是後天依仁義而興作。仁義、禮樂是兩個不同的概念，一個真理「仁義」，一個「禮樂」工具。董氏未能釐清，將它混為一談，並同工具視之，即所謂「仁義禮樂，皆其具。」無視「彝倫攸敘」之體用，主從混淆。即是說凡此仁義、禮樂兩者都是王者可以任意當工具使用的。然則舜由仁義行的仁義主體被取消，世人將無真理可守，必然造成價值混亂，是非無可適從之境地，理物顛倒，思維淆亂，完全違悖儒學既有之義理。

審察董氏之所謂「道」，既不是儒學舜由仁義行之道，亦非道家所指稱的本體之道。而是他雜揉黃老術法陰陽的陰險之道，所謂「視於冥冥，聽於無聲」「藏神見光」的慘毒貴神思想，即陰謀弄權之所謂「帝王之道」即孟子所謂道二而不法堯、舜是不仁之惡道，「不以堯之所以治民治民，賊其民者也[10]。」賊民之道，儒者所不忍言。

案原儒的王道思想，必須接受仁義的主體所檢驗，才是王道之正，反身而誠，天理自現，仁義自在其中，故「不誠無物」，成己成物，是儒者處身治人治物之根本，無陰謀專擅獨斷自利傷害之惡道，視仁義為工具，就是不仁之惡道，為專制帝王樹立獨裁操控等陰謀手段，顯為法家之說，非儒者之道，董氏乃雜家者流而非純儒，依此可見其大端。

儒學一向所認識之君，是必須接受仁義為指導的，即是王道思想之真理，不可變的，可變者即非真理，王道仁政，是放諸四海而皆準的最高政治理想，道永恆常存，故必從道，《易・文言》曰：「元者、善之長也。」元乃是天地至善之元氣，君民皆須服從之常理。

儒學思想的君道定義，是為君者須愛民，愛民是仁義之體現，背此者謂之失道，是謂無道。無道之君，臣民可不服從其所命，《禮記・表記》曰：「唯天子受命於天，士受命於君。故君命順則臣有順命，君命逆則臣有逆命。」宋呂大臨釋之曰：「天道（仁）無私，莫非理，君所以代天而治者，推天之理義以治人而已，君命合乎義理而順天命，為臣者將不令而從，不合則為逆天命，為臣雖令不行矣。」凡作為統治者之君，違仁義就是亂政，命即屬亂命，臣民可以合理之反抗，則所有陰謀操控者皆是亂君亂命，足見儒學之反專制思想何等堅決。

仁義就是真理，此道理是不可變的，天道無私，惟仁是主，天道就是仁義之道，儒者奉為圭臬，仁道《易》謂之「君德」，故曰：「君子體仁足以長人[11]」，或謂大人之德曰：「夫大人者，與天地合其德，與日月合其期，與四時合其序，與鬼神（自然規律）合其吉凶，先天而天不違，後天而奉天時[12]。」天地四時皆自然不可變之規律，自然規律無聲無嗅，故謂之神，故曰「知變化之道者，其知神之所為乎[13]。」《觀卦・彖辭》曰：「觀天之神道，而四時不忒，聖人以神道設教。」神道設教被歷來理解為迷信，尤其被統治者利用作愚民工具。其實此神道即仁道。自然規律四時運行，不差不忒即體仁之謂神，人尊道而行則求仁得仁，求義得義，故曰神道設教，無絲毫鬼神之迷信。後人以為迷信，出於誤解。仁道之大，統攝天地人，表之為仁義，故《易》曰「立人之道仁與義[14]。」仁義之道，引伸之即是人道，舉世界最早提出人道主義者，就是儒家，而今藉以嘩眾取寵者，開口人道主義，閉口人道主義，莫不以西學為嚆矢，而不知實理之所在，亦可怪矣。

天道是仁道，仁道即神（自然運化之陶鈞）道，神道即君道，君應天行仁，不違背自然規律，即能與天地合德。王道君德，蕩蕩無名，孔子贊歎之不置曰：「大哉堯之為君也，巍巍乎，唯天為大，唯堯則之，蕩蕩乎民無能名焉，巍巍乎，其有成功也，煥乎其有文章[15]。」仁不但君道所必守，亦是人人所必守之公共道德，王子墊問孟子如何正確做人標準，孟子曰：「尚志。」曰「何謂尚志？」曰：「仁義而已矣。殺一無罪，非仁也，非其有而取之，非義也。居惡在？仁是也；路惡在？義是也。居仁由義，大人之事備矣[16]。」在整個原儒思想中，沒不繫以仁義為中心，仁義為君德位存亡所繫，豈不重哉。進於人文，則強調敬天祀祖，人祖應天體仁，乃儒學天人合一之文化大元，故「君子體仁，足以長人」，這一規律之運行，〈易賁卦〉彖辭曰：「觀乎天文以察時變，觀乎人文以化成天下。」就是神道設教之人文精神，毫無迷信成分，最終以福國利民，即仁之用，君道民生，一體同善。如前舉宋呂祖謙釋《夏書・五子之歌》「民惟邦本」最能得儒學神髓，此宋學之有足多者也。

尋繹儒學經典中，有關的君道思想，明教人君治國平天下之道，莫不惟真誠以敏力為教，明德慎罰，勤農力穡，視民如傷，過思己責，不委過於臣民等正大光明之誥言，勉以堯，舜、湯、武之道，絕無陰謀，矯偽、險詐，曠職、怠忽，坐享其成，悖理操控之專制與獨斷，由此觀之，董仲舒將仁義、禮樂兩者，皆視同是帝王的統治工具，本來就體用不分，而反過來教以獨裁專斷等反民主形而上學的帝王危術。鑒董氏之學，蓋未足以上窺儒學之全豹，僅以公羊一派之所謂「微言大義」加以主觀的誇張無限衍伸，只可說是對儒學似甚熱誠，而未能全忱之似儒學說，更由於他極力一意迎合帝王私心之所好，故不能不設端造說，旁流雜學，遂引黃老，申、商法術、陰陽，災異怪迂之說入儒，造成其學說龐雜不純的思想體系，將後學導入迷霧，《春秋繁露》一書之立說，使人無法斷定它就是儒學。蓋他善用似儒的概念，而做出似是而非的議論。如他對江都易王劉非所說：「夫仁人者，正其誼不謀其利，明其道不計其功。是以仲尼之門，五尺之童，羞稱五霸，為其先詐力而後仁義也，苟為詐而已，故不足稱于大君子之門也[17]。」五伯說乃上承孟子[18]、荀子之說而來，如是，則仲舒教導帝王思想尚詐有甚於五伯，猶何嫌於五伯乎。蓋其說雖上承孟、荀，而認知上迴異，則董氏自身，正不足入稱於儒家之門也。若孟、荀二子重生必有同感。

而正其誼不謀其利，明其道不計其功。這兩句話古今不知迷倒了多少人。其實其認知既有錯誤，其議論亦似是而非。至於不謀其利，不計其功，是一個似是而非的偽命題。不謀利，不計功是黃老、莊周矯情之說，非儒家之義理。後人對其過分尊崇，故漢時劉歆即已矯正錯誤地指出：「然考其師友淵源所漸，猶不及游、夏[19]。」游、夏尚且不及，何得稱為純儒？

蓋董氏專門《公羊春秋》之學，讀書之勤勉至於三年不窺園，其專如此。今細考其學問思想，不唯未能上窺儒學之全體，復鑒其智慧，更未足以深刻體會孔子《春秋》正得失，辨是非以達人事之正，不語怪、力、亂、神之要旨。《春秋》災異乃紀實之史文，無怪誕，神異之迷信。唯董氏《公羊》學乃設端造說附會，「推陰陽所以錯行，故求雨閉諸陽，縱諸陰，其止雨反是，又著《災異之記》[20]。」真可謂怪迂陷溺，不務儒學正道。審董氏傳《公羊春秋》之學，實際上已遠遠引離孔子《春秋》正得失，明是非，為天下人事儀表準則，而陷迷信災異之俗學。故曾問學於董仲舒之司馬遷，以史學家之理智修正之曰：「《春秋》以為天下儀表。貶天子，退諸侯，討大夫，以達王事而已矣。夫《春秋》上明三王之道，下辨人事之紀，別嫌疑，明是非，……補敝起廢，王道之大者也[21]。」蓋董氏之《公羊春秋》已遠違孔子《春秋》大義，無怪乎他的學生呂步舒亦譏其為大愚了。董氏之《公羊》學既充滿神秘化和庸俗化，遂開兩漢讖緯神學迂曲怪誕鄙陋之先河。徒使儒學備受後世所詬病和誤解，要皆由此所造成，故不得不有所辯正，還歸儒學之本來面目，復其再發展之生命力。

案董氏《春秋繁露》一書，內容非常龐雜，故後人疑其非全為董氏之作，或有竄入，但《漢書》本傳明載《繁露》〈玉杯〉〈竹林〉諸篇，列明為董氏所著，故書中主體思想大致上符合《公羊春秋》思想體制，書中主要思想確屬董氏原著無疑。如連同其《天人三策》的思想內容，粗看起來，卻有儒學皮相。然而把儒學改造成充滿法家權謀術勢，陰謀權術的險詐帝王思想，與其《天人三策》中，把仁義之主體，視同可以隨時操控的統治工具，完全吻合，故或有竄入，其思想體系仍屬董氏無疑。但已看不出儒學正大誠明之本質。《史記・儒林傳》謂其「居舍，著災異之記。」疑即《春秋繁露》一書內容，幾處處可見災異之言，顯見《春秋繁露》成書必在得罪之前，顯見其傳《公羊春秋》之本色。雖其或有被他人參雜或竄亂者絕非主要成分，故災異怪迂屬董氏之說不必懷疑。雖書中有時候亦偶然出現過有儒學的誠正觀念，唯多一縱即逝。如其〈王道〉篇中，出現：「五帝三王之治天下，不敢有君人之心。」確是儒學正大誠明之理念。但很快一轉而為法家，黃老權謀術勢，陰陽災異所淹溺。即附會災異妖祥之說，至於離經叛道，完全喪失儒學之主體思想精神理路。只是看起來似儒的思想論說：「正其誼不謀其利，明其道不計其功」和《天人三策》中警語。粗看起來似儒而實非儒之言，實乃黃老，莊生出世之說。這一似是而非的偽命題，即表現出其思想混亂不純之本質。儒學可貴之求理精神，一切以利民為依歸，無不謀利之詭說詭論，《夏書》謂：「正德、利用、厚生。」利人利物是最大功德，何謂不謀其利，利人利己是仁，行之成效為義。故《易》曰：「利者義之和。」無仁何以愛及群生，無利則義不獨成，〈繫辭上〉曰：「立成器以為下利。」立德、立功、立言三不朽，皆以利人利物為依歸，德、合理之得，仁合理之私，功即利，不以利人猶有何功，立嘉言嘉行以為教澤。儒者追求修、齊、治、平，莫非謀求與天下共利，《左傳・成公》二年引仲尼曰：「義以生利，利以平民，政之大節也。」《資治通鑑》卷二引孟子問子思以治之道，子思曰：「先利之。」孟子曰：「君子所以教民者，亦仁義而已矣，何必曰利。」子思曰：「仁義固所以利之也。故《易》曰……利用安身，以崇德（合理之得）也。」孟子見梁惠王曰：「君何必曰利，仁義而已矣」所言亦即此意，蓋仁義必然有利人人亦自利己，唯利己為私不足以溥利天下，溥利乃治國平天下之要務。司馬光論曰：「夫唯仁者為知仁義之為利，不仁者不知。」董仲舒其不知之尤矣。究其《春秋繁露》書中卻處處言利，顯見其自相矛盾。

凡盡義者必推恕能讓，使天下人人得其合理之私，不以聰明才智侵害他人，則天下人人得其應得之合理生存空間，利孰大焉；案董氏所指之道似指天道，然他的帝王之道是計功利己的。唯儒學之道即天理，天理仁愛無偏，孟子所指的舜由仁義行之本色。舜能明天道以盡人事，則堯、舜之道，即《夏書・大禹謨》告舜之言曰：「德惟善政，政在養民，正德、利用、厚生」正計功興利治國之嘉言，儒者奉為圭臬，不計功興利何言治國平天下。蓋明道計功利人利物，是儒者之本分。不言利，不計功如上所指，乃黃老、莊周逃世苟且之言，非儒者積極本色。董氏囫圇吞棗，收取自用，淆亂真理。應當指出，儒立功是利眾，道家不計功是利己，自謀己利，故不計功利人，不仁之甚。

漢代儒學的主體思想，完全被董仲舒所變質，他改造先秦原儒學的民本可貴思想，成為他的君本思想，從此君道一變為帝王的獨裁思想。遠遠地違背原儒舜由仁義而行的正大立誠精神，變成變詐操弄的君本蔽民的惡性思想。尤其他天人感應之俗學，對漢代《經》學影響極為巨大。並結合今文《公羊春秋》之儒生，任意伸衍，乃推生神秘之妄誕緯學，俗上加俗，成為依附《經》學之雜說。尤有甚者，把上古已有之禎祥傳說，播弄成極其妖妄之圖讖，賺君欺世之惡劣學問，其流裔之害世至今尚存。

緯、讖之背《經》旨而播弄人間，令儒學走入死胡同。及至漢末魏晉南北朝，聰明穎達之士，乃棄《經》學而崇尚老、莊，另闢蹊徑，遂引老、莊入儒，或根本拋棄儒學，競以道家哲學為貴，清談避世，成為一代虛假之清高。蓋亦因儒學衰王道廢，人無救時之志，相推玄風，儒學之沉淪，至此為極。加上東來佛說，談空談禪，與玄學相結合，更令儒學橫遭受前所未有之打擊，佛學幾奪正統，中華文脈，絕續若斷。所幸有志儒士，猶能堅持本色，努力衛護正學使不中斷。如傅玄、裴頠、范寧、范宣、范鎮等諸儒並有大功於儒政。

當今要言中華民族人文之復興，登我民族於正大光明之境地，領袖世界人文，有待於原儒傳統民主形而上學未來之實踐。發揚光大，既利民族再造光輝，鑄造真民主，以造福全人類之偉業。光靠堅船利炮，固可雪我國家既失之前恥，然猶未足以登王道之衽席。方今資本之義之鼓動無限競爭，其過度乃激化人與人之對立，終則成侵掠之惡。實用主義之利己無義，為滿足自身，罔顧他人死活，乃帝國主義之遺毒。唯物主義之妄張物性侵奪人性，使人性為之窒息。皆滅天理而窮人欲之悖謬。視今中華人文，嚴於兩晉南北朝大亂之世，處境艱難而光明可期。孟子曰：「仁，人心也，義，人路也。」心路不失，遵道守約，《易》曰：「有孚在道。」有令德者起，必知所歸受。惟真儒為人心最終之鵠的乎。

1 《史記・太史公自序》。
2 見同上。
3 《漢書・董仲舒傳贊》。
4 《論語・季氏》篇。
5 《漢書・董仲舒》《天人三策》第三策。
6 《左傳・文公》十八年。
7 《春秋繁露・立元神》篇。
8 《孟子・離婁》下篇。
9 《左傳・襄公》十四年。

10 《孟子・離婁》上篇。
11 〈乾文言〉。
12 《繫辭》上。
13 同上注。
14 同上〈說卦〉。
15 《論語・泰伯》篇。
16 《孟子・盡心》上篇。
17 《漢書・董仲舒傳》。
18 《孟子・梁惠王上》荀子、仲尼篇。
19 《漢書・董仲舒傳》。
20 《史記・儒林傳》。
21 同上〈太史公自序〉。

第三節 董仲舒帝王思想之遺害

前面已經指出，經由董氏變質之儒學，已經被庸俗化，和主體思想精神之空洞化。亦正因如此，它更能適合專制帝王之私心，遂迅速為雄黠的漢武帝所樂於採用，而所謂獨尊儒術，就是它有利作為帝王專制的理論根據，藉以其絕對政治來箝制思想之工具。因此獨尊儒術，其實就是憑藉政治力量來終結思想的自由發展空間，成就帝王一家之私學，依是造成二千多年來所流行的，即只存由董仲舒和《公羊》學派訛變之儒學，致令先秦原儒思想最有歷史價值，極可貴的民主形而上學思想，無法獲得合理之發展空間，使整個儒家的思想精神，實際上已喪失它指導政治的生命力。惟守經者曲合於時，假儒學之名以獵取富貴者輩出，真儒如隱。專制統治者，更自樂意假飾儒學之名收買人心，而遂行其天下為私產之至計。自此二千多年來讀書人已無敢公然對帝王復提孟子：「民為貴、社稷次之、君為輕，得於丘民為天子」的古典民為主的民權思想主張，而荀子的民水君舟的民主思想真理亦無從伸張，致令儒學思想中，最有生氣命脈的民主形而上學和具有高度價值的倫理相對論，相對責任理論架構，乃隨著學術被政治控制，而被轉化成：一切以統治者意願與利益為依歸的政治倫理的絕對化。從此變成人民只能忠於君主統治者，而統治者之君，卻無必然向人民負起其相對責任。於是統治者於人民只享有絕對權利，不必有必然之義務，相反人民對統治者則必然要付出最高的義務，而不能獲得應得之權利。為此民俗、小說遂附會成「君欲臣死，臣不敢不死，父要子亡，子不敢不亡」小說戲文浪語等鄙野非理性之論述，其結果必然造成是非混淆，權利與義務無法釐清，故社會效應是官必侮民，而民終無告之悲哀。變儒之害，依此可見對歷史的遺害有多麼深遠。

由此具有維護社會的合理相對論倫理架構遭受破壞，人倫價值變成人民的鎖鏈，統治者可利用它任所欲為，人民喪失追求相對的主動權，動輒得咎。職是之故，遂養成我民族之弱點，寧隱忍統治者之任意宰割，不曉得據理力爭，乃至出自於公義反抗，故不懂得去爭取歷史上先哲已付予之權利。如是積怨愈深，一旦統治集團內部積弱，加上外患天災，則民變之來，其勢若山崩河決，沛然莫之能禦，而釀成大亂，及至改朝易代，新的統治集團興起，仍然利用董氏訛變之變儒教條，使社會能迅速恢復不合理的社會結構舊觀，這不得不承認，儒學之沒落是民族之大悲劇。

在儒家學術思想變質之後，學術已失去指導政治的能力，先秦所固有的倫理相對論架構被徹底破壞，自然沒有機會轉化成為合理權利與義務的社會制度，因此社會上自然亦無從建立合理的權利和義務的正確觀念。其實權利義務觀念《易．文言》早已提出：「利者義之和」。前哲早就認識到，權利與義務是人際關係最有價值的義理。但是理論上儒家思想的被空洞化，和政治上之專制本質之制約，使到合理的社會秩序無法從現實生活中體現出來。

因此，社會在沒有合理制度的情況下，是非甚易被所混淆，社會事務出於擾攘恃強，不明爭之以理，故歷史上政權之轉移變革，亦就只能有跟著這一有缺陷的社會結構發展，訴諸暴力之爭奪，無法建立合法合理的轉移機制，故歷代的政權爭奪者，就無非出自豪強貴族或亂臣賊子，以及草莽之賊盜巨魁，帝王也者，如是而已。

蓋禮法早被統治者所盜，任憑統治者之意志即是禮法，人民無禮法之可守，亦不能真知禮法何為真正之守則。於是，因承蒙糊的教條，加上人們的自由意志，遂形成治權與家法等沒有明確介定的社會準則，以權為法，因此必然是由暴力而過渡至權威，而不能過渡至法治，所以說中國傳統是人治社會？應該更準確地說：是權治社會才是真實的寫照。

觀察我國政治史的畸形發展現象，故有多種原因，而董仲舒所提倡的「仁義禮樂」皆王之統治工具，體用不分，禮樂是用，仁義是儒學指導政治的最高原則之實體，董氏將它混而為一，從此仁義也可以變成統治者可以任意玩弄之工具，又適應他吸收法家專制思想，以帝王為法源，王就是法，使帝王成為毫無約束的最高權威象徵，亦即是說：權力就是禮法，由此中心輻射所及，各級行政部門官僚的權威性格，行政長官就是當然之法官。造成貪官汙吏玩弄禮法，令社會存在的只有威權而無法治。尤其他的「屈民而伸君」的錯誤思想，對儒學民主形而上學思想造成無可彌補的傷害，對後世之不良影響至深且巨。

縱觀歷史上能真明儒學的清官廉吏為數不少，然其人存則其政舉，其人亡則其政息，終無能發展有規律之法治社會功能。故良官吏只有本諸父母慈愛之心，去撫順治下人民，但知主觀上維繫其權威之存在，而不曉得客觀上法制建設之重要，長久以來而形成家長式的政治實況。家長式政治，在歷史上發揮過良性作用，它在小農經濟社會時期，藉其模糊的道德關懷，以父母慈愛子女之心愛護治下人民，所謂「深仁厚澤」，「民賴以慶」，我們必須承認，它是高尚的，但亦是不確定的。

缺陷的是，這種主觀上模糊的道德觀念，必依賴官員個人的德性修養，沒有一定的客觀約束，因此，長久以來的家長式統治，人民所習見的只有權威而無法理，禮法的存在亦徒具形式，權力反而成為法理的依據，權就是法，故社會所呈現的現象是：權力的擁有即等於一切擁有，因此，貴必能富，財富的來源無非出於以權謀私，貪濫之私，敗政害民，俗諺云：「三年瘦知縣，十萬白花銀」，傳統所以崇拜做官，就是因為有權，有權，權力即能致富。義利之辨終被現實利益所淹沒，義理無法對抗權力與利益之膨脹。使民本思想無法向民主轉化，此非原儒學之問題，而是變儒者之問題。

董氏之變儒正在於他吸收了大量的黃老、法家思想，如上舉其〈王道〉篇所言「故明主視於冥冥，聽於無聲，天覆地載，萬國莫敢不悉靖，共職受命者不示臣以知之至也。故道同則不能相先，情同則不能相使，此教也，由此觀之，未有去人君之權，能制其勢也。」其所指之道已經不是儒家之仁義之道，而是黃老、申、商、法術之道，弄權的所謂：帝王之道，與韓非的〈主道〉〈揚權〉諸篇所說極相似，這種不文明的陰謀操控術，成為此後二千多年來統治者不文明的惡習，正是先秦儒學形而上的民主思想，未能獲得進一步發展而健康轉化的總根源。而其〈離合根〉〈立元神〉〈保位權〉等諸篇，更極力發揮這種專制思想，完全違背儒學的正大精神。尤其「屈民而伸君」之說，對後代之影響至為惡劣。

就董氏之所謂獨尊儒術，一言以蔽之，乃今文《公羊春秋》一派之學，非儒學之全體大用，但儒名被尊之後，確實為統治者所變造利用，成為專制統治的工具，使先秦指導政治的儒家思想，頓失主動，則董氏不得不負思想庸俗化之譏。至其「屈民而伸君，屈君而伸天」之說，更是只知其一，不知有他的懵懂俗說。屈民是統治者實實在在利用它作為其專制之理論依據，貶低人民的主體性「民之所欲天必從」，「民為貴，君為輕」，「民為水，君為舟」等等豐富的民主形而上思想，完全被否定。而天是想像而被動的存在，對統治首領之帝王，沒有實際主動的壓力，只作為其粉飾而已，對其有利則尊，對其不利則一腳踢開它，歷代統治者不是都這樣嗎？俗儒之弊則也甚矣！

近代有部分人之胡亂批罵儒學，一切視之為落後反動，以「打倒孔家店」奔走相告，其餘音遺意，於今未絕，並以全盤西化為得計，這種自挖牆腳，自拔根本作法，是短視的。故儒學之精義入神，既非俗儒所能體會，復非躁人之所能味道。不辨是非先後，而主觀上一廂情願之否定，原其見識，方之董氏等而下之。全盤西化者，馬列主義者為之最徹底，而中華人文亦為之衰弊不興。

儒學禮法之制，志在輔仁成義，原出自其仁恕的王道思想而設計，自天子至庶人，人人都必遵守，不避強權，「貶天子，退諸侯，討大夫，以達王事而已矣[1]」，王事就是仁政。禮法云者，即法生於禮，禮是法之母體，故先秦儒學，原亦有一定程度上的法治思想，但儒家用法與法家以法為專制政治工具截然不同，儒之用法在輔成禮制，禮是維護社會秩序之大宗，故儒之用法是社會治安之法，不涉及政治目的。《虞書・舜典》就有「五刑有服，五服三就，五流有宅，五宅三居」的刑法分類。這是歷史上可見的最早之刑罰準則。〈臯陶謨〉：「明於五刑，以弼五教」，五教即父義、母慈、兄友、弟恭、子孝之人倫大法。謂之五常，因刑法以輔德教，以達致「刑期於無刑」的儒學王道思想的仁政願望，令「民協於中（守正）」，是達致無刑的理想境地。而古無誅連之法，故〈大禹謨〉曰：「罰不及嗣」即個人犯法自行負責，不作無道之連坐，《左傳・昭公》二十年有：「父子兄弟罪不相及」的明確記載。猶罪有寬宥之設限，老、幼、愚從寬量刑。又犯罪有故犯、誤犯量刑有別，「宥過無大，刑故無小[2]」，犯罪較重，因事誤犯，非故意犯法者，可從輕量刑，故意犯法，且屢犯不改者，罪雖小，必從重量刑。此乃先秦原儒明確的民法思想，如其能與民主形而上思想相結合，未嘗不可能發展成具有現代意義的民主法治體制。只是儒家文化側重道德教養，以期於無刑為依歸。俗儒不能理解道德的真實內容，道即是理，德就是得，如人人能做到合理之所得之明德，明其所得，不損人利己，民生共榮，無人犯法，自不必言法，無刑以達致儒學的理想。可惜道德二字，歷來總是解釋不清，籠統含糊，遂使小儒、庸儒流於鄉愿，孔子痛批「鄉愿、德之賊也[3]」，俗儒不明德字大義，猶同「中庸之道」被誤解成和稀泥一樣，困惑後學。得德二字古文通用，德即是得，所必合道字者，道即理，人而能合理勞動，換取合理之報酬，是合理之得，合於義理之得，就是道德（理得），凡道德云者，皆是此義。故儒家教育專重明德，明德自然不會損人利己，為天下害。〈大學〉篇開宗明義指出：「大學之道，在明明德（得）」即一切教育之首義，旨在教學生明白人皆有求得之心，但必須用合理之手段去取得合理之所得，即是明德。換言之，就是以我合理之勞動，賺取合理之報酬，不損人利己，不幸得，不濫取，不掠奪，不欺，不詐，光明正大去取得無愧於心之合理所得，就是「明德」。如是得上升為德，所以「德」字在文字之中最符合仁義精神，故一切良好之行為者，稱之為「有道德」。《說文》曰：「德、升也」就是由得升德之義，〈樂記〉曰：「禮樂皆得，謂之有德，德者，得也。」《管子・心術》篇曰：「故德者、得也。」《莊子・天地》篇曰：「物得以生，謂之德。」《禮記・鄉飲酒義》曰：「德也者，得於身也。」《淮南子・齊俗》篇曰：「得其天性謂之德。」揚雄《太玄・玄擒》曰：「得謂之德。」劉熙《釋名・釋言語》曰：「德、得也，得事之宜也。」故，合理之私，其所得者，就是得以宜得之合理之得。以其不損害他人而己有所得，則得升為德，是儒學教育之宗旨，以達致均無貧，和無寡，期人們達致至善之境。然後可刑措不用，成人成物，止、定、靜、安、慮、得乃至，修身，齊家，治國、平天下皆由教成，明德乃儒學教育之大本大源。天下大同之原理，民主之本質。

　　儒學尊重私權，私是人心所必有，惟疏導之而非壅蔽之，私能明德，是人道之通義，過此者即是貪濫，貪濫者必損人利己，一切罪惡皆由貪濫所生，為天下公害，棄明德而行不義，必傷天和。是故合理之私，就是明德，明德即是天理，亦合人情。人事若無合理之私，則失生存基礎，舉凡飲水吃飯，夫婦之道，人倫之愛等都是私，它是不可無的合理之私，是以儒學提倡親親，親親是合乎天理的合理之私，無之人道將滅。人在不損害他人，而取得其合理之所得，如打工仔所圖的就是薪資，薪資是養家活口之所必需，農夫勤耕力稼，換取來年之豐收，都是以其應有之勞動，賺取合理之所得，是明德（得）合理之私，天下人人得其合理之私，即是至正之大公，止於至善之大同社會。何勞西化的馬列共產學說之誣罔，以階級性否定人性善之本質，人性只可疏導，不能窒息，馬列主義之欲窒息人性以成其所謂階級性，無異鑿死混沌。明德教育如大禹治水，通其流而利及天下，宋明理學之「存天理，滅人欲」，空喊無私，而私存其心，人而不務本，心勞力拙猶無益於人道天理，天理必須存，人欲不可滅，滅之則人無生機，不可不慎思而明辨之。

人可以有私，但私不可濫，濫必損人利己，大傷明德之教，有違天理之大公，為害天下人群之共存共榮，人世之刑律，正為此輩而設。惟儒學的刑法觀點，是以刑輔教，不以刑法治天下，用刑是不得已之舉，故要刑期於無刑的德治法哲學思想，虞、夏之後，《周書・康誥》、〈立政〉、〈呂刑〉諸篇，發揚這一自虞、夏以來的法學精神，而歸宗於「明德慎罰」的寬和之政。眾所周知，法是近世輔助民主政治的必要工具，否則資本主義的民主政治形式，必流於無政府狀態，暴民聚眾，窒礙社會之正常發展。我國三千年前之西周初年，即發展出初步的民主形而上學的思想體系，儒家之祖周公制作禮樂而衍生的法，未嘗不可相輔相成而發展具有當代意義的民主制度。可是因被秦漢以後專制帝王思想所扼殺，而消失於萌芽之中，未能開花結果。這是歷史發展偏向問題，非我民族生來就腦袋不如西方，一切自卑自棄，皆由認識錯誤，甚復有「漢字不滅，中國必亡」之謬言妄語。

另當指出，我國刑法思想本源於儒學，並非始於戰國刻薄寡恩，自私弄權的申、韓諸子流輩。然儒學法本於禮，禮為憲制，法以治民，忠厚用法，寬誤犯，諒自新，嚴罰故犯，重罪不改過者殺，《周書・康誥》曰：「敬明德乃罰，人有小罪，非眚，乃惟終，自作不典，式爾（故意犯法），有厥罪小，乃不可不殺。乃有大罪，非終。乃惟眚災，適爾（偶然犯罪），既道極厥辜，時乃不可殺。」〈呂刑〉更是明確指出，斷獄首要須尊重證據，如證據不足，切不可以主觀斷案定罪。又重戒執法者，最常犯的五大刑法之弊害：一、以官員之權威斷獄，二、以報私恩斷獄，三、以親戚關說斷獄，四、以貪受賄賂斷獄，五、更不可因憤怒激於個人情感而矯枉過正斷獄。應知刑獄之事，非在於居官者顯示其威權之虛榮，意義在於造福犯罪者有可能新生之路。故曰：「典獄非訖（盡）於威；惟訖於富（福）。敬忌無擇言在身（勿以個人之主觀認定先入為主），惟克天德。」周人以法是出自上天之意志，非人君之私權，此乃先天法源之所在，故謂之為「天德」，大異於戰國時代法家以法源於君之歧說。「兩造（原告被告）具備，師（法官）聽五辭，五辭簡（核實）孚，正於五刑，五刑不簡，正於五罰，五罰不服，正於五過。」法官細心求證，令無枉無縱，避免罪及無辜，是造福刑徒用法之重大意義。又作出嚴重警告說，「獄貨非寶，惟府（積聚）辜功。」即是說凡貪汙得來之財富，不但不可寶貴，它不惟不能造福人，而是累積貪汙者之重罪，故天之罰人必聚於貪汙者之身，「報以庶（眾）尤（罪過）。」於今看來，仍可見其法治之文明。（詳第七章刑法思想）

又周初的法治思想非常清楚而嚴肅，凡法有條文，就必須尊重執法者之職權，雖最高的君王亦不得干預，依法量刑。《周書・立政》曰：「文王罔攸兼於庶言（法條）、庶獄（主審官）、庶慎（審核官）。惟有司之牧夫是訓是違，庶獄庶慎，文王罔敢知於茲。亦越武王，率惟敉功，不敢替厥義德，……繼自今文子文孫，其勿誤於庶獄庶慎，惟正是乂之」。依法治國，法意非常清楚明白，如此具有司法獨立傾向的法治思想精神，竟能出現於三千年前之華夏上國，堪稱人文赫耀，照臨千古，為人類作出了極大之貢獻。方之戰國時代刻峭嚴酷，將私殉主的極變法家思想截然不同。及至董仲舒承法而引入儒學，已全是韓非、李斯之輩的君主專制法學思想，對人民嚴苛峻刻，以君主為法源大異其趣。遂形成漢代帝王絕對專制的思想體系，與先秦儒家的法治思想背道而馳。尊儒背儒同出一系。

就《春秋》禮義的倫理思想相對論而言，不論統治者地位多高，皆受此倫理相對論思想指導與約束，「君民者，豈以陵民，社稷是主[4]」以「當一王法[5]」。惟自秦末以來，由於君權日益高張，儒家思想被法家所凌替，倫理相對論為所攘奪，董仲舒趣時媚世，雜揉變質，基本上已喪失掉儒學原有思想精神，使儒家王道思想為君權竊奪變換，在專制揚權時代，董氏公然提出，仁義禮樂只是帝王的專制工具，而非指導思想。以帝王之私心，固人之常情，如無仁義指導與禮制約束，其私心必然膨脹成絕對貪濫。秦始皇早自說明「朕為始皇帝，後世以世數，二世三世至於萬世，傳之無窮[6]」。因此後人咒罵秦始皇，其實歷代所有王朝，不都亦是這樣想的嗎？何獨秦始皇。這種天下惟我家所有的私產觀念，自然成為所有專制帝王之共同願望，而先秦儒學思想中的德（合理之得）治精神「皇天無親，惟德是輔[7]」，「天命靡常[8]」、「社稷無常奉，君臣無常位，自古以然[9]」等君之統治地位可動可變的精神，被兩漢以下的君主專制所封殺。西漢末年，雖曾有過有良知學者，對先秦儒學之反思與反省，而出現「天下非一家一姓之天下」，「天下有德（合理之得）者居之」等積極思想，猶敵不過帝王的私心，而完全被壓制下去。東漢光武繼起，崇信讖緯，儒學六經已面目全非，靈魂消失，留下後世非儒之口實。

案儒學的最高政治理想是「禪讓」，故孔子極稱堯、舜曰：「大哉堯之為君也，巍巍乎，惟天為大，唯堯則之，蕩蕩乎，民無能名焉，巍巍乎，其有成功也。……唐虞之際於斯為盛[10]。」孟子曰：「君哉舜也，巍巍乎，有天下而不與焉，堯、舜之治天下，豈無所用其心哉[11]」，「用其心」者，以天下為公，禪讓而不專有也。《禮記・禮運》曰：「大道之行也，天下為公，選賢與能，講信修睦，……今大道既隱，天下為家」。天下為家化公為私，變選舉為世襲，原是儒家所反對的，故不得已而主張革命[12]，以正義誅無道，贊賞湯、武之行誅。

君之存在，在儒學設計中，是為人民服務，他才有存在價值，否則當廢，《荀子・大略》篇曰：「天之生民，非為君也，天之立君，以為民也」。又曰：「君者，舟也，庶人者，水也，水則載舟，水則覆舟[13]」，更明顯將人民提升於國家的主體地位。足見在先秦儒學的政治思想中，君非國家的主體，故君的地位絕非不可動搖，人民有權視其得失而去留之。及至董仲舒「屈民而伸君」的反儒思想出現，遂將此先秦原儒具有民主胚胎思想扼殺腹中，為統治者的君主奪取民權立理論依據，就此而論，董氏罪深於王、何！非過論也。

綜上所述，可知儒學思想，早在西周初年，以周公旦為代表的前期儒家，已發展具有民權思想的初步思維傾向，形成其民主形而上學體系，是無可否認的歷史事實，經典依今明白可考。可惜變質的董仲舒為了迎合專制君主，乃抽空儒學的主體思想成分，而雜揉黃老、陰陽術勢、法家思想以入儒，所謂獨尊儒術，卻提出「屈民而伸君」的反儒法家思想，終結儒學的生命力，頓使先秦儒學的民權、民主形而上學，無從落實為兩漢以下的政治指導思想，民權從此被專制統治者所攘奪，抑民權而張君權，儒學徹底變質。然而歷代統治者卻仍然虛偽的盜取儒家這個招牌，藉以粉飾其專制統治，欺騙人民，造成內外矛盾，在滿足專制王權之後，仍然不敢對先秦原儒尊重人民的主體精神加以表述，相反是以帝王為中心，以壓制民主形而上學的主體思維，據天下為已有而強調主觀上的愛民，愛民總是好的，但被愛者，同時亦是被動者，人民對統治者已失去其主動的好惡，民貴君輕，民水君舟，孟、荀之人民主體思想，再無人敢於論述。人民的主權功能既被剝奪，人民喪失爭取權利的主動權，只能任由統治者宰割，故官員之貪瀆，吏治之昏濁，只能聽之任之。是以我國歷史上，有完整的政治體制，卻始終無法建立完善的社會制度。只有依靠宗法體制來維繫既存的社會關係。宗法體制亦並非完全沒有可取之優點，敦人倫和宗族，鄰里相扶持，親親而敬長護幼，合族的宗情俾人在精神上有所依託，人人有所歸宗。其實宗法亦就是中國人最實在之宗教，天祖合一，即是天人合一思想的源頭，使人與自然和諧無間，更是維繫我國數千年之歷史文化不間斷的命脈所在。

然而宗法制度必合於人治，人治法治，有認識上之程度差異，孰優孰劣，在義理上，尚有解釋之餘地，正待相榷。蓋法治者，必然缺乏道德之認知，甚至否認道德有它必然的客觀判斷價值。犯法者，故犯與誤犯，就存在內在之道德因素。唯法乃出於對工具之信賴。人治必出於教育對人德性之要求，尚德不尚刑，客觀上有仁義之內函。主觀上，仁人君子居位，正風善俗，立教以開民知，其功故不易立竿見影，不若法條之立刻見效。唯正風善俗，民德歸厚，以不殺止殺，刑期於無刑，「行一不義，殺一不辜，而取天下，皆不為也[14]」，富於人道主義精神，今天西學之喧騰廢除死刑要求，雖過猶不及，猶不得不承認其有歸於人自身價值之反省，同屬人道主義之範疇。然人治法治，各有所適，人治者，適合於靜態的小農經濟社會，唯法治者，適合資本主義的過度競爭，具強烈掠奪性社會，一靜一動，各適其宜，雖而皆未達人人尚德教歸仁義之自治高尚。人人自治必待人本教育以達成之，當今西方的資本主義之工具教育，是無從達成的。「禮者禁於將然之前，而法者禁於已然之後，是故法之用易見，而禮之所為生難知也[15]」。故我國人至今猶有情、理、法之說。現代法學即缺乏明德教育的內在自省涵養，凡缺德之事，非不為唯不敢為而已。

中國自秦漢以後，因君權日益高張，專制不受禮法義理制約，成為非真理之真理，法家與董氏學說鼓其烈燄，儒家學說已無力抑制貪濫的統治者，君主權力壓倒一切，一旦權力在手，即能滿足其一切需求，由這一權力中心輻射及整個官僚集團，形成唯權論，故歷來官府入人以罪，亦禮法所不能約束，當官者之責任感可有可無，因官員個人品格操守而異，違悖儒學明德慎罰的正大官箴。歷史上多有吏道不修，不肖官吏任意魚肉百姓，而始終未能產生正常的客觀社會力量制衡，無疑是，權治之大弊，猶是一種軟性的政治暴力。原儒學一向主張「政在養民[16]」，王道仁政，尚德不尚威。是以素有「以力假仁者霸，以德行仁者王[17]」的政治反思，否定一切暴力政治，是儒者堅定信念和人文精神。

縱觀我國歷史，自秦漢以後二千多年來的政治表現，毫無疑問，是霸政多而王政（仁政）少，由於禮法被統治集團所壟斷，故人民未能真正得到禮法之保護，當權者舞弄文墨，禮法被束諸高閣，故一般所稱的人治，其實是權治，有權力者之治，權就是法。而非所謂之人治，人治在儒家是有嚴格要求的，即須修身、齊家，然後才有資格言治國乃至於平天下。人治有堯、舜之治、湯、武之治，有何不可。唯權而無法，必出自掠奪，已無道德之可言矣！

二千多年來之政治，因勢利之所趨，使儒學失去主體指導政治之實質功能，僅存被帝王所利用的裝飾品，儒學的人民主體思想被抽空，將相對的倫理絕對絕化，一面倒向專制統治者利益為依歸。然則二千多年來的政治缺失，不宜強要儒家來負所有責任。尤其以現今政治之積弊，遷怒於傳統儒學。兩漢後的儒學，已非先秦原儒之本質，而是已經董仲舒變質後的《公羊春秋》一派枝出之儒學起主要影響，已非先秦原儒全體的思想本質。若以當今中國人文之衰弊，乃馬列主義思想之誤導所致，口喊為人民服務，而不恥專政，視國家為己有，無異帝王之餘燼。

五四運動推生共產主義，就是借反傳統儒家文化為嚆矢，其實皆只知其一不知其二，躁人之叫喊「打倒孔家店」乃至於「全盤西化」之說噪極一時，急功求成，尚屬可諒解，但惟見其利，不知其害，實為不智。成馬列主義為患中國，資本主義、實用主義之敗壞人倫，利之所在，德性全拋，將人物化，資本主義與唯物主義無異。而實用主義之偽善，工具教育使人性沉淪，引伸進化論動物學說，誨人以無德性之競爭，令人格工具化，使人不知其為人，與一般無德性之動物看齊。行銷學與廣告學，堂而皇之教人以合法之詐欺，誠正之理無從言道，利口欺眾，智者詐愚。蓋凡天下之爭端無非利益，故利不均者爭不止，是以儒學提出「天下為公」使化解爭端。惟受上舉西學所滅裂，以及世俗不明德之欲，遂使良好而高尚之理想，不易克其成功。

猶有甚者，資本主義社會，商人為追求其更高利潤，滿足其資本累積，極力鼓吹奢侈的高消費，奢侈消費等同於浪費。又為滿足其過度生產的工商業原料需求，促成對地球過度惡性開發，長此以往，地球資源必為之枯竭。高消費所帶來的生活廢物倍蓰以計，加上工業過度開發之廢料，造成大地巨大污染，水源、土地、空氣毒化愈來愈嚴重。自然科學自炫其成就，核彈、化武日以充斥，更是人類所面臨的巨大威脅，其殺傷力可預計生物為之滅絕。似此人類不自反省，去改變這種生產方式，空喊環境保護，終是徒勞空轉，人類將難有永續發展之未來。當今世界人文之重大缺失，將有待於儒學思想文化以解其蔽，救此危殆之厄運。

當今知識雜濫，侜張為幻。舉如西方資本主義的民主形式，驟看起來，一人一票，似極公平，故張大名色曰「神聖一票」，神聖者乃真善美之名。惟群眾或受鼓動而投下一票，能冷靜出自理性選擇，投出自己意志者成分不多，被選出者是否符合自己理想，數年之間已無補救餘地，只能聽之任之，雖有罷免之權，但民意一散，一時難以徵集。而參選人言行難測其真偽，如其以滿足一己當選而不擇手段者歷屆甚多。以成功就是合理，能滿足我就是真理的西方實用哲學為主導，而以民主包裝民粹，以多欺少，以眾暴寡的政治運動操縱。黠者窮喊口號，因辯給佞行，偽言偽誓，操弄群眾促成的羊群效應以賺取選票，其人已無是非之心，欲期其關懷民瘼，視民如傷，以人民大眾利益為依歸者，形同緣木求魚。甚而金錢支配，豪強壟斷，世襲相沿，民眾慣受蒙蔽兼積威福之漸。渴望由是落實真正民主，歧路猶遠。故睿智的孫中山先生，早就看出西式資本主義政制之百病重症，民主民粹混雜的內在缺憾。是以其本身雖亦曾受西化啟迪，然猶不因襲西式民主形式。毅然獨自創立三民主義，以勵國人。民族、民權、民生，三者皆切合中華人文實質，符合儒學追求真實民主之精神文化，得儒學真髓，民族者，乃自周初所追求之人文一統，至春秋孔子夷不亂華。預防落後文化竄亂先進文化之高等生活方式。民權者，乃繼承民貴君輕，民水君舟孟、荀等儒家寶貴思想。民生者，猶先秦儒學整個思想體系之主軸，正德、利用、厚生，乃千古儒者之所宗，具有科學層次之詰言，承先啟後，而歸於天下為公，教明德，以利天下人人得其合理之私，人人得其應得的合理生存空間，共存共榮，達到義利均以止爭端的禮治社會，此乃儒學中庸邏輯之最高境異。由三民思想促進儒學之科學化。

預期三民主義制度，終是中國政制將來所必遵之康莊大道。中華憂患，擾攘百年，正有待智者冷靜，正本清源，期於來者之華夏英傑，修辭立其誠，方知有所歸宿。

1 《史記・太史公自序》。
2 《夏書・大禹謨》。
3 《論語・陽貨》。
4 《左傳・襄公》二十五年。
5 《史記・太史公自序》。
6 同上〈秦始皇本紀〉。
7 《周書・蔡仲之命》、《左傳・僖公》五年。

8 《詩・大雅・文王》。

9 《左傳・昭公》三十二年。

10 《論語・泰伯》篇。

11 《孟子・滕文公》上篇。

12 《易・革卦・彖辭》「湯、武革命」。

13 《荀子・王制》篇。

14 《孟子・公孫丑》上篇。《荀子・儒效》篇。

15 《大戴禮・禮察》篇。

16 《夏書・大禹謨》。

17 《孟子・公孫丑》上篇。

第二章 儒學的先期民主思想

第一節 儒學反專制的先期思想

漢代自獨尊儒術之後，儒學實際上僅是帝王思想的外在包裝，有普遍人文價值成分被抽空，而植入黃老、申、韓之術，作為帝王專制的統治工具，董仲舒所謂的「帝王之道」，成為虛假而美麗名詞。置儒學於政治附庸地位，由此儒學之生氣若游絲，雖存而駸弱，真儒達道之士，不能見容於朝廷，儒學喪失其對政治的有效影響力。帝王的統治集團，強暴地排斥民主形而上學思想。然而世之儒者，始終未放棄所抱負的選賢與能的前古禪讓思想。眭弘俗儒，深受公羊怪迂之影響，猶率先提出漢家當選賢能以禪讓。卻由此得罪而被殺。之後猶有真儒者提出抗爭，否定帝王專制之合理性，名儒鮑宣即指出曰：「天下乃皇天之天下，……夫官爵非陛下之官爵，乃天下之官爵也。……治天下者，當用天下之心為心，不得自專快意而已也[1]」。天下乃皇天之天下，治天下者，當以天下人之心為，即是說：天下者是人民與帝王所共同擁有，不得汝一人專制，猶存先秦人民為主體思想，天下人之心就是民意，雖已無先秦之大氣魄，然猶保存民主形而上的主體思想，肯定人民的意志，民心所向，即作為統治者的亦必俯從民意，不得專制自為。直承西周初年至孟、荀「民貴君輕」，「民水君舟」的人民為主體民主形而上學具體表現出來，反專制、尊民權，一代真儒難能而可貴。谷永同樣提出：「天生蒸民，不能相治，立為王者以統理之，方制海內，非為天子，列土封疆，非為諸侯，皆為民也。垂三統（天地人）列三正（夏殷周），去無道，開有德，不私一姓，明天下乃天下（人）之天下，非一人之天下也[2]」。這不是明明白白的民主思想？說中國無民主思想，實屬不察。

西漢末年，禪讓選舉復古思潮盛極一時，學者明言或不明言，大都有選舉帝王之傾向。故狡猾的王莽，適逢其時而僥幸取得閏位[3]。可是王莽以非其人而當其位，迷信鬼神圖讖，終無補於民主形而上學的進一步發展與落實。甚而偽託儒學經典自利為害尤深。

上述西漢末年諸名儒或遭暴主，或遭逢王莽昏濁之新朝，讖緯符命盛行，神秘掩蓋真理，尤其設端附會，令儒學為之淹溺仿佛，一切妖妄虛誕，莫不由是而起，而俗儒藉之趣勢竊位，假儒之名，悖理逢迎，足以蕩滅正氣，儒學陵替，東漢乃愈甚。

光武以符命得位，崇信圖讖，名儒正學并被廢黜，術數蔽明，籠罩整個東漢時代，而怪迂妖妄為黠者所取資，正學正氣為之消沉，民主形而上學思想，遂遭固閉扼殺。

漢末兩晉南北，胡族乘亂竊踞國疆，無道殘殺，血染黃土，蔚為京觀，天日為之哭暗，北國人文，蕩滌以盡，士大夫苟延殘喘，以事野蠻之朝。南朝猶腐敗不振，爭權篡奪，慘無寧日，南北士大夫苟延殘喘於衰世，命懸鋒鏑之間，朝不保夕。於是不得不尋求精神上之逃隱，乃引老莊以入儒，反經學而崇玄學，自漢末郭泰開其風氣，至王弼、何晏而玄學大興，既鄙棄讖緯、符命之妖妄，泛衍而排除儒學之正教，沉溺荒誕。竟不知兩漢經學乃由董仲舒公羊學派之變異，早已不復有先秦原儒之面目本質。以郭琳宗、王、何之聰明慧性，不惜違離正學，索隱行怪，乃促成一代風尚，清談與時勢委蛇，學術又為之一變。故而文學雖盛，但人道沉淪，誅殺之慘烈，絲毫不遜於北疆之胡族，學術之衰頹，人文淹溺，遂造成此歷史之極大悲歌。

物極必反，至唐代開國立極，國勢空前強大，武功煊赫，列國來朝，科舉取士，文學大盛。科舉取士本是良法，但人趣功名，故文事雖盛而實學虛置，《五經正義》之作，本欲恢宏儒學於盛世，然而風氣所尚，竟淪為科舉之具文，原儒學未能起弊振廢，士子全精力於詩文，儒學經典束諸高閣。中經韓愈提倡古文運動，惟其志主要在於詩文之復古，其〈原道〉一篇，立志雖正而思想清淺，至於李皐有復性之說，但亦氣局狹隘，皆未能達致宏道揚儒於盛世。宋學繼起，故深知歷朝儒學之蔽，亦欲起衰振廢，恢弘儒學之正宗，揚儒宏道，極一代之盛，可惜氣局所限，由未能復起儒學主體精神於衰蔽之中。雖有如呂祖謙、呂大臨等尊經明道之釋說，接近先秦儒學之原理，卻不為人所重視。而性理之學，極深研幾，發揚儒學局部之精髓，惟宥於禁欲思想，喪失掉先秦原儒學的全體大用，缺乏體用兼備之大格局。倡內聖外王之說，其終局內聖可觀，外王不作。尤其大張公權壓抑私權，以利禁私欲，竟不知人間有私權之存在，其蔽拂逆人性。我們上面指出，人性之有私念，是與先天具來的，既是本善，亦存私欲，是自然法則，故〈禮運〉曰：「飲食男女，人之大欲存焉。」是知人性只可疏導，不可壅塞，壅而潰，其害越大，教育以明德，以合理之得為疏導人性之要訣，使人民不相侵奪為害，使物利公利，所以說合理之私，是達致天下大公之大道。如無合理之私權，人將無生存之理。

至朱子提出「革盡私欲，復盡天理[4]」。此說或出於朱子本人的官場觀察，對人心貪濫之警戒。然後人不明是理，作偏頗之發揮，遂使「存天理，滅人欲」成為整個宋明理學之中心思想，悖離先秦原儒學思想甚遠，成為後人批評的話柄。

故歷代藉儒學之名，而舞弄權術者，無非是那些習文法吏事，而又緣飾儒術以取得富貴者居多。利竇生弊。更有甚者雜揉自戰國以來之名法、術、勢、縱橫各家之權謀陰術。弄權舞弊以達目的之輩，為達目的不擇手段以奪取名位。復進一步結合原始的文化糟粕，而揉合成一整套有理論的專制帝王思想體系，竊取儒學之名，其實違背儒學民主形而上學的真理，人民的主動權被拿掉。自董仲舒之後，多數學者奉之為圭臬，遂支配了二千多年來中國政治思想之靈魂，使儒家原來的高尚情操「誠正」的中心思想，在歷史上政客纏鬪的過程當中，被現實所泯滅，而鄉愿小儒其滔滔不絕者天下皆是。統治的君不但未曾如董仲舒的主觀想像那樣「屈君而伸天」而有所收斂，相反君竊天以自為，君就是天，絲毫不受制約，專制統治之二千多年至清代而愈甚，民之受屈，憔悴罔極。

在秦統一全國之前，中國並未形成專制的政治思想體系。夏、殷不論，周初的宗法封建制度，分封即是分權，天子無專制性質，封貢亦只體現在文化上的統一，故不存在專制統治思想格局。是以秦始皇用李斯之策，欲實行法家設計的專制獨裁政體時，立即受群儒共同反對。雖然諸儒反對的理由，並未能提出具積極進步的思想內涵，只出於思舊復古之幽情，惟其承儒學傳統反專制卻是明確的。

更明白地說：先秦儒家思想，對君的居位是有所要求的，並非容忍君主享權利而不付出義務，是以能產生相對的政治倫理思想體系。

正如晏子所說：「為君者，豈以陵民，社稷是主[5]。」社稷就是國家，國家由人民組成，社稷是主即是人民為主，故孔子曰：「君使臣以禮，臣事君以忠[6]」，禮是周代倫理相對論之價值體系，於政治上君臣權利與義務有所問責，雖或假諸天命，唯儒學之天命，實質上是由民意所轉化出來的。孟子曰：「是故得乎丘民（人民）為天子，得乎天子為諸侯，得乎諸侯為大夫。諸侯危社稷則變置（更換）[7]」，層層皆有所授，而最終的權利在人民。這與現今的選舉思想並無兩樣，人民選總統，總統委任內閣，內閣委任各部官員，雖歷史稱名有異，而問責之實質無以異如一致。變置二字最當注意，只是古今名物不同而已。歷來注釋家屈於君者不敢依儒學義理直說，避免觸統治者之逆鱗，如趙岐注說：「諸侯為危社稷之行，則變更立賢諸侯也」。只言諸侯，不敢論及以天子自居的最高統治者帝王一層，以免賈禍，用心良苦，以後各家多略而不說，朱熹委婉其說曰：「是社稷雖重於君而輕於民也。」因國家是由人民所組成的，人民為主體，所以國家和君主輕於人民，深得孟子本意，可謂難能而可貴。雖仍然不敢及君，而民主君從之意猶存。

故儒學有革命之主張，君在位而無道害民，以其強權在手，故不能以禮變，而以力變，唯有採取革命手段，則丘民可以改易天子，《易・革卦・彖辭》曰：「湯、武革命，順乎天而應乎人」。儒學思想天人是一致的，推翻無道政權之統治，是全民的願望，所以是順天應人之善舉，民主思想何其明晰。桀、紂無道，湯、武適應人民之要求變置其位，則湯、武就是得到丘民支提的合法天子。弔民伐罪，無論其位，即是儒學的強烈主張。孟子復指出：「賊仁者謂之賊，賊義者謂之殘。殘賊之人，謂之一夫，聞誅一夫，未聞弒君也[8]」，以說明他變置說之合理。天子亦好，諸侯亦好，如無能力治理好國家，造福人民，即是失職，理應退位讓賢，完全符合儒學天下為公的禪讓思想。故他又說：「不仁而得國者有之矣，不仁而得天下者未之有也[9]」。足見在儒學思想中，統治者之位，不是必然，是有條件的，不是一成不變的，天命可以改變，「天命靡常[10]」。君而獲罪於民，則必遭革除，這是儒學民主形而上學的基本思想精神，只因漢代專制政治之勢已成，壓縮儒學發展空間，使之變成專制帝王思想之附庸。民本、民主、民權等儒學原先所具有的內在價值，全被帝王專制思想所否定，漢初的今文公羊學，乃其始作俑者。

兩漢以後，獨傳董仲舒所變質的庸俗化儒學，即所謂經學一派之雜儒、庸儒，助成政治專制之合理化，扼殺先秦儒學民主形而上學的可能發展。專制帝王的威力凌駕一切，學者或心知其非，為懾於統治者的威權，加上不免於利誘，利益之門，道義為之銷鑠，雖不無極少數人還敢於提出真正的儒學主張，例如眭弘，他上承董氏之學，兼融合符命之俗，未免妖妄，但他在專制思想方張的時候，尚敢於提出君主禪讓學說，的確是先秦學儒選賢與能，天下歸於有德的主張。可惜如鮑宣、谷永諸真儒，厥後而消聲匿跡，正氣消沉，直至清代，俗儒大官，竟甘做帝王之家臣，以奴才自居而無愧色，斯文掃地而盡。

眭弘俗儒，尚能體會先秦原儒之真意，選賢與能，禪讓皆說明君位之可以變置，天下有德者居之，絕非一家一姓「萬世傳之無窮」的帝王自私心態可以比擬，以此可貴之為豪傑。名儒鮑宣、谷永是忠誠的先秦原儒學的支提者，天下為公不因統治者的威權而退縮，秉持浩然正氣，敢於指出：「天下乃皇天之天下也。」「不私一姓，明天下乃天下人之天下。」正氣凜然，儒之勇者，「用天下之心為心。」顯出名儒之氣魄，無愧先儒。君不得自專快意，即是明顯的反專制思想。說明帝王不能據天下為己有，國家是人民的國家，完全符合先秦儒學天心即是民心，天意就是民意，光明正大的民為主思想。谷永復明確指出的去無道，開有德，不私一姓，天心民意乃天下之公理，非一家一姓所得據為私有。就是先儒選賢與能的重新主張。很明顯鮑、谷二公繼承了先秦儒學的優良傳統，否定了董仲舒「屈民而伸君」背儒而伸法的邪僻思想。雖未能有進一步發展更高的民主理念，然在帝王專制思想佔據歷史主流時代，他們仍然敢於提出儒學的民主形而上學的正確思想，正氣凜然，顯示真理之不可侮，誠是我中華民族歷史的珍貴遺產，至今更顯見其生命力，真理的守護者，非毀儒學者，豈能無視此斑斑史實。

在先秦儒學民主形而上學影響之下，西漢末年曾經有復興選舉帝王之趨勢，由是禪讓之說頗為學者所重視，劉歆提倡古文支持禪讓，為一時學界領袖，惟勢利所趨，富貴誘人，禪讓之說無從導向民主正軌，及被鄉愿俗儒的王莽利用為篡奪之資，歷史陷入短暫之貌似復古，實悖堯、舜之巍巍大公，違背選賢與能之正道，演成一段歷史鬧劇，震盪翻復，符命假託，虛偽欺眾，正學陵替孤懸。附會神秘之徒，假儒學之名以爭利，遂張東漢讖緯怪誕之盛，徒令儒學莊嚴被汙。民主形而上學的光輝愈趨暗澹，加上專制統治集團私心之打擊，故無法獲得生命力的健康發展，而敢於反對符命讖緯、妖妄之真儒，都前後遭受不同程度之打厭，或被殺或被廢置，如上舉諸儒以及東漢初年之桓譚、尹敏等皆名儒英傑，既不為時用，後復無繼緒承業之人，民主形而上學的儒家思想精神，藏諸千古而再難復見。如今黨黨相伐，寧不思儒學天下為公之誠正為指導思想乎？

1 《漢書・鮑宣傳》。
2 同上〈谷永傳〉。
3 同上〈王莽傳〉曰：「紫色蛙聲，餘分閏位」。
4 《朱子性理語類》卷十三。
5 《左傳・襄公》二十五年。
6 《論語・八佾》篇。
7 《孟子・盡心》下篇。
8 同上〈梁惠王〉下篇。
9 同上。
10 《詩・大雅・文王》。

第二節 禮無礙民主制度之發展

在先秦儒家思想的尊君，並非盲目去尊崇專制獨裁之統治者帝王，而是有條件建立在相對責任的倫理基礎之上，以道德為條件而尊其可尊而廢其不可尊不該尊。《周書·泰誓》曰：「撫我則后（君），虐我則仇。」就是否定了絕對無條件的尊君思想。《春秋經》之經文、文公十六年「宋人弒其君杵臼」。杜預《集解》曰：「稱君，君無道也」意即國人共弒其君，故以國人稱。成公十八年，「晉人弒其君州蒲」，《集解》同曰：「君無道」。《左傳·宣公四年曰：「凡弒君稱君，君無道也」，為杜氏所本。為君而無道，國人可會而殺之，如誅桀、紂獨夫，國人皆曰可殺，經意非常明白，禮是規範所有人的行為準則，為君無道害民就是違禮非法，重者同樣要受誅殺之罰，孟子的民貴君輕，荀子的民水君舟，都是從這裡發展出來的。民水君舟，尤能體現人民的主體性。無論舟船多大，總不能逆水之勢，逆之者必遭覆滅之扼，人民的力量像水一樣偉大，無論君的地位，逆民者必將覆亡，故孟子說，國君危害國家人民者，即可以更換他「危社稷則變置」。否定「萬世傳之無窮」的貪濫自私用心。在《左傳·昭公》三十二年史墨早就說：「社稷無常奉，君臣無常位，自古已然。」這是何等明白的君位可動的變置思想。

孔子著《春秋》強調尊王思想，但在此當首先辨明儒家孔子尊王的王字真實內涵。孔子尊王是上承堯、舜、禹、湯、文、武之王，而歸旨統稱周王，是以說：「周監於二代，郁郁乎文哉，吾從周[1]。」周代人文之盛，是上承堯、舜、禹、湯、文、武華夏文化的歷史發展而成的，而以堯舜為冠冕，三代以上，下及周公，而典禮大備，王道仁政以為準的，故尊王者，即尊此王道仁政為依歸，非指單純個體之王者。堯、舜法天理民，施仁布德，巍巍功勳，煥乎人文之盛，周公制禮作樂，本之以立章憲制，作為維護有周一代之大法，社會公共秩序之守則，謂之「禮節民心[2]」，孔子儒家溯上周公為嚆矢，就歷史的實況而言，周公乃儒學的開宗創始者，孔子從周尊王，正是由這一華夏文化體系之再發展，故其作《春秋》本之周禮，義理是一致的，是以司馬遷尊《春秋》為：「禮義之大宗[3]。」繼而曰：

> 夫《春秋》上明三王之道，下辨人事之紀，別嫌疑，明是非，定猶豫，善善惡惡，賢賢賤不肖，存亡國，繼絕世，補敝起廢，王道之大者[4]。

這就是《春秋》所尊的王道，王道的實際內容即是仁政。仁政是政治的最高指導原則，凡帝王統治者都必須受其指導，絕無例外，孟子曰：「舜……由仁義行，非行仁義也」，即遵仁義行政的思想，人民對王者的要求。為人君不行仁政，就是違背這一含有華夏文化豐富內涵的最高指導原則，就是不仁無道，人民有權選擇而廢置之，絕不是後來盲目尊崇專制君主權威的本質。孔子一生極稱堯、舜之為君曰：「大哉、堯之為君也。巍巍乎，唯天為大，唯堯則之，蕩蕩乎，民無能名焉。巍巍乎其有成功也，煥乎其有文章[5]。」所推崇的就是他能以天下為公，行其王道仁政，示以禮之大經，「由仁義行。」〈禮運〉篇中所說的「大道之行也，天下為公，選賢與能，講信修睦」正是禮之大端，教之以明德的社會秩序，人人應當遵行的共同守則，《公羊傳》所說的「撥亂世反諸正[6]」應該做如是解釋，不能單純說是復古守舊，而是儒家依舊傳統而重新設計的選舉制度，令天下為公，自然可恢復當時紊亂的社會秩序。故《公羊傳》哀公十四年所作出的結論曰：「君子曷為為《春秋》，撥亂世，反諸正，莫近諸《春秋》，則未知其為是歟？其諸君子樂道堯、舜之道歟？末不亦樂乎！堯、舜之知君子也。制《春秋》之義，以俟後聖，以君子之為，亦有樂乎此也。」說明《春秋》之旨，不單是恢復周禮，直指堯、舜之世欲恢復天下為公義。後世說《春秋》多失旨。

《春秋》之旨高，而《周禮》非孔子之作，或存周公之遺意，是維護周代社會秩序之大法，猶之憲法，其歷史價值不能否認，亦是孔子所極重視，尊守之為天下表帥，教人要「克己復禮，天下歸仁焉」。則復禮之復字具有雙重意義，一是以古為今用，用禮來恢復春秋時極度混亂的社會秩序；一是希望以禮治來達致堯、舜天下為公之至治盛世，所以才能有「天下歸仁」之渴望。實現儒家的理想設計來重建新的社會秩序，不可以儒學復古守舊而否定他。

禮作為維護社會秩序之綱領，無異於現代國家之憲法，有它不可否認的重大歷史價值，在歷史不同階段發揮它不同的功能作用，不能一概加以醜詆，尤其作為人文的國民教育，在不同時代，發揮其適當之功能，「禮以順時為用」因人情以整齊社會秩序，提升國民之素質。《禮記・坊記》曰：「禮者因人之情，而為之節文」，人情有私，私而無節，必成貪濫，貪濫者必損人利己，無視公德，故必須有社會秩序以約束之，私循合理之得，是謂「明德（得）」，能明德則「己所不欲，勿施於人」，立己立人，合理的社會秩序自然建立，天下為公，不勉強而達致。這就是儒家思想的美好期求，不言民主，民主自成，何必滔滔者日以民主為言，而終流於虛偽與庸俗。以力相制約者，為不得已之為，亦終不能使人心歸善，私心掠奪，必存於資本主義之所謂民主之間。

儒家之禮，就是中國一部自然法，故曰：「禮者天地之序」，人類理性之體現，可與實在法相互結合為未來之制憲精神，必可更理想地造福人類。可是後儒未善盡宏道，徒令禮法被帝王思想所盜取，變質成帝王私心的統治工具。

徒法不足以成善，從事實在法者常言法治不須道德說，甚至詆毀道德有損法制等錯誤認識。蓋法由人為所立，因何等人，則立何等法，司法者何等人，對司法效果必有影響，立法、司法如無聖人之用心，不存道德之誠（德者合理之得，舉凡合理之得即升為德，世人所稱之道德）則法者輕重任意，失去準衡，乃有害於法。尤其涉及政治鬥爭，利益所在，鑽空隙揭微疵，求其損人利己，大有傷善害德意。夫法因人而生，必可因人而變。盡人道之正，法以輔治，禮法合向健康的歷史發展，故未嘗不可有裨於現代法治之健全，民主政治之內外兼善，陳中華法典於方來。人貴自主，國貴自強，民族尤貴自愛，堂堂中華民族，焉可長仰西人之餘唾，而施施然自以為足，而遺我之瑰寶。

禮是人倫之綱紀，綱紀而法生，任何人都必須受其約束，絕無例外，這是儒者所共同認識的社會公共秩序之規範，其功能如同現代的憲法，與立憲精神是一致的。只有歷史在不同階段，其價值功能或有差異，即《禮記．坊記》所謂：「禮以順時為用」，雖認識上有不同的水平，但它作為不同歷史階段做出貢獻，順時為用，是不容抹煞的。今人稱之為法，古人稱之為禮，名雖異而其功能作用無異。必須指出，歷史發展人文由低至高演進，承先啟後是歷史自然的趣勢，今人之不肖，不能委過於前人，前賢在某些方面之智慧貢獻，是後人所不能超越的。

故禮不同於法的唯工具主義之外在約束，而是外制兼內在人的自主防檢，使人行不害物，它涵蓋法的約制，和人格自主的善，合而為功。善是先天付予人性的特質，具有永恆的真實，只有外誘使人行為出現偏離善的本體《禮記．樂記》曰：

> 人生而靜（善），天之性也；感於物而動，性之欲也。物至知知，然後好惡形焉。好惡無節於內，知誘於外，不能反躬，天理滅矣。夫物之感人無窮，而人之好惡無節，則是物至而人化物也。人化物也者，滅天理而窮人欲者也。於是有悖逆詐偽之心，有淫佚作亂之事。是故強者脅弱，眾者暴寡，知者詐愚，勇者苦怯，疾病不養，老幼孤寡不得其所，此大亂之道也。

人性本善，故能與「天地參」《易》謂之「三極之道」，天地之性純善，是以付予人以善的本質。可檢之於嬰孩和未入世之年輕人，嬰孩有欲而不濫，泛稱為「赤子之心」。年輕人在未入世之前富有同情心，同情心是「仁之端」故入世未深善端猶可見。入世漸深，迫於資本主義社會的過度競爭壓力，眼見現實的巧取掠奪，詐偽之心漸生，善端漸失，非性惡外誘之也。是故禮樂之教，純出於古人善良之願望，期於明德免於惡性競爭，人人得其合理之私，以合理之勞動，賺取合理之報酬，則私而不濫，人人得其應得，不樂僥幸之得，就是明德，不言公而天下大公，是以法是外在之具，禮是理性之具。說明禮的教育是防杜人性之惡化，並不食人，人能居仁由義，行檢無虧，固自無待於法，不必高叫民主而人人皆以自主。如是禮無虧於當代。《大戴禮．禮祭》篇早就指出：「凡人之知，能見已然，不能見將然，禮者禁於將然之前，法者禁於已然之後，是故法之用易見，而禮之所為生難知也……禮云、貴絕惡於未萌，而起教於微渺，使民日遷善遠惡而不自知也。」視此，當代民主與人權的覺醒與訴求，不唯於法，亦需以禮，以免流於虛偽與庸俗，猶可減少萬事政治化，剛愎自是，損人利己的惡性鬥爭。

當代民主憲政之主意，其目標同樣為消除不公正的暴力與掠取，以凝聚人類理性之共善，體現人的主體價值忠恕，則儒學以禮制為權衡的政治理想，不惟不悖於現代民主精神，而是足以提升民主建制之互相尊重，行己敬人，免除其惡性攻擊，報復循環之通病。當今之世，不惟不能輕蔑傳統文化，而是應深入了解傳統文化，吸收中華民族政治思想之精華，拔出虛偽庸俗，小人得志的西方資本主義之泥淖。建立符合理性，更完美的民主制度。華夏智慧將然之期待！

還當指出：禮在先秦儒學認識中，被認為是經國大典，體現仁義的有效手段，故曰：「禮經國家，定社稷，利後嗣……度德而處之，量力而行之，相時而動，無累後人，可謂知禮矣[7]。」量力而行，相時而動，說明禮不是死的教條，乃順時為用，是維護正義之權衡，安定社會的準則，故無累後人，與今之法意義無不同。趙簡子問子太叔揖讓周旋之禮，子太叔答曰：

是儀也，非禮也，簡子曰：「敢問何謂禮」，對曰：「夫禮，天之經也。地之義也，民之行也。天地之經，而民實則之，則天之明，因地之性，生其六氣（陰陽、風雨、晦明），氣為五味（酸、鹹、辛、苦、甘），發為五色（青、黃、赤、白、黑），章為五聲（宮、商、角、徵、羽），淫則昏亂，民失其性。是故為禮以奉（幫助）之。為君臣上下以則地義，為夫婦外內以則二物（陰陽），為父子、兄弟、姑姊、甥舅、昏媾、姻亞，以象天明，為政事庸力行務以從四時；為刑罰威獄使民畏忌，為溫慈惠和，以效天之生殖長育。民有好惡、喜怒哀樂……禍福賞罰，以制死生，生、好物也，死、惡物也。好物、樂也，惡物，哀也，哀樂不失，乃能協天地之性，是以長久。」簡子曰：「甚哉，禮之大也」，對曰：禮、上下之紀，天地之經緯也。……故人之能自曲直以赴禮者，謂之成人，大、不亦宜乎[8]。

禮協政事、民生、倫理、人情，整個社會秩序行為準則，而理本乎自然，不逆不濫，時用之得當，即具有現實之價值。而儀只是無實質的行為形式而已，禮必合乎情理之實質。才是中正之禮。中正之禮與兩漢迂俗之儒雜出附會，是有區別的。尤其某些鄉例雜俗之附會，區霧無識之條條圈圈，惡性的非理延伸，實多不合經旨。又如兩性婚姻之專橫武斷，亦不合先秦儒學之要旨。孔子刪《詩》訂《禮》猶存男女自由戀愛之意〈關雎〉以下其例尚多。如「野有死麕」、「匏有苦葉」、「靜女」、「桑中」、「木瓜」等，皆愛情歌詩。《周禮・大司徒・媒氏》有「仲春之月，命會男女，於是時也，奔者不禁」。盡無如後世俗禮對兩性禁固之嚴，足見先秦儒學之禮，尚通人情，所謂發乎情，止乎禮。隨著兩漢專制思想成為時代主流，影響所及，俗禮大傷人情，家族專制尤傷人文之合理發展，如《禮記》一書，雖有部分仍存先儒禮意，但其中大部分是漢儒之說，迂俗摻入。又如《禮緯・含文嘉》定性「君為臣綱，父為子綱，夫為妻綱」之「三綱」說，查諸先秦儒學經典，並無是說，五常在先秦經典中，通常指的是人文的義慈友悌孝，物理指的是金木水火土，由董仲舒附會為「仁、義、禮、智、信。」兩漢以後，乃被定性為君臣、父子、夫婦、兄弟、朋友之五倫，而以君為先甚非先秦儒學原意，先秦儒學倫理，是先父子而後君臣的，實合天道人情，《易・序卦》曰：「有夫婦然後有父子，有父子然有君臣。」漢禮其實顛倒義理，先君而後父。不先有父子，何來有君臣。如是之例不勝枚舉，不可不辨。（詳下）

認識古人之所以主張禮治，其用心並無不善之處，迹其用心，是希望由禮教育改掉人類殘存的野蠻性，從而令人體認人有別於一般動物，否則「鸚鵡能言，不離飛鳥，猩猩能語，不離禽獸[9]。」體現人之所以為人的尊嚴，以彰顯德性之本質。因教育來防杜人性之惡化，去除野孌成分，而發展人類的本質理性主體，善養浩然之氣，誠正知恥，明個吾之異於禽獸。可是受限於歷史條件，在社會教育未能普及之前，固無從俾人人有接受教育之機會，使能體認這歷史發展人的主體精神價值，因此，禮治的人文精神未能取得充分發揚。環顧當代，社會發展已經到達新的歷史階段，在有利的歷史條件配合下，已經逐漸實現普及全民教育，與其單獨宣揚法治，何尚不可同時宣揚禮治，使人存敬讓之心，擺脫資本主義進化論之人相食，人類才能享經濟發展後人的真正正常幸福。否則在過度競爭的情況下，人心逐物忘返，終日惴惴不安，必然失去真幸福。或曰：「禮治未能使人人必守禮」，同樣，法治亦未能使人人必守法。惟積善以勝，自然蔚成風氣，人之良知令惡性逐漸減滅，如上引〈禮察〉篇所說「禮云：貴絕惡於未萌，而起教於微眇，使民日遷善遠罪而不自知也。孔子曰：『聽訟吾猶人也，必亦使無訟乎』」。內在人心的自我省察，豈不優於外在暴力的法工具之約制，以威力制則法勝，以義理制教則禮勝，合二者以治天下，可開創政治史，社會史的新篇章。

禮乃古代華夏民族治理社會秩序的經驗總結，具有不可抹煞的歷史意義，其價值絕不亞於西方之法觀念，不論禮或法都是人際關係不可或缺之條理，應皆同樣受到重視，我民族向以禮義之邦自許，這難道完全沒有價值嗎，必不然也。當今正努力民族復興，光靠外部之繁榮是不夠的，民生為重，是復興必然之路，有了民生富裕，必教之以人文，人文以明德為主，蓋「凡有血氣，皆有爭心」此乃資本主義經濟學鼓勵無限競爭的理論根源。明德教育就是令人取足於己，無侵他人，明白合理之私，私而不至於濫，為人類最高之「德讓」，《左傳》曰：「讓，德之主也，謂之懿德[10]」。富而後教，重視內在的人文教養，提升國民素質，免除雖富而到處受外人輕侮，得到尊重，始可稱民族真正復興，無外強內虛之弊。惟禮足以彌補資本主義過度競爭，令逐物喪心，遺佚人生樂趣。全盤西化之不足取，顯而易見。進化論非人倫哲學，但其弱肉強食的動物生態，卻是資本主義經濟踞為論據，帝國主義——資本主義都無法使人類和平相處臻於樂利的理想社會。惟有禮能使人性導向理性發展，歸仁成善，皆當以和出發，「禮之用，和為貴，先王之道斯為美[11]。」人能和平相處，則亂源自塞，共存共榮，其爭也，猶知禮讓之美，私知明德之所歸，「和順於道德（合理之私是謂道德）而理於義，窮理盡性以至於命[12]」，和順於道德，就是明德，《易》謂之為「大人之德[13]」。若能明德，雖不言民主，人人皆可自主，無勞自鳴者之囂囂。更非唯法之工具法條，所可明徹高義。

禮出義理之導向，法出工具之導向，立心用意，自然不同，很明顯，禮出於對人德性之信賴，法出於人為制作的工具統治，法自身就是具有暴力的性質，以暴制暴，故其功近而易見效。惟立法者是否純粹無私？執法者是否大公至正？法之本身亦有是非之疑？明辨尚有待於理性之權衡，忠（認真負責任）恕（將心比心，「己所不愛，勿施於人」）之道理，為權衡之準則。而制法者用法，受法者被制於法，法之本身已非出於民主之本質，用之得當，固可為民主輔成之器，用之失當，可盜為一切鬪爭之工具，其弊尤深。固制法者由人，執法者亦由人，以人而提此人為之法以制人，即以彰顯其有統治者與被統者的實際差別。以操持此法者，是否皆有聖人之用心？如其不然，則難免於個人情感的主觀因素，情意之偏，斷之失正，而執此生殺之權衡，其危害可以想見。俗曰法律至上，未免工具成神，人被工具統治，失去人之主體。

禮同樣亦有出於人為因素，惟其起於自然之法則，尊尊、親親、合族，乃出自人類原始之情感，以愛類為主，而推己及人，以成「忠恕之道」，非出自以力相強制，為古代宗法社會的倫理依據，父子、君（領導者）臣（各級領導者）、夫婦、兄弟、朋友各層關係，都定性為先天的相對道德責任，並非起自統治與被統治的鬭爭以力制的關係。隨歷史發展而積成的禮制，是由自然以導入人為制度，人人各有分際，各具責任，一旦社會變遷，地位改變，則責任亦隨之轉移「社稷無常奉，君臣無常位」「高岸的谷，深谷的陵[14]。」今則為君，變則為臣，是以三代革命，無滅絕之例。今天為子，來之為父，位高者則任重，制度森列而不失人之主體。是則法冒禮而行，保全人的主體精神，不淪為法工具之附屬物，以達到真正的民主，而非為法所主的真實理想。否則才擺脫君主專制，黨團專制，而又自陷於法為主之專制，豈不是五十步笑百步。

1　《論語・八佾》篇。
2　《禮記・樂記》。
3　《史記・太史公自序》。
4　同上。
5　《論語・泰伯》篇。
6　《易・繫辭上》篇。《公羊傳・哀公》十四年。

7 《左傳・隱公》十一年。
8 同上，〈昭公〉二十五年傳。
9 〈曲禮〉上。
10 《左傳・昭公》十年。
11 《論語・學而》篇。
12 《周易・說卦》。
13 同上〈乾文言〉。
14 《左傳・昭公》三十二年。《詩・小雅・十月之交》什。

第三節　儒學禮義之條貫

禮以義為質，立信以達用，因明德為智，復禮歸仁，為儒學之宗旨。因此，禮乃群體社會不可或缺的倫理秩序所依據，一切利益分配和是非相爭之評準，條理明晰，周公制禮，孔子刪定，戰國時人補充，猶存周公遺意。孔子崇禮明仁，直承周初人文傳統，並不如齊晏嬰和道家司馬談評議那樣「博而寡要，勞而少功」。「夫儒者以六藝為法，六藝經傳以千萬數，累世不能通其學，當年不能究其禮」。其實晏嬰和司馬談之批抨，是出於政見和學派之成見，未見得公允。究孔子之世，六藝不如司馬談他們所說之那麼浩博，比於《老子》之五千言固繁簡有別，方之於《莊子》書，則六藝無嫌繁處。為尋真相不可不究。今約略言之《儀禮》、《周禮》二書猶存，兩書皆五萬字左右，《周易》二萬多字，《書》三萬左右、《詩》亦三萬左右，《樂經》已佚不計，加上《春秋》二萬來字，加起來六藝不過二十萬字上下，亦只及《史記》字數之半。不能通其學是學力問題，不在多少問題。

至於《禮記》一書，乃出於戰國秦漢之際諸儒依據周禮遺意，而大量衍伸附益，雜糅繁冗而成，非戰國以前完書，有明顯今文學派的影子。司馬談襲晏嬰之議論，作不合事理的批抨，連其子司馬遷亦認為有不正確之處，雖未顯以指摘其父，孝子之用心，惟糾正其錯誤，盡其對真理之義務，如《易》所謂：「幹（正）父之蠱（事物之不安而救正之）」。《史記．太史公自序》曰：

> 孔子知言之不用，道之不行也，是非二百四十二年之中，為天下儀表，貶天子，退諸侯，討大夫，以達王事（仁政）而已矣。子曰：「我欲載之空言，不如見之於行事之深切著明也」。夫《春秋》上明三王之道，下辨人事之紀，別嫌疑，明是非，定猶豫，善善惡惡，賢賢賤不肖，存亡國，繼絕世，補敝起廢，王道之大者也。《禮》經紀人倫，故長於行；《書》記先王之事，故長於政；《詩》記山川谿谷禽獸草木牝牡雌雄，故長於風；《樂》樂所以立，故長於和；《春秋》辯是非，故長於治人。是故《禮》以節人，《樂》以發和，《書》以道事，《詩》以達意，《易》以道化，《春秋》以道義。

撥亂世反之正，莫近於《春秋》。《春秋》文成數萬，其指數千。萬物之聚散皆在《春秋》。……夫不通禮義之旨，至於君（領導者）不君，臣（各級之負責人）不臣，父不父，子不子。此四行者，天下之大過。以天下之大過予之，則受而弗敢辭，故《春秋》者，禮義之大宗也。夫禮禁未然之前，法施已然之後，法之所為用者易見，而禮之所為禁難知。

司馬遷是真正能明通六藝者，何謂當世不能究其禮乎？改正乃父的認識上之偏差，糾謬補正。孝子當然之舉，《易》謂「幹父之蠱，有子考（成也）[1]」。子能救正父之先業，實為大孝之儀表。尤能發揚先秦原儒的中心主體精神，遷真有漢一代大儒，其思想之純正，非董仲舒之流所能比擬！

其君臣父子之說，意亦在於禮，蓋時代稱名不同，君者國家最高領導人之謂，臣者下級幹部之稱，在儒學政治倫理觀念中，父子、君臣都是相對負責任之個體。如果身為領導者，而未能盡為人民服務，凌民昏瞶貪私舞弊，亂發號令，則視為亂命之君，如桀、紂者，臣自然不能尊從，如荀子所謂「從道不從君。」，且必誅之如湯伐桀、武王伐紂。孔子早就指出「君君、臣臣、父父、子子[2]」。就是要各盡之責任，君盡為君之責任，臣盡臣的責任，父子皆盡責分，即忠孝。禮以中信為本，忠是負責任之大名，如忠於國家、忠於事業、忠於家庭、忠於朋友等等以此類推，一切盡職事之誠，都是忠的表現。所以君能立信，則臣忠於君，君忠於民，民忠於國家，政事畢矣。孝是回饋，父慈子孝，理通於天下。君不能立信守禮則非君，臣是各級負責幹部，如果瀆職濫權，傷害國家人民，則為亂臣。禍國殃民，弒君亡國。奔走不能相保，臣則受誅罰。如此者皆「失禮義之本」所造成的結果。故《禮記．大學》篇說：「為人君，止於仁，為人臣，止於敬，為人子，止於孝，為人父，止於慈，與國人交，止於信。」這就是儒學倫理相對論的具體詮釋，否定倫理的單向性質。禮本之表現。《荀子．勸學》篇謂：「禮者，法之大分，類之綱紀也。」說明禮是一切社會、政治倫理秩序之所繫，乃治國安家不可或缺之條貫。

禮以義為質，義者事之所宜，故禮它包含了社會兩大功能，即權利和義務的所有內容，無禮則義不立。因此社會人們各盡其權利與義務者，謂之「正德」。是以凡立功立事，非禮不成。故儒學特別重視禮對人際關係不可或缺的自然法則，視為天理自然之節文，社會事務之儀則。《論語．學而》有子曰：「禮之用，和為貴，先王之道斯為美，有所不行，知和而和，不以禮節之，亦不可行也。」蓋社會上人人守禮之儀法，自然不相侵凌，從容相處，為和之至，促成美好的社會風氣，勝於純崇法治之以力相迫，徒使人因懼法而不敢犯法，而心無恥念，人無羞惡之心，雖懼法而不敢犯，而犯法違禮之心猶存。故〈為政〉孔子闡明其理曰：「道（導）之以政，齊之以刑，民免（免於刑法）而無恥。道之以德，齊之以禮，有恥且格（正）。」

禮以順時為貴。故〈禮器〉篇說：「禮以時為大。」即禮乃順應潮流變遷的需要，而可以適時改制，修正其不適時宜者。正好說明古人立禮，非一成不變的死教條，而是活的運用。猶如當代國家憲法一樣，隨著社會現況變遷而修訂適當之憲制。

至於純潔人心，淨化社會精神，孔子答顏淵問仁曰：「非禮勿視，非禮勿聽，非禮勿言，非禮勿動。」非禮而視亂目，非禮而聽惑心，非禮而言擾眾，非禮而動失序。人能克服四勿，則「盜竊亂賊不作。」社會達到復禮歸仁，實現大同之境。孟子曰：「仁者愛人，有禮者敬人，愛人者，人常愛之，敬人者，人常敬之。……非仁無為也，非禮無行也。」孔子作《春秋》尊周禮，綱領當世的社會秩序，將王室，鞭策諸侯以尊王攘夷，維護華夏的高級文化，不因野化而墮落。《左傳・昭公》二年晉韓宣子適魯「觀書於太史氏，見《易象》與《魯春秋》曰『周禮盡在魯矣。吾乃今知周公之德，與周之所以王也』。」足見禮乃周代維繫政治與社會的大憲制。說明周代人文以禮為中心，故復禮歸仁，即成從周的儒家思想之動能。但復禮在儒家思想中，絕非單純的復古，而是「禮以時為大。」適時運用，令社會秩序得以正常發展為禮之務，有條有理，是以司馬遷稱《春秋》為禮義之大宗。

正如《禮記・曲禮》上篇中所列述那樣條理明晰，規矩井然，與現代法律的大原則可謂殊途同歸，方向正確。現代人們之輕視禮，實乃緣於見識偏蔽所造成。

> 夫禮者，所以定親疏，決嫌疑，別異同，明是非也。禮不妄說（悅）人，不辭費（多餘的話）。禮不踰節，不侵侮，不好狎，脩身踐言，謂之善行。行脩言道，禮之質也。

道德仁義，非禮不成，教訓正俗，非禮不備，分爭辨訟，非禮不決。

說明禮以解決事務，辨義利，明斷是非，修養自己，尊重他人，一切美好事物，都由禮表達出來。這是純以法治社會所未能具備的良好禮治秩序，不辭費，說明非僅以繁文縟節一言可以蔽之。俗禮紛繁，多出自延伸附會所致之辭費弊端，多所附會者，誠非中正之禮，故有「禮煩則亂[3]」的古人警示。蓋禮本乃息爭共利，互相尊重的社會人際關法則，群體所不能或缺之秩序。人如無道德仁義之存心，則雖具法治，終是治表之作，則所謂民主法治，必然流於強脅弱，智詐愚，勇苦怯流俗之病，乃至於竊權炫惑，嘩眾取寵，欺騙民意，成為民妖之貫技，是則雖言民主，而人類之至公至正，明德之實質義理無從提升，民主猶是虛偽與庸俗之表演而已。故明德不可以不講禮，禮正則德明，德明自然合義。《荀子．禮論》篇曰：

禮起於何也？人生而有欲，欲而不得，則不能無求，求而無度量分界，則不能不爭，爭則亂，亂則窮。先王惡其亂也，故制禮義以分之，以養人之欲，給人之求，使欲不窮於物，物不屈於欲，兩者相持而長，是禮之所起也。

很明顯禮之起源，是為了正人欲之偏差而作，明德（得）息爭以成義（利之和），其起源與法之起源用意相同而更具體。惟禮義欲以理析爭，法則唯以力制。但人欲是一個既單純，又複雜問題，僅有制度以表義理還不足夠。其前提尚需有經濟為基礎以「養人之欲，給人之求」，然後教以明德（得）正俗，能使物質財富得到公平合理之分配，不出現貧富懸殊，供求平衡，紛爭自息。

人之有私欲，是完全不能否認的自然現象，故人有私並不可怕，可怕的是人私而成濫，貪得無厭，必然造成損人利己，破壞合理之私的美德，為害公義，使人際關係壞而生亂。荀子提出的「養欲」「給求」「使欲不窮於物，物不屈於欲」是精警的經濟哲學理論。就是承認人應有合理之私，而以禮規範給與求的合理化「明德（得）」。我們所以再三指出合理之私的定義。就是以合理之勞動，換取合理之報酬，不幸得，不濫取，不苟求是合理之所得，是謂「明德」，人能「明德」，自然不會獨利以傷害他人，而能與人共利，稱人之「有道德」就是此義。幸得，濫取，苟求，一切盜竊亂賊者被鄙稱之為「不道德」。世有不道德之徒，故必須有禮義以制之，使人人得其合理之私，即是天下至正之大公，凡義理不明，而徒勞高喊大公無私，實無益於事理。辨明義利，則「明德」就是義，義利和而天下平，大同之意，如此而已。

禮起於自然的群體經驗，而人為制之度量亦與法之起源一樣，但法因禮而生，同是為了規範人之行為偏差，即〈樂記〉所說：「好惡無節於內，知誘於外，不能反躬，天理滅矣」的貪濫，貪濫必至傷害，這就是行為之偏差。偏差則滅天理而窮人欲，成資本主義社會之濫得，故荀子以「人生有欲」的哲學命題，是非常深刻的，其認識超越了孟子。

西方資本主義經濟學，正是利用人類這一「生而有欲」特點，加以渲染鼓動之，以無限之競爭，來刺激社會生產力，滿足資本家的利潤，「而無度量分界」之防，最終造成社會資源財富分配不合理，將并兼合法化，故出現亙古所未有的貧富懸殊，而推生馬克斯式的共產主義，亦是一種人欲之偏差。而資本主義的無止境無節制的強力競爭，促使人欲不斷的膨脹，欲望無窮，使人精神為之耗損，人格物化，貧者固苦，而富者亦為資本所役，不曉人生之真樂趣，蠶善作繭，但終以作繭自縛，酒色財氣，了無人生真趣。

荀子一生學問，最注重禮學之功能，在他認為，禮是制度教養的整體人文表現，教育不可或缺的必修課。故曰：「學惡乎始？惡乎終？其數則始乎誦經，終乎讀禮。……故學數有終，若其義則不可須臾舍也。為之，人也，舍之，禽獸也。……禮者，法之大分，類之綱紀也，故學乎禮而止矣。夫是之謂道德之極[4]」。即禮之教育，首先要人認識人與禽獸為不同本質，動物弱肉強食，人因有禮義，所以不同。進一步認識權利與義務，界定人欲之準則，兩者相持而長。

歷史進化之程序，不外於由順應自然，到適應自然，乃至局部改造自然。順應之者，無所主動，適應之者，漸知趣避之宜。及至人類知識足以局部控制自然之變化，始改造環境以適應人之需要。這毫無疑問，就是人類在不斷運用其主觀要求，去改造客觀存在的可能，而主觀的原動力，即來自人欲的需要。需求是推動歷史進步之源泉。有所需求，始有創造制作之出現。需求就是人欲，人欲必有私，實出自然之勢。由於歷史向上發展，人類理性隨之提高，有理性以制約私欲之濫，是故有禮義之制，明德之教，使歷史社會得以均衡發展，乃不至於如禽獸之弱肉強食之野蠻行徑。由是觀之，私欲固不可禁，而禮義之教更不可缺，法治未能使人類起本質之改變，惟禮義可導向天下人人導其合理之私，人人有合理之私，就是公的本質，換句話來說，即公利天下人人合理之私，就是至正之大公，而非勉強之禁私，公利天下人人合理之私，導之使天下人人明德，明其所得，此即尊重人性（亦可謂個性）而發揚理性。尊私權（即人權）乃民主政治的根本精神。

允此，則公私兩律，本出一體，崇公義而存私權，才是社會安平之道，何謂合理之私？「己欲立而立人，己欲達而達人。」「己所不欲，勿施於人。」亦就是說，不要把自己的快樂建築在他人苦痛之上，在不傷害他人的原則下去追求個人合理的所得，這就是合理之私，是則因私生公而公能制私。保障私權的首義在於人權的保護。伸張公義之首務，在於令社會資源達致最合理的分配，是民主社會所追求的最高目標。

然追溯我國歷史，自古以來，對此公私兩權，言之者多，而從無明確的界說。公私之辯籠統模糊，徒然追求此無界說之公權，而壓抑人情所應有的私權。甚至於不承認合理的私權存在，亦具有道德的本質，違背儒家原有推己及人之大義。至於宋明理學乃有「存天理、滅人欲」矯枉過正之說，這種純粹主觀判斷，適足以妨礙社會經濟的正常發展，其能有裨於人類理性發展者寡鮮。最終被極少數當權者利用為壓制人民，歷史上暴君污吏之暴虐百姓，輕侮民權，何尚不是舉此假公以凌民。蓋人性只可疏導而不可壅蔽。此乃天理之至真，歷史發展自然的法則。

真、善、美，是人類共同追求的歷史目標。但理想的先決條件，不在於人人無私，而是在於人人擁有合理之私。合理之私本身就是一個道德標準，若損害他人以滿足自己，這才是私德所絕不容許的極大罪惡，為社會公懲的對象，尊重人有合理之私，而後能使人人自我認識到獨佔與掠奪為人生最不道德的行為。公私兩權得以定位，而人人得其合理之所得，此正是孫中山先生畢生所追求為國家建制的最高理想——儒家思想之一貫精神。

人欲必有私，這是自然的法則，但若私欲無度，則必然導致以損害他人來滿足自己，流毒社會。故須禮義以約制之，使人人信守公私兩律之相對價值，而人人有其合理之所得，合理之所得，不但能令人體認權利與義務的共同規範，更能救助當今人類無止境揮霍，浪費有限的自然資源，而造成「物屈于欲」的危機，則義利和而天下平。可見禮的社會功能，並不因時間而存廢，今天人們之高舉憲法，隨聲法治，又何異乎禮之用意。蓋世俗紛紛，徇名而不徵實。

義為質而禮為文，禮義之生乃人文之標志。利以和義，換成今天的語言，即是權利與義務的社會責任，能克盡責任者，謂之「忠」，否則為不忠，為不義，不忠不義就是非禮毀法，儒者責人于義利之間，不求極端。故責人以義以制其私，而承認人必有私，是以人倫以親親為本，親親就是有私，但這親親之私是合理之私，合理之私是不容消滅的。親親敬長，乃人之天性，有情有義，以此情此義而推及于人，以施諸于物，謂之「忠恕」，人而無情無義，不淪為禽獸亦等同于工具，則何貴乎天地之性。「仁義禮智根于心[5]」，此孟子責人之所以為人之尊嚴也。

易言之，人以保護自己而不損害他人為合理之私，不把自己的快樂建築在他人痛苦之上為合理之私，反是者之私則是罪惡。公因私立而是由非生，乃天地之常經，禮義之文理。是故公不妨私，而私不害公，才是至正之大公，人倫之儀法。

宋儒之極倡「存天理，滅人欲」，實乃矯枉過正，遂成偏蔽，其所積成流俗之蔽，則盲目而過分揚公權以抑私權，甚至于因公而害私，禁欲而導致人性發展之不能順暢，社會經濟亦因而偏向于抑制合理之需求，社會經濟之所以未能獲得如西方的發展。而當代馬克斯主義者，揚其波而逐其流，遂釀成民族之巨患，而對人民亦已造成巨大之傷害，故有為者當「慎終于始」，確乎其千古之大訓。

計自十七、八世紀以來西學偏向人欲之私，從而鼓動私而助長之，強調其所謂發展人之個性（凡動物皆有個性），以縱欲擴張個人的私有權，來作為資本主義社會的理論依據，經濟掠奪亦成為他們的合法法權，使「巧者奪而拙者乏」，富者擁其財力，恣睢踞肆，貧者勞瘁窮促，畢其生而訾無餘儲。遂導致共產主義之興起，蓋無禮義之節，而擴張絕對的個人主義，則法工具為強者之資，弱者雖名有法律之保護，而缺乏競爭能力，被保護者必非主導者，極是被統治之一群，而翹首望資本家之施予，不亦悲夫！則其與被專制君主統治者何異？共產主義為魔，資本主義為魅，此西學窮途之兩極。而二百多年來帝國主義之窮凶極惡，又何曾因其所謂法治而有所收斂，由此可見，資本主義、帝國主義之不曾因法治而推恕及人，而是己所不欲，必施諸人，而成殖民侵略與掠奪的殘酷範例。西學之強，實色厲而內荏，不有禮義之制法，則工具變成神，甚麼人權民主，是不夠徹底的，其必淪為強者之資。利用弱勢族的羊群心理，嘩眾取寵，盡其欺騙扇動之能事，一旦當選，則弄權謀私利，一切選舉言諾拋諸腦後。更有甚者，罔顧大眾利益，脅迫商人以取賂，利用公權以圖利自己，而美其名曰國會遊說，如此種種的惡質民主，皆因缺乏禮義之防，乃至於不知廉操為何物，當今追求真民主者，所以戒慎警惕之。

1 《易・蠱》之初六・爻辭。
2 《論語・顏淵》篇。
3 《商書・說命》中篇。
4 《荀子・勸學》篇。
5 《孟子・盡心》上篇。

第四節　先秦儒學對君之定位

在先秦儒學經典之中，相關倫理責任之論述，最重的是親親，是以先父子而後君臣，這是依據自然法則所安排的。儒家思想尊天法祖，天理人情，是歷史的自然趣勢，因義理而立說，天理人情乃儒學之中心思想。孔子答學生言偃問禮時，說得很清楚明白曰：「夫禮，先王以承天之道，以治人之情。……是故禮必本於天」。這是尊天崇自然之理勢，為宗法社會組織的倫理依據，定之為禮的秩序準則。故禮先親親，而後才尊尊，親親莫過於父子，尊尊是事理之所以然，以定君臣之分際，今天我們所說的領導者，和被領導者的道理。乃至於敬長合族，都是承天道以治人情的禮法根本。是故必先父子而後君臣，完全符合自然法之合理安排，乃儒家哲學之精粹。至於或有先君臣後父子的論述特例，則都是相關政治責任問題，是事理，非倫理。並是面對國君說的客套話，且仍以父子親親為主述。《左傳・隱公》三年，石碏諫衛莊公曰：

> 臣聞愛子，教之以義方，弗納於邪，驕奢淫佚，所自邪也。四者之來，寵祿過也。……且夫賤妨貴，少陵長，遠間親，新間舊，小加大，淫破義，所謂六逆。君義臣行，父慈子孝，兄愛弟敬，所謂六順，去順效逆，所以速禍也。

孔子亦有「君君臣臣，父父子子。」晏嬰有「君令臣共，父慈，子孝。」先君臣後父子之敘，然都是面對國君所說的話，表現其敬上之意，仍然屬倫理相對論範疇。至於《禮記・大學》篇曾參《傳》所說的「為人君，止於仁，為人臣，止於敬，為人子，止於孝，為人父，止於慈，與國人交，止於信」所說先君臣後父子，出於政論言說，或為修辭之故，然先子後父倫次不順，故朱子曾說：舊本頗有錯簡。則程氏兄弟編定《大學》之時，正當理學極度尊君的張君權時代，顯然猶有錯簡。案先秦儒學自然法，倫理序列有嚴肅界定，不可能出現先子後父之序列，否則子父、妻夫，豈不倫常大亂，所謂倫常之常，即是永定不變的真理。因此《大學》傳章句之有錯亂，是顯而易見的。歷來注疏家隨章譯說，失察於義理之先後有顛倒，遂或被懷疑《大學》非聖人之作[1]。

惟考儒學之人倫次第，確是以天理自然法則為順序的，觀念非常清晰。先父子而後君臣，是先秦儒者的主體論述《左傳・文公》十八年曰：「父義、母慈、兄友、弟恭、子孝」。《孟子・滕文公》上篇曰：「父子有親，君臣有義」。《禮記・昏義》曰：「父子有親，而君臣有正」。〈文王世子〉連續六次有關父子君臣論述，全都先父子而後君臣。〈禮運〉引孔子的話曰：「何謂人情？喜、怒、哀、懼、惡、欲，七者不學而能。何謂人義？父慈、子孝、兄良、弟弟、夫義、婦聽、長惠、幼順、君仁、臣忠，十者謂之人義。」。說明儒家之倫理內涵，完全是順天理人情的自然法則立說，是禮之根本，故《易・序卦》曰：「有天地然後有萬物，有萬物然後有男女，有男女然後有夫婦，有夫婦然後有父子，有父子然後有君臣。」全順天理自然之法則，順自然而不相悖，決不先君臣而後父子，違反天道理勢為序列。後世必先君臣而後父子的反倫之說，乃屈於帝王之淫威，而不得不然之詭說。蓋因後之讀書人，既已失去先秦的政治環境，竟無先儒之氣魄，不惟富貴誘人，亦為專制所迫，所謂「積威約之漸」也[2]。

在先秦儒學人文相對論的基礎上，萬物之理，都是對立而相統一的，「執其兩端，用其中於民[3]」。用其中即是對立統一的中庸邏輯，民字與人字古文通用。用其中於人，就是人倫的相對責任為基礎，誠與忠是責任之名，為人人天賦之職分，故為人父，止於慈，為人子，止於孝，為人君，止於仁，為人臣，止於忠，與朋友交，止於信，皆順天理自然之序，仁、義、慈、孝、忠、信，都是人職分之所當盡的義務。能盡其責謂之忠，守而不失謂之誠，仁、義、慈、孝而達於禮，仁、義、慈、孝、忠、誠、信是體，禮是用，表現為社會秩序，故曰：「禮義以為器」。否則「君（領導者）不君（失職），臣不臣。父不父，子不子[4]」就會禮壞樂崩，天下失序的大亂。乃至於破家亡國。父子、君臣皆負相對的責任，絕非「三綱」之亂禮，由人倫延伸於政治倫理亦是如此。

儒家對待政治有嚴肅訴求，君、可尊，但不可縱過，權可重，但不可濫，儒家對君的要求是非常嚴格的，中國政治史上的諫官設置，就是源出於此。孟子早有「畜君[5]」之說。前章我們已有所伸述，「畜君」就是民養君，即荀子所謂聖人「一君所不能獨畜」，畜君者，說明〈禮運〉之說：「養君以自安」道明勞心者亦有薪俸。人民養君，條件就是要君治理好國家，給人民安居樂業，不失為君之職分。《詩經・大雅・卷阿》篇曰：「藹藹王多吉人，維君子命（君子指王），媚（愛悅）於庶人（平民百姓）。」正如荀子所說：「天之立君，以為民也[6]」。

儒學精神，天意就是民意所轉化出來的，則天所立之君，就是人民所立之君。受命於天，即受命於民。雖尚未有民選之條件，然而民主形而上的思想意念，是那麼的清晰可曉。《左傳・襄公》二十五年，晏嬰就明確的說：「君民者，豈以陵民，社稷是主。」。社稷就是國家，國家之主體就是人民，人民立君之條件就是要君者能為人民謀福祉，領導好國家，否則

「君為己死而為己亡」私心自用，背離人民群眾利益，人民可以不承認他的存在。誰說我國無民主思想？

君為群類之道，位尊而任重，人民賦予其權利，條件就是福利民生，天賦之重無過於此。故勢必盡仁以除民瘼，為人君止於仁，當務禮讓以治國，則君義臣行，非只坐享權利。故荀子明確指出，「天之生民，非為君也，天之立君，以為民也。」君之職能要在服務，不是肆行威福以自利而已。能克盡其職分者，人民自然要尊重他應有的公共職權之權威。否則獨夫民賊，民之仇讎，何尊之有。《周書・泰誓》下篇所說那樣，「撫我則后（君），虐我則讎。」又孟子說：「賊仁者，謂之賊；賊義者，謂之殘，殘賊之人，謂之獨夫，聞誅一夫紂矣，未聞弒君也。[7]」這就是儒家倫理相對論，對為人君者的嚴格要求。

而儒者對臣的觀點是君義臣行，君不義視為亂命無禮。《論語・八佾》曰：「君使臣以禮，臣事君以忠。」是則君臣者是相對負責任的個體，並非絕對之一面倒，君可任意妄為，臣則屈身喪志之卑弱。君守禮亦是忠於其職守的表現。換句話來說，即上司合理命令其下屬執行職務，則下屬必向上司負責執行，是行政上必然之倫理，否則是非混亂，職能不行，天下將無可治之事，可成之功。故忠是責任之名，義深意廣，非一般狹義的觀念可概，是以忠者，乃任職盡義，克遵職守之謂，非對單一對象而言，忠君固其一，如今人常言忠於國家，忠於民族，忠於家庭，忠於朋友，忠於事業，忠於愛情等等，都是相對負責任之名言，不能拘於一是，而絕義理之大用。

父慈、子孝、君仁、臣忠，皆其職分所當為，故荀子稱之為「五行」。從社會倫理來說，它是相對的權利與義務，從個人德行來說，是個人所必遵循的天賦責任，能盡其所職，就是「明德」。否則就是不仁，無道，不忠，不慈，不孝。故「為人父，止於慈，為人子，止於孝，為人君，止於仁，為人臣，止於忠，與國人交，止於信。」無分階級，凡人皆當盡其職分所應為，「自天子以至於庶人，壹以修身為本。」是以天子雖尊，其必忠於職分者，與平民一致平等，正所謂「克己復禮」而「修身以俟命」。

就社會倫理和行政倫理而言「在上位不陵下[8]」，「君子之不虐幼賤[9]」。是復禮尊天的表現，儒學思想中，天命是由民意轉化而來的。所以國君在行政上，位居至尊，位尊則任重，施政必以民心為依歸，不然就是無禮，無禮即是背天，背天逆民意，未能盡其職分之所當為，則不能使人。因此，君使臣必須有禮，臣才願意乃至於樂意奉行君交付之任務，君義然後臣行的相對責任負擔，君使臣以禮，是君應有之義務，臣事君以忠，是君應享有之權利，職分分明。凡上級向下級發合禮合法合理的命令，下級必須忠實執行，就是忠的定義，各盡其分，各司其職，在儒學思想中，君臣絕非主奴之間關係，顯示人格的尊重，權力相平等。只有學養修全之或異，而有君子小人之別。必須注意的是，在孔、孟以後，儒學思想中，君子、小人之定位，已非此前貴族和庶人之內涵定位，而是以修養為人格之判斷，故孟子說人皆可為堯、舜[10]。

自孔子提出君臣倫理相對責任之後，孟子進一步加以發揮，揭示出明確的權利與義務概念，加強了君臣相對論的定義，指出「君之視臣如犬馬，則臣之視君如國人，君之視臣如土芥，則臣之視君如寇仇。」非後世臣於君前自認為奴才之卑，而作威福於民則妄自尊大。君之任職使官，必須先盡君應有的責任，而後君義臣行。所以說，民為貴，君為輕，和荀子天之立君以為民也，前後相呼應，載舟覆舟，全在人民意志為決定。這些看起來似是主觀願望，未有客觀憲制作為制衡，唯在儒學思想中，天命由民意轉化出來，自有內在的道德制約能力，是不能加以否認的。等待歷史發展成熟時，自然而然可以轉化成國家的憲政制度。其成敗在乎人為努力，和進一步自我醒覺來決定。所以儒家的民主形而上學，非完全是空談，而是民主的理論依據，具有它重大之歷史意義，是毫無疑問的。百餘年來乞求西學之靈而至今尚無結果者，蓋水土不服，空望花果，終是徒勞。

設如先秦原儒學這倫理相對論的人文精神，幸而不被專制帝王思想所扼殺，得以充分發展，必然有裨民權思想之發育健全，而轉化成制度之執行，由形而上的理想，變成形而下的行使，則何尚不可發展成為我國之憲政體制，行之至今，與現代民主相結合，完成選賢與能之具體，摒除虛偽與庸俗的西式民主內在的不利因素，俾德能兼備之人才，來擔當政治領袖。政者，正也，立身正然後能正天下，故政治非唯威權與利誘，更須以道德正人，才是長治久安之正道長策。因此，凡有志於政治者，必先自我「明德」。始能行使公平正義的真正民主於人間。若罔顧民生，空喊口號，妖害民生者，是謂民妖。蓋民生者非惟物質之滿足，而是包含一切民權、自由、精神之美滿者也。蓋同一不龜之藥，莊子歎其用之不同[11]。

細繹先秦儒家的思想本質，不惟無礙於當代民主政治發展，其所具備的強烈民主形而上思想精神，正是人類民主政治史上的根苗活水。相對論的倫理架構，尤是以導向民主政治良性制衡之坦途。其中君臣相對責任的良好行政倫理，加予君主先天必然的道德責任。「故君命順，則臣有順命，君命逆，則臣有逆命[12]。」遂引出人民之監督《詩》曰：「鶉之姜姜，鵲之賁賁，人之無良，我以為君[13]」。良性的督導，使「為人君，止於仁」，是君權非毫無約制的絕對權力。位高則任重，與國家同休戚。正如齊嬰所說那樣「君民者，豈以陵民，社稷是主，臣君者，豈為其口實，社稷是養。故君為社稷死，則死之，為社稷亡，則亡之。若為己死，而為己亡，非其親暱，誰敢任之[14]」。人君的榮辱，是要負歷史責任的，非惟享權力，更須有道德之承擔。兩漢以下，道德約制雖不無軟弱之譏，但綜觀歷史，儒家的君道思想，無可否認，仍然對統治者起內在的約制作用。故每在國家危亡之際，有君主自殺殉國之實例。

還須指出，因儒學不先言利，遂被董仲舒一知半解的繹成「盡其義，不謀其利，明其道，而不計其功。」兩句優美而空泛的口號，實入老莊虛無之境，陷儒學思想精神於偏枯，阻活水之正流，使流汙積而熏臭起。其實儒之所以不先言利者，非不言利，蓋預以義為教，而利得自在其中，導人以合理之私，明德（得）就是義，義正則道明。故盡義者，利在其中，明道者，功在利世。儒如不謀利，則何以「利用厚生[15]」。不計功則明道何為？故孔子極稱堯舜之功。孟子曰：「正己而物正者也[16]」。物正就是功，能正己，必能明合理之私的大義，義利和而天下平。義利即現今所說的權利與義務。只是儒家將這一社會學概念，納入於道德體系，以天賦之道德責任課人，君更不能例外此道德範疇，君如未能盡職服義，民則相與而棄之，視之為喪權之獨夫，普通人。

在傳統儒學思想中，君非擁權自重，而職在保民，人民的福祉，就是君的福祉，如邾文公所說：「苟利於民，孤之利也[17]」。有若答魯哀公問亦說：「百姓足。君孰與不足。百姓不足，君孰與足[18]」。是故君要求臣忠，而君亦必先忠於民，以盡君道。否則「君不君，臣不臣，父不父，子不子。」在孔子禮的認識上來說，父子，君臣、仁義，是倫理之核心價值，失之則天下陷於大亂，禮壞樂崩，秩序無法維持。故「欲為君盡君道，欲為臣盡臣道。二者，皆法堯、舜而已矣。不以舜之所以事堯事君，不敬其君者也，不以堯之所以治民治民，賊其民者也。……君不行仁政而富之，皆棄於孔子者也[19]」。在儒家思想中，堯、舜是仁義之代名詞。臣事君以忠，君必忠於人民，是倫理所依據治國之正道。

君的定位，自古已有明確之界說，君之個體與一般人並無兩樣，都是社會人群之一分子，只是君處於領導地位，掌握國家和人民的命運，是以君位之重，不同於其他人，正如上所舉齊晏子所說，君位高權重，義在服務國家人民，才被尊重和認可，否則只為私利，違禮失職，必為人民所棄。見棄於晏子亦就是見棄於人民。故君必盡君道。非徒居民上以擅威福，須牢記君之存在，是人民付予他的責任而存在的。是以天子不能以天下與人。因天下是人民之天下，非君的私人財產。《孟子．萬章》上篇曰：

萬章曰：堯以天下與舜，有諸？孟子曰：「否、天子不能以天下與人。」「然則舜有天下也，孰與之。」曰：「天與之。」「天與之者，諄諄然命之乎？」曰：「否，天不言，以行與事示之而已矣。」曰：「以行與事示之者如之何？」曰：「昔者堯薦舜於天而天受之，暴之於民而民受之。故曰，天不言，以行事示之而已矣。」曰：「敢問薦之於天而天受之，暴之於民而民受之，如何？」曰：「使之主祭百神而神受之，是天受之，使之主事而事治，百姓安之，是民受之也。天與之，人與之，故曰：天子不能以天下與人。」……舜避堯之子於南河之南，天下諸侯朝覲者，不之堯之子而之舜；訟獄者，不之堯之子而之舜；謳歌者，不謳歌堯之子而謳歌舜，故曰：天也。夫然後之中國，踐天子位焉。而居堯之宮，逼堯之子，是簒（迎民意）也，非天與也。〈泰誓〉曰：「天視自我民視，天聽自我民聽。」此之謂也。

孟子引〈泰誓〉來說明他民主形而上學的民意主張，觀念非常清楚而明確。天只是假設性的虛擬，人民的意願才是真實之反映，即天意只是由民意轉化出來，故曰：「是民受之也」，「非天與也」表明天意就是民意，天命就是民所命。論據充分，朝覲、訟獄、謳歌都是民意的表現。是以能「居堯之宮，逼堯之子，是簒也，非天與也」。簒就是逆取，在歷史進入世代罔替的三代以下，傳子已被視為順理成章的普遍觀念，一旦由人民推選出來的天子，被習稱之為逆取之簒。其實就是接受民意之薦舉，孟子是儒學正統，忠實遵守儒家的禪讓主張，敢於提出反世襲，張民選的偉大創舉於二千多年前，具有重大的歷史意義。

禮以忠信為質，以體制為文[20]。為人君者，能本其君道，盡責奉公，忠於國而信於民，盡其為人民服務如朱文公者，謂之知禮「知命（天命）」。則臣忠於君，是盡其為國家人民的義務，非對君個人無條件之愚忠。今猶有人以政黨高於一切，以政黨私制凌駕於國家人民之上者，其形同聚眾暴力，可謂之黨皇思想，黨皇思想者，無異於古之暴君，虛偽的宣傳，違忠信，悖義理，實有愧於先賢而侈言民主，背離歷史理性發展之法則。

綜上所述，先秦儒學對於君臣分際與定位，說得十分清楚。君臣地位有別，是以行政倫理之界定為依據，並付予相應的權利與義務，而服務的共同對象是國家，國家的主體是人民。君不得違背人民的意志，君是舟，民是水，水之威力大於舟，是自然之勢。故孟子說：「得於丘民而為天子。」丘民就是人民大眾，君的權來源在人民。因此，君之得位首先必取得人民的承認，否則「人之無良，我以為君[21]」，被人民所否定。歷史發展時間，雖未到達現代民主行使選舉權，但具體而微，正是我國民主思想之源頭。不能否認，先秦儒學思想中，早就存在著鮮明的民權思想觀念。孕育民主思想根苗，為後人撒下了強壯的種子。若非遭漢儒之質變，則儒學民主形而上學思想之發展，當另有一番面貌。顧孫中山先生的民權主義思想，絕非徒然接受西方之影響，更重要的是，他確立在傳統歷史文化基礎上，不惟開來，尤善於繼往。表天地之心，帥人性之正，敬仁義之誠，忠信以任事，乃先生一生行事之精神所在。

1 宋楊簡及明末陳確皆主是說。見葉紹翁《四朝見聞錄》及《大學辨》。
2 司馬遷〈報任少卿書〉。
3 《禮記・中庸》篇。
4 《論語・顏淵》篇。
5 《孟子・梁惠王》上篇。
6 《荀子・大略》篇。
7 《孟子・梁惠王》下篇。
8 《禮記・中庸》篇。
9 《左傳・文公》十五年。
10 《孟子・告子》下篇。
11 《莊子・逍遙遊》篇。
12 《禮記・表記》。
13 所引為《齊詩》。
14 《左傳・襄公》二十五年。
15 同上文公七年。《夏書・大禹謨》。
16 《孟子・盡心》上篇。
17 《左傳・文公》十三年。
18 《論語・顏淵》篇。
19 《孟子・離婁》上篇。
20 《禮記・禮器》篇。
21 《詩經・鄘風・鶉之奔奔》。

第三章　儒學的宗法思想

第一節　儒學與傳統宗法之認識

中國歷史傳統有天下觀思想，溯源甚早，自堯之「協和萬邦」，禹之：「光天之下，至於四海蒼生。」即已在逐漸發展，這種思想明晰，文獻依今仍然可考，乃推及西周初年，這一觀念已經基本形成《周書・立政》已有：「方行天下，至於海表」的記載，〈武成〉篇亦有：「天下大定」之說。周之滅商，對殷民實行寬大同化，不加誅殺謫遷，留居故都洛邑，而慇慇善誘，期殷人終能同化於周，接受周王為天下共主，《詩・小雅・北山》云：「溥天之下，莫非王土，率土之濱，莫非王臣。」天下觀觀念已具體而明白，詩雖作於西周末年，但其觀念純粹成熟。足以表明天下觀思想形成於周初毫無疑問。至於《書・多士》、〈多方〉、〈洛誥〉諸篇，周公又殷切盼望殷民及各侯國人士，共同承認文化上的大一統。周公所以要制禮作樂，就是要建立這一文化一統的理論體系，作為周代宗法制度之教育。孔子作《春秋》即繼承這一文化傳統，提出尊王室，王在儒家理念中，它是仁義之本體，高等文化之象徵，故提出「裔不謀夏，夷不亂華」的主張。謀就是奸入不正，亂華造成人文之惡質化，很明顯孔子為了保護高級文化不至受野蠻文化干擾而墜落，始有夷夏之辨的說法。故又曰：「夷狄之有君，不如夏之亡（無）。」

文化上之統一，反映周代宗法封建制已趨成熟。周之分封制度，正有賴於這一統的文化體制，來維繫既分權猶統一的王制。故不行中央集權，而政治既分權，又不脫離王室中心的政體。天子有王畿千里作為領地，一切經濟上不依賴侯國之供給，諸侯國亦各自有領地，侯畿、甸畿，經濟、行政、軍事獨立，除了文化上禮制尊王，其他都擁有自主權，表現分權的實質內容。看春秋時代即可很清楚了解這一歷史事實。惟文化教育必須納於周禮，依禮諸侯國必需為天子提供助祭之貢品，但貢物不是經濟的賦稅，而是體現周之王權，故諸侯國以助祭天、祖來表示對王權之承認和尊崇，是以所表現要在觀禮之誠敬，不在幣帛享物之多寡。《周書・洛誥》所謂的：「享多儀，儀不及物（幣帛），惟口不享。」即以禮文化來體現天下一統的政治實況。

周代之天下觀，以現今的觀念觀之，即人類的整體，它包含了民族和國家兩個概念，民族以華夏為主體，由先進的優秀華夏人文為主體，接納較落後民族的異質文化，和非姬姓的原亦屬華夏民族，不論新封或舊族諸侯國，而向外延伸，其他屬華夏之被封者，由外延而歸統於封建宗法體系，成為宗周之小宗，同時亦容納一些本有封爵的異姓侯國和少數民族留居中原腹地為封戎，如陸渾之戎，伊洛之戎，揚巨泉皋之戎，郯、邾、鄀、徐夷、淮夷等等並與華夏雜居，足見我國歷史上承周之文化傳統，對文化既有所堅持，但對它種族無甚排斥，這些非華夏民族和異姓封國都一樣歸於宗法封建政治之內，為小宗，成為宗統一系，於是由天下觀包含具地域性的國家觀，或字即古文國字，《周書・立政》曰：「國則罔有立政用憸人，……用勱相我國家。」國的名稱已具體出現於成王時代，即天下包咸國家的觀念。蓋宗法封建之外圍侯國屏藩周室，故周自稱為中國，中國並不如一般學者所說，中國是由國中那樣之倒轉稱謂，而是周代確確實實出現中國之名。一九六二年出土的何尊銅器銘文云：「唯武王既克大邑商，則廷告于天，曰：余宅茲中國。」此非惟洛邑居天下之中，所以自稱中國，而是寓意諸侯國屏藩周室，居天下之中心，故稱中國。中國名稱最早之起源。

居中國而統四方，顯示文化的大一統於周王之制。這即是周代由天下觀包含國家觀念之歷史因果。秦漢以後，天下國家渾成一體，國即天下，天下即國家。侯國屏藩王國之外，周天子並不直接干預侯國事務，分權行政，不同於秦漢以後之專制政體。只有在民族國家遭遇危機，例如有侯國叛變，或敵對氏族入侵，天子才行使權力，去徵調侯國軍隊抗擊侵略，所謂「國之大事，在祀與戎[1]」。祀與戎即表現宗法國家之共同一體，文化上大一統之精神。因此，周天子具有兩重身分，一、在政權上，天子是最高政權的領導者，號令天下，尊王攘夷，是諸侯國對王室表示效忠。保護大一統高等文化之意志，這是硬實力；二、在宗法體制內，天子為天下之大宗，謂之共主，列國諸侯不論同姓異姓，皆納入宗法體制內為小宗，有義務擁護文化之共同體，這是軟實力，是以春秋戰國動亂數百年，周王室已經喪失政治上的實權，完全失去號令天下的能力，即所謂政由方伯。「禮樂征伐自諸侯出。」然又能維繫王者名分於不墜，就是宗法軟實力之作用。

儒學正是源於宗法社會意識發展出來的，顧其思想有無可否認的保守一面，惟亦有它最符合人性不可忽視之一面，親親、尊尊、合族，這無疑是上古時代，人類社會互助合作的最好依據，「鄉田同井，出入相友，守望相助，疾病相扶持[2]」。如此的親情相維護，一片農業社會溫情，在當代資本主義社會，無情而殘酷的競爭中，是不可想像的。固然宗法意識的某些部分，在儒學思想發展過程當中，造成一些負面影響，必須改進，例如宗法社會，因過度重視宗族的整體利益，而忽視個體的私權。凡事從宗族利益考慮，必然要損害個人合理之私權，私權未能獲得保護，是造成中國法制的缺陷，所以才有明德教育，為儒學平衡公私兩權之偏差，使由宗法思想解放出來。不是如某些人所想像那樣，因道德之堅持影響法治，道德不惟不影響法治，而是道德有助於法治之成熟。避免工具之遺憾。

因此，在我國歷史發展過程中，由於傳統總是強調公權的合理化，而造成多數不尊重少數，多就是是，少就是非的簡單邏輯思維，故凡合理之私權，必然在這思維模式中，被非理性的否定掉。所以「明德」愈講愈不明，於是公權濫名的膨脹，而終損害及合理之私權。舉凡符合義理之公權，固然是天經地義，禮之正制，誰都不能否定它是對的。然而公權如果在非理性的思維過程中，變成多就是是，少就是非，則是危險的，現代所謂的民主選舉制度即陷入這種傾向，不能不戒慎恐懼，防其流弊。多數的力量一旦被既得利益，或不逞之徒所利用，恐然變成因公以害公，轉化成維護既得或強欲得利益者之濫私。如此者，戰爭及一切災難極容易因推理失當而發生。又如歷代不良官吏之每每假借政府公權之名以侵害人民，比比多有，當今共產制度只講公權，而不尊重私權，結果是公私兩害，思為民利而反為民害，未嘗不因是之故。所造成的偏差失中。就是屬於少數的真理被否定所致。

由是之故，傳統中國社會公私兩權無法釐清，陷入多少就是是非的思維混亂，乃至無法建立權利與義務的相對合理制度，俾人民認識此公私兩律，各須尊重之理性思維理路。其實傳統思想中，並非全然無此公私兩權的觀念，《周易．乾文言》早有「利者義之和」的明確主張，利是指私利，義指公義，所以私利須和以公義，公私的權利和義務概念非常清楚明白。惟此權利與義務之基本內容，受傳統教育中，重義而不言利的思想偏差影響下，無法獲得更進一步之發展而加深社會的認識。例如董仲舒所說的：「盡其義不謀其利，明其道不計其功」之說，表面看起來冠冕堂皇，其實含混不清，缺生民之氣，遂使後世誤會，至宋代理學竟有「存天理，滅人欲」窒礙生機之哲學出現。應該進一步為之說明，盡其義則利天下人人之利；明其道則功在當今及於後世。如是義利相和而天下平，堯、舜與禹「允執厥中」之義理，至此明白可解，不必陷於辭費。蓋傳統觀念溶入表面冠冕堂皇之重義而不言利之陷阱，不知曉人必有其合理應得之私利，是謂合理之私，合理之私就是義之本質，乃民生之必然。只言公而不言私，自無權利與義務之可言。給歷史上貪官汙吏有可乘之機，假借公家名器，而肆意侵漁百姓，人民之無告，成為我國社會吏治之沈疴，更直接扼殺民權思想之發展。

猶當指出，宗法社會結構自有其不可避免的先天性弱點，適足以造成其倫理架構在歷史發展過程中，極容易被統治者利用為維護其專制王權之工具。形成秦漢以後，尊君卑臣而輕視人民的「屈民而伸君，屈君而伸天」的錯誤思想，天是虛的，可伸或不伸，視統治者之君意志而定，民之被屈則是嚴嚴實實的，二千多年來極少再有民貴君輕，民水君舟的人民主體思想出現。這種因倫理而反倫理，即否定了先秦儒學最有價值的倫理相對論，將倫理一面倒向統治者，成為極權專制的資本。兩漢以下，即藉這一套因倫理以反倫理相對責任的思維系統，上至帝王，下及地方各級政府，官僚享有絕對不容理論的權威，人民不敢亦不容有絲毫拂逆。因此，在宗法與絕對倫理相結合影響之下，社會無從發展出公平合理的理性制度，故未能產生權利與義務的社會觀念，權力代表一切，於是禮治變成權治，唯權主宰一切，中國政治之昏昧，皆因權治之泛濫，非因禮教之過誤。

由於社會發展受到原性的宗法制度影響，禮治無法發展成為相對意義之制度，權力在無所制約的情況下，演成絕對權威，權就是法。因此歷史上以暴力掠取政權者，必視國家為私產為理所當然，從不思其權力之取得是否合理合法。在此非理性的歷史發展道路上，權力之來源，必出於掠奪，大者「爭地以戰，殺人盈野，爭城以戰，殺人盈城[3]」之慘烈，小者亦必出於所謂俠盜之搶掠劫富濟貧的非法手段。而宗族之權益，亦往往被強宗豪門所壟斷，肆意並兼，弱勢族群，備受屈辱而無處伸訴。權力之誘人，皆因社會莫能發展出制衡力量，故所有統治者，只樂意發展吏權而阻扼民權之發展。統治者之意志取代立法精神，權治社會，成為中國政治史上之怪胎。

故我國歷史上，政權之轉移，無法出自和平之轉化，而必出自暴力之掠奪，治亂相乘為人民帶來無限之痛苦。先秦儒學早已察覺這一毛病，而產生反戰思想「《春秋》無義戰[4]」即成儒家傳統，為中華民族愛好和平的思想源頭。然由於儒學本身對宗法制度，抱持認同態度，主觀上希望藉由德性教育，明德之教來洗刷宗法流弊，發展理性之仁義惠愛，令君皆堯、舜，比屋堯民，「行一不義，殺一不辜而得天下，皆不為也[5]」，冀由宗法轉化成禮義之治，君民共治的理想政治，無非仁者之用心。故此先秦儒學的民主形而上學，亦就始終停留在思想層面。而未曾發展出一套形而下的現實選舉制度。假如人們能從這一理性的思維基礎上，善加發揚，使形而上的理想，付諸形而下以實行，俾發展成為符合人類理性的民主制度，固未尚不可超越西方的資本主義，虛偽加庸俗的西式民主，而再造真正公平合理而真實之民主政治於當今之中國，成就中華民族將來之偉業。

儘管傳統的宗法文化，確存在有不可抹煞之弱點，此乃人類歷史發展過程中，一種矛盾的過渡現象，中國如是，西方亦何嘗不是由極殘酷的奴隸及封建產業制度，而逼出十八、九世紀的民主革命風潮，此蓋不患寡而患不均，物極必反的自然法則。反觀宗法文化制度之有缺點，是歷史發展中存在的事實，然其人文的本質，仍有其存在之價，親親、養老、敬長、守望相助、疾病相扶持，青山綠水，人倫真情，俾人重人倫之愛，是人類快樂愉悅之活水，仍然是可貴的文化遺產，為現今公民教育不可或缺之義理。畢竟人不同於禽獸，禽獸無情而人有情，人情首發自親親之愛，放儒者說：「仁者、人也，親親為大[6]」。人而無情，乃至於無親，其也不足以成人矣。

西學之弱肉強食，適者生存，乃無情之學說，是取禽獸的行為規律以況人，將人之有理性真實掩蔽，使從競爭掠奪合理化，終成為資本主義的理論依據，故強調無限競爭為生產力的唯一方法，以滿足資本之利潤，逼使人如一般無理性之生物，弱肉強食，加以人之機心，以過度開發來滿足人之無窮欲壑，欲壑難填，必生不知足之苦，長此以往，苦海無邊之同時，亦造成地球之公害，汙染、毒化，大殺傷力武器種種，令人類不知自安之道。更讓人無從以誠信相處。因其競爭過甚，必生悖理詐偽之心，如是物質雖一時得到滿足，而精神無處安頓，生活惶惶不可終日，故今天人們所謂的幸福，實則有幸而無福。此乃西學蔽於物而不知人之大弊。遂從感性認知者，提出所謂福利政策以救其弊，惟對弱勢族群雖救其貧而未能造其福，蓋補其弊而未能起其廢，福利以扶助失去生產力而貧窮者，卻同時亦養成尚有生產力之懶人，未能起其良知，焉有良行？令懶人喪失其應有的積極性，變成無底止的財政負擔，時至今日，所有福利國家，皆出現財政問題，一旦資源匱乏，必生亂因，只是時間問題。凡福利之優恤對象，在養老、恤孤、助廢疾、救勤勞而未能自給者，凡青壯年具有勞動生產力者，在所不恤，使社會資源用得其所，對納稅人有所交代，則人樂貢稅。而貧者無憂，實現大同之義意。中國人之孝道，就是回饋社會養老之內制。人人行孝，家家養老，可無勞福利假手於人，孳生濫費。不如人人養親，存宗法之良規，俾社會福利存於輔助地位以救不及，振孤寡老弱無依，固亦未可廢。

1 《左傳・成公》十三年。
2 《孟子・滕文公》上篇。
3 《孟子・離婁》上篇。
4 同上〈盡心〉下篇。
5 同上〈公孫丑〉上篇。荀子同此見解。
6 《禮記・中庸》篇。

第二節 儒學之情理法思想

由於儒家重禮，以大和為依歸，故曰：「禮之用，和為貴，先王之道斯為美，小大由之[1]」。由禮而進於德治，德治者以明德為本，強調德性教育，啟發良知，是達致理想社會必經之路。達到人人知所得必由合乎義理取得，不造成損人利己，不以私害公，不因公而妨私，公私同利，「允執厥中[2]」，利己利人，良知化為良行的理想社會。

惟人性易於縱濫，利欲人誘人，權力之亂人，使人淪為非禮失德之人。是以儒家欲以明德（得）匡正之。然禮崇德治非一蹴可成，有待於歷史發展，憑教育以助成之，故儒者認為，是終可達成之理想。因此有大同社會之設計，從人類歷史的理性發展來說，儒家的理想是光明的，歷史觀是積極的。

可惜兩漢以後，儒學質變成為帝王思想，倫理相對論，被盜為帝王思想而質變，禮被官僚集團竊以壟斷政治利益之工具，已遠與儒學所設計的崇高理想相悖離。且愈走愈遠，至於完全背離原儒之軌道，自然無從建立符合原儒之理想制度，禮之德治理想，被轉化成威權的符號，「屈民而伸君」造成威權壓倒一切，遂成一個道道地地的權治社會，而董仲舒竟將仁義禮樂皆視為帝王之工具，任由統治者宰制，喪失了禮，客觀的制衡功能，此非人治之弊，實由威權泛濫成災所致，人治尚有德性之希望，威權之治則絕無上述之希望。仁義之良性思想意願，無從由德性之良知，轉化為「明德」之良行。

人治、權治、法治、德治是歷史發展不同階段的過渡，上古人心淳樸，氏族以尊者長者為依歸，而尊長以仁義誨人，人心服義從理，此乃堯、舜之人治時代，三代以後質文代變，權力隨事而漸重，歷史逐漸發展權治之勢，至秦漢而權治日盛，法治於今中國尚未完全實現，自李悝、商鞅、韓非、李斯，雖言法家，實則權治之強化，至於德治是儒學的最終理想，亦是人類之希望，雖未能至而人心所屬。

蓋權之來源，勢出於掠奪，由戰爭暴力而得，得而自視為私產，必不與民共利，固必無民權希望。法治者，以文約工具治人，故法之來源，乃人為制訂之條文契約，與禮之來源無以異，只有執行上技術意念之間，王道為禮意，霸道為法意。法以人為制訂之標準，範圍人之行為模式，如同猛獸之在深山原野，必能傷人，一旦禁之範籠，則威猛受制，權治、法治兩者皆不干德性之知，一以權力宰制人；一以工具宰制人，同非由德性之內省達致。德治者，非以力制治人，亦非以契約工具制人。其來源於德性之知，內省不咎，徹底實現人類之理性行為，知所是非，然後才能不把自己之快樂，建築於他人苦痛之上。故《大學》教育之首章，即標示教育的目的，在於使人「明德（得）。」因人必有私，私必求得，求得而無品節度量分界，必生濫欲，私至於濫，必害公義。是以教育之首義即在於明得（德）。能明其所得是合理之得，是之謂「明德」，明德必不至於濫得。以合理的勞動，取得合理之報酬，不濫取，不貪求、不幸得、不損人利己、無不勞而獲之心，則得升而為德，明德然後人人安其分，樂其生，互不相侵害。此求之資本主義社會不可得；求之共產主義亦不可得，所謂主義皆未能得其要領，惟大同之世能得之，大同寧不優於共產嗎？前章已有評論。

首先必使人體認，人之生存，在衣食住行等，物質生活必需品豐盛之外，多佔有更多財富，是為濫欲，因我之濫欲，而妨害他人的生存，令他人匱乏者，是為不仁，有傷天和。則人人居仁由義，不待他治而人人自治，自不會產生威權之強暴，固無待於法治之工具妨人，此為德治之盛世，而非世俗之所謂不法治即人治之成見。是儒學德教禮治之極致，但存理想，必有希望，是儒者的人生觀和歷史觀。

防賊之不如無賊，凡愚皆識，賊心之煩亂仁心，智者猶迷。法治能赫阻人之為害他人，而未能使人自省其不應妨害他人，所以只能治標，不能治本，圈欄雖可圈獸，固未能使獸不害人，其理一致。欲達致人不妨害他人，非「明德」教育無可達成，成之固不容易，惟知難而不為，自非仁者之用心。曾子曰：「士不可不宏毅，任重而道遠[3]」。人類歷史之前途，必由人類自身來決定，因教育而達致「居仁由義[4]」，不待憑工具之制約。工具可以設禁防範野獸之行為，人雖不得已而用之，然而人有聰明才智，防之難過動物猛獸千百萬倍，故法能起一時之功，卻未能使人自律而不為非犯禁。法治在歷史發展過程中，能達成階段性之任務，固是法之貢獻。惟法隨時而遷，無永恆之法的價值，是以人類理想之達成，有用於法，然法非終極致治之具。以法為終極致治之具，則工具變成神，人將不成其為有理性、情感、良知之人，淪為與野生動物同等，無以顯現「人為萬物之靈[5]」的價值，人之所以異於一般生物，就是因為人有理性、良知、情感，以及人倫親親，為其他動物所不具備，所以說：「天地之性，人為貴[6]」。

人性之有私，同是先天所賦的生存本能部分，天賦之善，誠屬是人性的主體，惟為生存計，固必有私念，是不可否定之必然。人性固可有清、濁之分，然必無純清、純濁之定性，故孔子有：「性相近，習相遠」之說，是故必薦於「修道之教」，因善以成善。人之稟賦，或受氣之清者多些，則其善多些，可未教而自善，是謂好人；或受氣濁者多些，則其惡之成分居多，其人必先教而後能為善。或其甚者，則雖教而不為善，是謂壞人。凡此二端者，乃人性之具體而有分際。

是則私非純不善，私在善惡之間，私能得之於合理之私，不因私而害公，不損人而利己，因其合理之勞動，賺取合理之所得，則私猶是善，復於理性之私權。若私而至於濫，濫必謀私利而不顧公義，貪求、幸得，不問他人死活，因私以害公，損人而利己，此乃資本主義社會之病因。或至於無所不用其極，以一己之私利，大至出賣國家民族，而恬不知恥曰：「成功就是合理，能滿足我就是真理。」則是非公理將無以為繼，如是者，私成天下之至惡，人復歸於禽獸。如求真理，必先明達公私之辨，然後能進於德性之知。

故需教育啟導人之德性良知，知合理之得是良知，行合理所得是德性，良知德性，為其他生物所無，所以人之為貴於一般動物。知貴然後曉為人之尊嚴，不可與一般動物為類。是以人由親親之私而能有仁恕之推及，「己所不欲，勿施於人。」既尊重他人，同時尊重自己，乃人道至正，這就是人情之愛養，不事言公而公存，不滅私而私入於理，然後言法外鑠之約束以補其缺，故曰：法為奸人制，法不司於善人，可惜法往往被奸人所盜，於是法立而弊生，文司而詐起，蓋源之不清，流寧不濁乎？或高談法律無祖國，此蓋愚昧而自高之言，試問近世帝國主義之侵略掠奪有公平之法司於諸被殖民者嗎？假法為工具以制人，一旦力所不逮，其惡愈甚，是以法制嚴重，無以正人心之流盪，若遇亂世，法無所司其用。故儒學特強調「正心誠意」誠守合理之得，一個誠字，直指人心。

固然，人性有私，必教「明德」以復歸理性。親親之私，如缺乏合理之導向，不唯未能發展成為社會私權保護之法度，更可能發展成泛濫的徇私枉法之私，損人利己，有害公義，則為害特大。惟儒學對待私的前提是：必以我之有私諒及他人亦有私，我之私必不妨害他人之私。人人私其合理之私，明德仁公，是天下至正之大公。不待言民主而人人自主，以此高尚之民主情操，方之於西方尚虛偽入庸俗，嘩眾取寵的資本主義西式民主，清濁自分。

由於傳統的宗法思想，特別重視親情照顧，善用之足以全人倫之至美，濫用之又足以助成徇私枉法之弊。禮法公器也，誠如孔子之聖，尚且難免於：「父為子隱，子為父隱[7]」的人倫至情之用。父子不可無親，父子有親，正反映人之所以為之人倫天性。反之梏棬人性，而淪為法工具之玩偶，故法必有諒情之項。論理之是非，原孔子之用心，非不遵禮法，負固徇私之意，而是孔子諒解父子相維護，乃天理人情所必有，若矯枉過正，反失親親之義。惟禮法為國之治器，人人所必共遵，是則內全親親之宜，外循國法以治其過，如皋陶之繩舜。則國法人情兩得其宜，故曰：「直在其中」，明孔子非不尊禮法之人，他正深懼刑罰失中，失禮法無準則，故特別強調正名曰：「名不正，則言不順，言不順，則事不成，事不成，則禮樂不興，禮樂不興，則刑罰不中，刑罰不中，則民法無所措手足。」正名就是訂立標準，給人有所遵循，父子乃親情之所必有，國法以正其罪，合理之私與國法公器兩不相礙。讀經不宜偏解，致厚誣聖人。

蓋用私在人，如用私失正，固違背公義，即是濫用私權，有失合理之私的社會公義。孔子在全父子有親的原則上，同時強調制度之建立，以維護公私兩權的合理地位，名實，就是制度之依據，禮樂法制，乃儒學所倡之制度。

刑罰中，則公不妨私而私不害公。明德慎罰的周禮，正是儒家所景從的良好制度，如此情、理、法三方兼顧，公私兩宜，豈非至治之美。

凡事總是一體兩面，正反即是非之定義，我人嘗指出「公因私立，而是由非生[8]」。父子有親是天理人情合理之私，過此則濫，濫私必成罪惡，不能進於「明德」之境。桃應嘗問孟子說：皐陶作大法官，而舜之父瞽瞍犯法，舜為天子能怎麼辦？孟子直截了當的答：把他抓起來。桃應說：難道舜不以權力干預嗎？孟子說：舜不能違法禁止抓人，因為政府已受大法官執法權，舜雖貴為天子，亦不可能干犯法紀。桃應又說：那麼，舜能怎麼辦呢？孟子說：舜只能放棄尊貴的天子之位，帶著他父親逃避到無人的海濱，終身奉養以全人倫之義，而不繫戀權位[9]。從法律的角度言，舜尊法而逃法，從人情言，則舜全人倫之大孝，不矯情而逃避法律，故不議濫情之弊。此乃孟子之法律邏輯，尊法全孝得其兩全，唯有主張棄權位而逃法律，故只能作如是之說。其實儒學早有大義滅親主張可救孟子不得已而逃法之說。《左傳．隱公》四年，衛公子卅吁弒君自立，發動對鄭國戰爭，大臣石碏有子石厚，從卅吁為逆，石碏殺其子，君子（孔子）曰：「大義滅親，其是之謂乎。」《春秋》大義，最重視國家民族之安危，人道之正義，社會共同利益，此義之大者。故荀子有：「從道不從君，從義不從父[10]」的主張。不危及國家民族之大是大非，事出人情之常，不得過求苛責。若危及國家民族之存亡，則雖親必誅，此大義滅親之謂。事有主次，類有輕重，此不可不辨也。故孔子之「父為子隱，子為父隱。」乃出於人倫孝慈之愛，內不傷人倫之關愛，外尊國法之治以正其失，是以強調刑罰不可失中，失中將使人民不知自處，則「中」者全情、理、法，天理人情之義，誠如今人，恐亦無從規避之實際人情之現況。孔子曰：「道之以政，齊之以刑，民免而無恥。道之以德，齊之以禮，有恥且格[11]。」存人情尊國法，自然「直在其中。」

1 《論語・學而》篇。
2 《虞書・堯典》。
3 《論語・泰伯》篇。
4 《孟子・盡心》上篇。
5 《周書・泰誓》上篇。
6 《孝經・聖治章》。
7 《論語・子路》篇。
8 見拙著《中國歷史研究》第十章。
9 《孟子・盡心》上篇。
10 《荀子・子道》篇。
11 《論語・為政》篇。

第三節　兩漢禮法被帝王踞為家法

傳統宗法文化，不可否認它具有人性化的一面，但它亦具有其不可避免的落後成分。使它成為儒家思想的負擔。尤其漢代在獨尊儒術為幌子下，儒學被帝王所攘奪，禮法變成帝王家法，仁義只是口號，絕對的倫理，更是變成官僚體系中的最有效統治工具。權力凌駕真理，官大學問大，權力壓倒一切，亦支配一切，禮法與倫理僅為權力服務，儒學精華為所掩蔽，中庸變成鄉愿政治規避責任之淵藪。於是學術思想大幅度的萎縮，經生勤修章句，煩言碎辭，無能伸大義，儒學經典淪為教條，乃至於完全喪失原先具有指導政治的生命力，氣魄凋傷，惟傴僂聽命，為帝王之家臣，元首股肱君臣一體，於漢以後不復存在，君權日益高張，臣道愈卑，乃至明、清之世，君臣遂淪為主奴關係。昔齊晏嬰之「臣君者，豈為其口實，社稷是養[1]」自我肯定臣道之人格尊嚴蕩然無存。至明末黃宗羲才為之進一步解釋說：「我之出而仕也，為天下，非為君也。為萬民非為一姓也[2]。」乃出於孟子、荀子之主張「民為貴，社稷次之，君為輕。」「君者，舟也，庶人者，水也，水則載舟，水則覆舟」之大義，黃氏藉是發揮極致，道統一貫。說明臣之本分，在於為國家人民服務而存在，君臣是元首股肱同體，一樣有各自己之尊嚴，臣非為一家一人之奴才之卑微。可惜這等儒學思想精神，不能見容於歷代專制帝王之濫私，明初曾斥逐出孟子於配享孔子聖廟[3]，歷史最為專制的滿清王朝，更百計毀滅，自康熙至乾隆焚燒大量不利其種族專制統治書籍外，凡專制帝王尊孔而不尊孟，歷代如出一轍。審自東漢趙歧早已指稱「孟子閔悼堯、舜、湯、文、周、孔之業，將遂湮微，正涂壅底，仁義荒怠，佞偽馳騁，紅紫亂朱，遂以儒游於諸侯，思濟斯民。……命世亞聖之大才者也[4]」。自是之後，兩晉南北朝時人，孔孟並稱已成慣例。至唐韓愈繼趙歧而昌明道統，及宋孔孟並稱因之確定，談儒者必稱孔孟，專制王朝所以排斥孟子，無非因他提出強烈的具有現代意義之民權思想，乃招致帝王之私忌，千古帝王之私心，非唯秦始皇而已，歷代專制帝王，莫不如是，遂必欲排斥孟子於列聖之外。

至於近人，偏頗地理解儒學之本義，乃造成某些人因儒學講克己，講安分，講樂天知命等哲學的自我肯定，而錯誤的認為儒學思想僅能適合小農經濟社會，不適合現代的工商業社會，和民主政治，可謂差之毫釐，謬以千里，此等說法僅局限於漢代以後變質之儒尚可，尤其宋代理學，確具有明顯某些小農經濟社會的安和思想特質，失去原儒的思想氣魄，對於先秦儒學絕不能以此細小眼光看待。

由於傳統儒學重視歷史的經驗價值，因此，儒的復古思舊，即志在鼓勵人們能「見賢思齊焉，見不賢而內自省也[5]」的歷史教育。故設堯舜至治之世於遠古，遂有大同政治理思之設計，俾世人誨於堯舜之德教，而復善歸仁，同登至治之境，儒之復古，實質就是追求進步。雖復古之說極容易造成鄉曲小儒之誤解，而生偏執固滯之弊，但無傷其通達宏博之用心，達致歷史教育之成效，此乃孔子作《春秋》陳大義之命意。復儒學之本真，正賴後儒能審思明辨，則明復古者，其實意乃在於促進歷史之前進，放眼當今世界，有何政體能達到先儒所設計的「大同」美善之政治境界？

自五四運動百年來崇洋求新，積極進取，迹其用心，無非厭國族之衰弱，列強交侵之屈辱，亟欲起弊振廢，志意之進取，有似先秦之法家，卻缺乏如儒者之周全思慮，其志可嘉而其情可閔。急促引進西學種種之說，殊不知「橘踰淮而北為枳[6]」。依百年來之實驗，並未見得西化之盡優於傳統，未適水土，而愈變愈奇，乃至於有「漢字不滅，中國必亡」激詭之說出現，「飾邪說，文奸言」，詆毀固有傳統文化，盡欲摧折固有人文之優良華夏命脈，更有曲學阿世，邪說亂政，是百年來國人急躁，思想漂浮不定之總根源。背棄數千年的人文累積的歷史實驗價值，破舊而無能立新，造成民族文化前途一片迷茫，此無異於救吊頸而扯其足，思解其危而反速其死，抱薪救火，不也悲夫！

儘管俗儒有其不可避免的缺點，求安而不樂求變，容易滿足而缺乏積極之主動進取。體現農業主體經濟的社會特質。反觀夫今天世界在資本主義經濟的主導下，以排斥人性、強烈競爭，使人喪失為人之本真，促使人類無休止的物質追求，現今生活方式在物欲的推促下，產生無以為善的去人性化急劇變化，商業的行銷廣告日新為惡。無窮盡之進取令資源無節制揮霍，陷地球百病叢生，終有資源揮霍至於枯竭之日，屆時人類不知何以自處。資本主義社會，人際關係日趨去人性化，只有競爭不求相安，人食人卻不見血，其殘酷尤甚於非洲大草原，人類最可貴的仁義信守，在資本主義經濟形態之推動下，人為了生存競爭而被逼流失善性，人而無仁義信守的酷烈競爭，必至於不能相容，最終出現的必然是損人利己，生不義之得危害合理之私，造成社會上貪濫之私成風，個人濫欲之私的無所節制，則人與人唯利而相害，不能相容，將面臨人類的自我毀滅。依今人類若不自覺醒思義，執中以御權，俾物質與精神平衡發展，則歧途愈遠危害愈大，正所謂：「滅天理而窮人欲[7]」的資本主義社會真實寫照。

為此儒學向被視為保守之缺點者，依今看來，乃今為救世之良方，振西化墮落之益劑。啟仁義之本性，還人所以為人的根本價值尊嚴，擺脫資本主義將人動物化之觀念偏差，昌明合理之私，俾人知所節制，明德使人在得到合理的生活資源之間，猶不失人性之善端。如是乾坤未毀而人道猶存，人心道心，危微對立統一，自然能允執其中。蓋西方文化力能舉鼎，而不能烹小鮮。

誠如上述，則儒學之精義，仍然是適合未來人類文化發展之指導方向，其人文價值，誰都無法將它否定，真理是經得起歷史考驗的。尤其儒學崇高的人文價值，終是人類文明不可或缺的要素，當今自然科學之反噬人類生存空間，破壞生化的自然規律，逆取自然資源而濫加揮霍，資本主義竭澤而漁，共產制度之窮兇極惡非毀人性，處處顯現今日人類之生存危機，無處不反證儒家哲學人文之睿智，絕非曲學之士所能亂其常經，世上資本主義致人性淪落之缺失，正有待於儒學真理之救濟，養真元，定志意，復性尚真、精義入神，乃儒學之所以致用也。

至於兩漢以下，二千年來由於儒學思想被帝王所劫盜，質變而成帝王思想之資，禮法乃帝王思想的外在包裝，令儒學再不能起歷史發展的正面主導作用，遂衍生種種非理性的負面影響，逼使民主、民權，天下為公等高尚的思想意念，徒具空文而束諸高閣，此非原儒所意料，乃帝王思想之深咎。自兩漢以後，儒學的主體精神，既被帝王思想所攘奪，實際上已喪失應有的政治指導功能，孔、孟等先秦儒學思想的精華被抽空，而塞進充滿非理性的絕對化倫理思想，參入名法、術、勢、陰陽、怪迂之說於其間，而形成一整套的帝王思想體系，不但身為帝王者，操之以御人，庸儒、俗儒、小儒竟亦皆奉之為圭臬，促成其成為我國政治專制的主流思想，原儒思想精義，則被摒諸荒遠而不用。此無他，由於政治操控學術，帝王濫私自利之結果。是故儒學之被尊，既出學派之見，實奪儒學之命。董仲舒尊儒危害，罪深於王、何。

為此，造成先秦儒學中，可貴的民主形而上學思想，無法獲得進一步發展，以確立形而下的民主運行體制。近人因未深切了解儒學之思想精神，每怪罪於儒學，批抨其不符合現代的民主思想，浮光掠影，輕下論斷，既輕忽儒學之主體精神，亦未能真切體會民主之真諦。一人一票的西方資本主義民主機械式選舉方式，並非最完美民主制度，除了必然的虛偽加庸俗外，其往往利用商業包裝，眩弄選民，流為政治遊戲。給心不懷國計民生的不逞之徒，貪權嗜欲的爭奪香餌。一旦選舉過後，民之無告者依然故我，誠非民主上乘。民主者，義以民生為本，如不能救民生匱乏，饑困、窮餓，則民主何為，放眼當今世界，有多少由一人一票的機械式民主，不但未能達成人民之願，且民不聊生，混亂依舊，甚而戰禍不已，民生為之塗炭，非唯非洲、亞洲、美洲，同例者不少。而所謂先進民主發達國家，亦不免流於世族豪門壟斷，有變相世襲之趨勢。蓋真民主者，不為小人饞人造勢，志為解民困，伸民權，以福利民生為依歸。令人人有平等之生存權，削權貴、誅壟斷、滅掠奪、禁暴民、安良善，平世務而均資源，務使人人有尊嚴，得獲合理的生存空間，人自不願作歹以犯禮法，俾人從德性中來，而復歸德性之自覺。（我謂德性二字，本書再三詳述，即明德合理之得，是為明其所應得之謂德性。）

如果說，民主只是一種以力相制衡，以多數人挾制少數人，則實際猶是以力而非以理，它與採取戰爭手段，就只是形式和激烈程度之差別而已，並未能將問題取得最終的解決，相演而下，屬於少數的真理必然無從顯現，唯力是視，同屬歷史過渡的不同階段形式，高唱一人一票的選舉方式即是民主真理者，實出於對民主本質之半解，或別有用心。當今的資本主義選舉形式，絕非甚麼普世價值，而是仍然是停留在歷史唯力的過渡階段，不能代表一切，它仍然僅以民主口號作為強者之資，未曾真正擺脫階級統治的實質，這種西式所謂民主，必然要存留其虛假成分，故是不徹底的，猶如漢代獨儒術，專制利用儒學，而儒學精義未曾發揮作用一樣，躁人崇洋者，亟須深思而明辨之。傳統儒學之所以尚德教而不尚刑罰，崇仁義而反暴力，正因早就看破了這一歷史徵結，不欲人陷於唯力是視而不顧義理之缺失。在人性未提升至理性自主之前，一切制度之設計，皆是外鑠於我，非能體現德性之知，此儒者立志之高潔，末學俗說所不能擬議。

又如果說，民主可以不講道德，講法治即可，無疑是詭辯。我們前已指出，法由人所立，因人以操控，故甚麼人執法，即可能出現不同的結果，儘管持法者，必將法律神聖化，但他們不能否認人之因素，執法者如無聖人之用心，則其主觀情感好惡必影響執法方向，所謂「自由心證」難免流於擅斷。當今之世界，美國號稱法治完善，而美國人卻崇尚杜威學派之說，以「有用即是真理，成功說明手段合理」，如是一切侵略與掠奪都是合理的，法律奈何?!是多麼可怕的帝國主義行為。資本主義哲學，以能滿足我之需要就是真理說，正是現今西方以商業包裝的民主內容。在他們侵略他國，踐踏他國人民，行使其自由意志，滿足其自以為是的價觀，他們即忘掉民主為何物，隨意拋棄，那麼鴉片戰爭、英法聯軍、八國聯軍、甲午日本之侵略中國，掠奪中國都成為他們的真理了！人之所以為人，不同於禽獸，即因人有德性之知，所以有倫常，推恕之道，「己所不欲，勿施於人」。由德性之知，才曉得不把自己的快樂，建築在他人痛苦之上，高尚其志，鄙棄傷害他人以滿足自己之不道德。世事可證，成功的手段，不必都是合理的，如盜匪之刼掠，暴徒之欺凌弱小，獅虎之博羊，豺狼之殺食，亦都是成功的。人而淪為盜匪暴徒，乃至於同獅虎豺狼之禽獸行，即已失去人所以為人之本質，講甚麼民主毫無意義。

回顧先秦儒學民主形而上學的思想，乃是發自於對人性的平等，得自於人格尊嚴中來，所自然而然產生之成果，其正大處即在於由德性之知，內省而非外求，激發出「己所不欲，勿施於人」，立己立人的高尚情操，自律而不待他律的人性自覺。沒有他律，固然缺乏客觀的外力約制，使法無所施其用。但如能致其良知，發自於德性之自我省察，明其所得必取自於合理之得，成合理之私，則利己利人，達致內省不咎的自覺，俯仰無愧，猶何待於法司，必待外力之制約者，蓋人性之不得已也。

而先秦原儒學之所以未能獲得繼續發展，俾民主形而上學完成形而下之制度，並非儒學本身有問題，問題在於兩漢以後專制的政治現實，令絕大部分讀書人，緣經以媚世，追求利祿而避去大義所致，於是儒學之禮法，變質成帝王之家法，更無從伸張大義，惟剽竊名教，附益成帝王之統治工具，從此外儒內法，然猶緣經以包藏其名法、術、勢、陰陽怪迂之雜說而成其帝王思想體系，真儒思想喪失政治的指導作用，在虛假的尊儒庇傘下給儒學能留存於民間，從事於社會的人文教育，相應發揮仁、義、忠、孝人道精神，惟最有價值的倫理相對論真義，再無人敢於公然提出，有之必受盡打擊。而在帝王思想的強力支配下，修身、齊家、治國、平天下的人格主體，變成只為帝王家服務的依附性，乃千古知識分子之悲哀。

雖然如此的被虛用，但儒尚存的人倫綱紀，卻仍然發揮它人文社會教育的主體功能，尤其生命主體之仁義德性，由教育而深植人心，成為我中華民族的人格特質。不論知識分子或普通人民，識字不識字，皆能通過社會教育和家庭倫理教育之傳播，早已成為我民族生命持續成長之維生素，今天的中國人，不論是維護傳統，抑或因接受西化，崇洋而反傳統，其實在其生命之靈魂深處，仍然可以明顯地見其充滿儒家文化的思想細胞。只是在現實生活激盪之中，一時模糊了自我，故未能深體而細察之罷了，若審思省察自我的人生價觀念，就不難自我發現，或多或少的儒家文化特質，照見我與民族之同休戚，今即如是，將來亦必如是。蓋儒學禮法雖被帝王所盜，唯真理是盜不了的，它付予我中華民族歷史，歷久彌新之韌力。雖帝王盜儒以利己，亦只能是歷史過渡現象，終必還真理恆常之本有價值，盜跖無所用其力。足見儒學的人文思想與人類生活持續發展，心靈與現實都不可須臾離之切要。

1 《左傳・襄公》二十五年。
2 《明夷待訪錄》。
3 《明史・禮志》四聖師條。
4 趙歧《孟子・題辭》。
5 《論語・里仁》篇。
6 《周禮・冬官・考工記》。
7 《禮記・樂記》。

第四章 先秦儒學民主而上學思想體系

第一節 民權思想之先驅

先秦儒學思想中，政治倫理固然存有明顯的尊君思想。然尊君被納入一套嚴謹的自然倫理法則之內。而在此倫理法則中，賦予每個人都應負其天賦責任，君亦不例外，凡未能盡其天賦之責任者，則天與人共棄之，尊其可尊而棄其不應尊，君的地位是被安放在倫理相對責任架構之中的。絕不像秦漢以後，君權變成絕對之權力象徵，而毫無制約的唯君權論，紊亂倫理相對的先天責任，故明顯地違反原儒君君，臣臣的權利與義務的相對精神。《荀子・大略》篇早就指出「天之生民，非為君也。天之立君，以為民也。」主從明白的告訴人們，人民才是主體，君只是從體。君以其道德才能，始能居於領導地位，而其實際的存在意義就是要為人民服務。故君之義「止於仁[1]」，「不仁而得天下者，未之有也[2]」。保護人民，是先天倫理賦予君的道德責任至為明顯。君不得虐民以自逞，虐民者，民之仇，則人民有權廢棄之。如誅獨夫桀、紂，又何尊之有，《周書・泰誓》曰：「撫我則后，虐我則仇。」〈泰誓〉出自西周初年，是儒學重要經典，它無疑是儒學民主形而上學之先驅思想。即已明確地提出君民相對責任的政治倫理準則。君尊其當尊而廢其不當尊，揭示人民之權利，明確民主的理念，雖是初步而清晰可見。以現代國家民選總統況之，總統真誠奉行憲法，克盡職守，而無虧於國法民利者，則國民理當尊而崇之。以維護國家體制，憲法尊嚴。反之，當選總統而背棄承諾，毀憲淩民，妄自尊大。輕侮民權，人民則罷免之，一樣是尊其當尊而廢不當尊，義理完全一致。

傳統儒家學說中，君權之來源，是由自然法則的倫理秩序產生的。無不變之理，故曰：「天命不又[3]」，「天命靡常[4]」，「皇天無親，惟德是輔[5]」而此一天命常規，只是假天命所託，真實的內容是由人民意志所轉化出來的公民力量。故曰：「天視自我民視，天聽自我民聽[6]」，「天聰明自我民聰明，天明畏自我民明威[7]」，「民之所欲，天必從之[8]」，天之好惡與民同，天心即是民心，天意即是民意，假神而否定神的功能作用，一切歸於人民之作為，這一人文精神價值，遠勝於所有宗教教條，極其寶貴。最可貴者，是它承認人民的集體意志，超越了宗教神力，予人民自我主宰歷史發展之命運。此即我國人於歷史上，不需假借宗教而自有一種內在的堅韌精神能量，可謂之東方精神。

蓋君的權利雖假借天命欲自固，然而，其實質是由人民所託付，所以，受天命，就是受民命，此乃儒家思想蘊含之精義，《易．繫辭下傳》曰：「精義入神，以致用也，……窮神知化，德之盛也。」民意可轉化天命成為現實人文政治之用，是窮神知化之極致！天道仁愛大公，普照萬物，人君秉天之道，行仁愛之政，是盡天道必合民意，是人民尊敬之對象，是君德獲得最大之盛況。故「仁人無敵於天下，不仁而得天下者，未之有也。[9]」是儒家學說的自然法則，天受之要旨。若未能掌握此一要旨。唯依附於當代浮論，以成其非理虛誕苛責儒學不民主，難免受曲突徙薪之譏。

又《易．繫辭下傳》曰：「天地之大德曰生，聖人（最有智慧者）之大寶曰位（君位），何以守位曰仁，何以聚人曰財。理財正辭，禁民為非曰義。」利義會而成文德，是為君者之職守，蓋君受命於民意之所託，既有責任保民安國，同時亦必有其權利來執行國家的政令法規，是謂理財正辭，禁民為非之權力，因此我國從來無虛君立憲之學說，君為政治的實際施政者，如同現今之總統制，要負起全部政治責任。故曰：「君民者，豈以陵民，社稷是主。」君為社稷死，責無旁貸，這種屬於國家主義的思想出現，雖尚未可視為民權思想，但有啟蒙之作用，同時防止國君專斷獨裁之專制。可惜民主形而上學思想的命運，乃因兩漢經學之失義，遂被專制帝王思想所淹沒，千古真儒莫不為之掩卷浩歎。

先秦儒家形而上學民主思想，以孟、荀二子表達的最為具體清楚透徹，標示出民權思想亦最為突出，「民為貴，社稷次之，君為輕，得於丘民為天子。」「君者，舟也，庶人者，水也。水則載舟，水則覆舟。」突出人民的主體地位，這無疑是我國民主發展史之深根細苗，理當茁壯。民水君舟，說明人民的力量足以決定統治者，君之存廢，由丘民來決定歷史發展，不是如今天人們所說的，歷史是由人民創造的一樣嗎？由是觀之，我國傳統儒學非無民主思想之種子，而是壞於秦漢以後專制帝王思想所摧折，唐、宋猶無發展之餘地，元、明更無足論，而大壞於滿清異族過度防閑的思想極端之控制，造成學術空洞化，知識分子之坎坷萎靡，熱中功名祿位的漢族讀書人，甘居奴才而無愧色，近人崇尚西學，賴以聊饑，後儒之未能繼緒，而委過於前賢，強謂儒學不適合現代民主政治，斯也陋矣。

儒學之光輝傳統，因漢代的政治介入操控，表面上有獨尊之虛榮，而實際已被剝奪去學術的自主性，扼殺了原有的充沛生命力，淪為帝王思想之工具。外以儒名包裝，而內充名法、術勢、陰陽為實用。自然倫理相對論的公共法則，卻被改造而淪為帝王的絕對專制權威之柄。影響所及，官僚系統亦將倫理變成其專斷之工具。儒學最可貴的民主形而上學思想，備受改造而從此元氣大傷。倫理相對責任的自然法則，被改造成絕對化，用來保護統治集團非自然的永久利益，陰剛盛而陽道衰，《易》道義利相和，成為得權者之利，對弱勢人民無必然之義務，精義為所銷鑠，儒學喪失了指導政治的生命力。兩漢以下，儒之不振，學術為之萎靡，已全無先秦之氣魄，形勢之嚴酷，逼使士大夫不得不委身於帝王以求生存，安享其富貴，是之謂「積威約之漸也」。所謂「綱常名教」，已失去人與人之間的相對責任義理，成為枯死的政治教條。世儒背誦章句，徒爛經典以趣勢利，全然忘掉原儒之理義。

因此，自秦漢以下二千多年來，已無人敢於發揚孟子和荀子的丘民思想，專制的帝王思想卻無所制約而不斷膨脹，至清代為極點。正統的儒學民主形而上學的啟蒙思想，則被抑制、排斥，民權思想完全被抽空，使民主思想之嫩芽未能茁壯於牛山而健康發展，空懸二千餘年，未能得到合理的轉化成形而下的現代民主機制。此非儒學之辜，乃專致帝王思想之遺毒所造成之罪。尤其滿清一代，唯愛新覺羅王族為主，全國人民皆被視為奴才，其謊謬乃曠今亙古所未有，侮辱民權，莫此為甚。

帝王思想違悖原儒學以天下為公之真理，帝王以天下為私產，「敲剝天下之骨髓，離散天下之子女，以奉我一人之淫樂[10]」。脅制人民以濟其私，更遠遠地背離自然的人倫法則。放縱恣肆，享受由掠奪得來之利益，逃避自然倫理職責，人君未副其義務而無愧色。如歷史上稍有良知之帝王，小有作為福利民生者，必以恩賜臨民，無絲毫誠敬之心，認知此為其必然之義務。固不能容忍民主形而上學思想之存在，致令其以天下為私產的掠奪利益受到威脅，勢必摧折之而後快，故明初曾有排斥孟子入聖廟之舉，足見統治者之用心。

兩漢以後，帝王思想已成為主流，私心所及，原儒學大中至正的「大同」思想，亦被曲說成為君王大一統的一人專制，完全去掉「天下為公」的崇高政治思想內函，這從歷史名人章表中，清楚的反映出來。而孟子的貴民輕君，荀子的民主君從等寶貴思想言論，無或敢提出。齊晏嬰之「臣君者，豈為其口實，社稷是養」的公務員態度，為臣者亦不敢自居，故清代官員於人民則擅作威福，於君前則自認奴才之卑，大虧臣道。明清之際黃宗羲乃拍案而起，發揚晏子之說云：「天下之大，非一人之所能治，而分治之以群工，故我之出而仕也。為天下，非為君也，為萬民，非為一姓也。」晏氏之聲，復響於二千多年後。可惜適逢滿清異族私心之箝固，亦終無發展空間，一時間消聲匿跡，無疾而終，而清代之專制變本加厲至於極點。歷代統治者，本質上都排斥儒學精義，毀棄倫理相對論自然法則，摧折民主形而上學真理之議論，不論其如何偽裝粉飾，都難掩其大私忘公，心迹如出一轍。

特受疑忌的是孟子那句「是篡也，非天與也」的話，其實孟子全章的意思，是迎民意而取之，故引《周書·泰誓》曰：「天視自我民視，天聽自我民聽。」，並非篡奪之意。正是民權民主之體現。唯此說因歷來受專制帝王之忌，注疏不敢置喙。帝王之私心濫欲，乃至於違公悖理，士人之卑屈從俗，真理為之晦而不明不伸，哀哉！是故有近人輕率論斷說：「中國傳統中只有民本思想，而無民主思想。」其實魯魚亥豕，似是而非，遂妄為論斷。穿牛鼻，落馬首，總是不自然。崇西學之形式，棄本國之瑰寶。邯鄲學步，「未得國能，又失其故行矣。」當今群學之蔽，正因殉名而失真。

近人每輕率地認為，中國傳統思想中，只有民本思想而無民主思想，是從表面去理解《夏書·五子之歌》：「民惟邦本，本固邦寧。」而未曾深入研究民本與民主的有機因果關係，固與歷史的真實情況捍格不入。有民本思想的存在，就是歷史可轉化之民主先機。不以人民之生存自由幸福為本，民主也者，豈不成為一句徒空口號嗎？必須承認人民之主體性，認真以人民的自由幸福生活為本，得公平正義，才是民主的基本內容。否則空喊口號，騙取選票，一旦當選，遂挾權圖私利，將對人民的承諾拋諸腦後，空轉民主，不惟無益於人民，徒成虛偽與庸俗的政治遊戲，街遊巷號，愚者趨向流俗，黃鐘毀棄，瓦釜雷鳴，小人得志，賢士被輕，人類社會必無從向優質上升，無益於世而民妖橫行。

歷史有必然之發展，任何事物，不論中外，皆無即成之理。所以，民本者，就是民主之先驅，之根本，如不先有光照人民的自由幸福，何來民主之可言，因此民本者，即是民主之根苗。其實，舉凡西方社會，人們亦何曾帶備一顆民主腦袋出生，它一樣是要經歷歷史的發展轉化，何況民本之說，首在敬民，民忠於國，君忠於民，乃儒學中自然倫理法則之精義，君民相對責任最有價值的思想，從而否定君權的無限化，發展出人民的主體性，君不得淩民，貴民輕君。人民有擁立君之權，同時亦擁有廢君之權，民水君舟，主張湯、武革命的合理性，故誅被人民所遺棄不合民意之暴君，如誅獨夫。這毫無疑問，是承認人民在歷史發展中的主體地位，就是以民為本的真實寫照，所以民本，即是民主之本質。今天人們不是長掛於口頭上說「歷史是人民創造的」嗎？說明先秦儒學無非理性之尊君思想。所謂「君欲臣死，臣不敢不死，父要子亡，不敢不亡」之流俗妄言，戲文、小說浪語，絕非出自儒家思想，卻總是被附會而陷儒於不義。又如《禮緯・含文嘉》之「三綱」說，不見於先秦儒學經典，此乃陰暗悖理的緯學愚儒之曲說濫調，學者不可不辨。孟子謂：「是篡也，非天予也。」「使之主事，而事治，百姓安之，是民受之也。」就將順天命轉為尊民意的歷史積極轉化，今天的民主選舉，即是順民意之選取，迎合民意以取得人民的信任，經典中之朝覲、訟獄、謳歌皆是民意，此非民主思想而何？雖尚具體而微，此乃歷史發展必然之過渡，但歷史的因果關係，中西都無例外。只是西方歷史發展，由於特定的客觀環境不同，故而西方較諸東方多些動態，步伐亦較快些。蓋其自奴隸社會過渡至封建社會，奴隸、農奴境況悲慘，缺乏中國社會的宗法溫情，人民的政治壓力特別重大，因此人民的反彈力亦相應強大而主動積極。這乃是物理效應。

而我國古代的宗法社會結構，人與人關係主要建立在宗法基礎之上，儘管有貴賤等級之分。惟「君子不虐幼賤[11]」，「在上位不陵下[12]」的傳統思想教育下，令貴者有一定的道德約束，故在下位的賤者，人身權利得到宗族的最低保護，庶民是在極下位的生產者，貴族是權力的享受者，但封國眾民與貴族的關係，絕對不是奴隸主與奴隸之關係，而是宗族血親關係，因此庶民雖疏賤，貴族不敢全以奴隸視之，乃由宗族制度下的自然庇護，貴民輕君的思想與這種社會結構有不可分割之關係。因此我國古代未曾發生像西方所出現的人類史上最為殘酷之奴隸制度。中國古代確曾有人奴之目，惟一般皆來之於戰爭的俘虜，至漢代轉化為奴婢，多來自犯罪家屬，雖仍存人口買賣之非人道行為，但政府已連翻禁止，顯見其非法悖禮，非社會之主流現象，故奴婢雖等級卑賤，然已有起碼的人身保護，與西方奴隸毫無人身保護者不可等量齊觀，漢初宰相魏相妻子誤殺婢，亦要負法律責任，王莽雖庸愚竊位，但他亦下禁止人口買賣之令，其子王獲殺婢，猶被逼命自殺償命，漢光武亦嘗頒詔依《孝經》說：「天地之性人為貴。」而嚴禁人口買賣令，「違者如律論[13]」。此歷史昭昭實例。不能因形似而硬裁說中國亦有奴隸社會。以依附於西史而強說，人貴自立，國貴自尊，民族尤貴自強，若為其政治需要為目的，歪曲歷史，類其似是而非說，亦可醜矣。

在先秦儒學孟子和荀子思想中，有很明確的人民主體精神，是毫無疑問的。更應該說二子代表自孔子以來的整個儒學思想傳統，人民為主體，君為人民的從體，君雖是政治上的主導者，但必以人民意志為依歸，故曰：「天之立君，以為民也。」和「得於丘民為天子。[14]」

「民水君舟」等鮮明的主張。君雖受命於天，惟天命是由民意轉化出來的民眾共同意志。正所謂「民安之，是民受（通授）之也。」等於說人民有權立君，同時亦有權力廢君，君之存廢，由人民來決定，是以天命雖尊，終歸民意，故《左傳・襄公》三十一年說：「民之所欲，天必從之。」天心就是民意，表達得如此清楚明白，怎能說我國傳統文化中無民主思想呢？雖說尚屬形而上的思想，它正是民主、民權的思想正是源於民本的直線發展而來的。

由於我國傳統文化特別重視人之道德品格，要求內省不咎，正己然後能正人，乃至於正天下，於是選拔人才必先審視人的品格情操，後看其施政領導才能，故大同先標示「選賢與能」，相信有善人然後有善政。賢與能是兩個完全不同概念，賢指的是人的道德品格，能指的是人的辦事能力，惟辦事能力強，不一定是好人，而好人亦不一定有辦事能力，所以，即期待賢而兼能，而能者往往未能兼賢，於是，選舉必求選才德兼備，如此者，必遭遇如同莊子所說那樣天下善人少，而不善人多的現實困難，是以民主形而上思想產生於將近三千年前，而至今尚無法設計出一套完美的一人一票形而下的選舉方法制度。缺乏良善美好的羊群選舉不要，而在人民素質覺悟未達到之前，又辦不到，故延盪至今。此我國追求之真正有效的民主的真民主制度，至今未能達致理想之要求，惟儒者之用心，無非為人類未來求真求善設想。

天命雖尊，必不出民意之違從，是先儒一貫的思想主體，故曰：「天視自我民視，天聽自我民聽，天聰明自我民聰明，天明畏自我民明畏。」「民之所欲，天必從之。」孟子的「丘民」說，荀子的「君舟、民水」說，處處都在突顯人民之主體性，同屬民主民權之主張，為至可貴之人類文化遺產，道存乎微，人不能宏道，不可謂無此道，真理是不容蔑視的。近人每每輕易以中國傳統文化無民主、民權思想，而歷史擺在眼前，斑斑可考，如此鮮明的民主思想精神，豈能因崇洋之浮論，急趨新而遺忘故實，無乃貴遠賤近之疏。

儘管先秦的儒學民權思想未臻成熟，但它作為民權、民主思想之啟蒙，其意義是深遠的。如非屢遭橫逆之摧折，予其應有之正常發展，則此故有的民權、民主思想之芽蘗，必能隨歷史之發展而茁壯成長，則未嘗不可自發自生，自成東方的民主政治模式，不必待至近代始借助西方樣式，卻因根浮而理弱，故艱難締造，耗時百載，走過多少曲折之路，泣盡民族血淚，至今猶無明確方向，而鷸蚌相持，予強鄰西閥可乘之機，挾我兄弟鬩牆之勢，而予取予求，依今猶未厭足，我之所謂民族覺醒，由是觀之，仍覺而未醒也，孟子曰：「牛山之木，嘗美矣，以其郊於大國也，斧斤伐之，可以為美乎？是其日夜之所息，雨露之所潤，非無萌蘗之生焉，牛羊又從而牧之，是以若彼濯濯也。人見其濯濯也，以為未嘗有材焉，此豈山之性也哉。」

明我中國非無民主思想之種子，因萌蘗才生，即被帝王思想所摧折，所以未能成長至開花結果時！人們未加審視，徒使真相不明，而妄下論斷，造成普遍之誤解，於此不得不把歷史真實面貌揭示出來，還我故觀，以啟新知。

由於強權之壓制和勢利之所誘，漢代經學既已成為廟堂的裝飾品，經生為既得利益的統治集團服務求生，遂使後儒步武失軌，令先秦儒學之崇高理想無從發揮，困逼於獨尊而不能發揮正面的積極效用，故東漢之所謂「名教」，以將儒學所固有的民權、民主思想完全抽空，而植入其反自然倫理相對責任法則的「三綱、五常」，忠君變成一面倒的絕對效忠，君則擺脫其從民保民之職責，動以君威淩下。至緯學之出現，更敗倫常道德而反理性，《禮緯・含文嘉》造作「君為臣綱，父為子綱，夫為妻綱。」所謂「三綱」乃先秦儒學經典所無，緯學之非理性附會，違悖經理，混淆儒學，陷儒學於不義。愚儒之害理，成世俗之流言，所謂「君欲臣死，臣不敢不死，父欲子亡，子不敢不亡。」這樣流俗浮言、戲文、小說浪語，竟成鄉塾庸師視為教條。背儒反智，非理性之妄說，流毒至深且遠，將固有文化之光輝，遭全面毒化，此豈只牛山之被伐牧，劇毒汙染，致芽蘖為之不生，愚儒之害理，以之責難先秦原儒，真是千古奇冤。

緯學的出現，無疑是觀風趨勢之小儒、庸儒為配合專制的帝王思想，而附會儒學經典，妄為造說，令專制帝王思想更加合理化，將原儒倫理之相對論的相互承擔責任，變成一面倒，只為維護帝王之權威利益，把倫理變成死的反智的非理性教條。而讖之預言造說，則純出虛構。緯學在自然科學方面，雖有些許貢獻，然附經亂理，為害尤深。蓋讖緯者，乃漢代兩大思想怪物，專制思想之虎倀也。

明清之際，雖有大儒拍案而起，痛論專制帝王之流毒，大有欲復先秦儒學之氣魄。惟時適逢異族之入主中華，以其小數民族私心之防閑，用盡各種卑劣手段，實行軟性而極端的思想箝制，輕侮民權，視天下人皆其奴才，屢興文字大獄，殺害無辜知識分子。尤忌談夷夏之防的《春秋》大義正學。以其異族之成見，譬如雍正雖對夷夏關係利己之釋說，然仍不釋其小我民族忌刻之用心。孔子固有「裔不謀夏，夷不亂華[15]」之語，但審諸孔子之價值判斷，主旨不全然在種族歧視。反對的是以齊人堂堂華族，乃自棄其高等文化不用，而用落後的夷族文化之荒樂，志在保護華夏文明的優質文化，免於被落後文化之影響而沉淪之用意，故《論語・憲問》篇有：「微管仲，吾其被髮左衽矣」之歎。迹其用心，就是保護優質文化勿受劣質文化之影響而倒退，這說明其用心，不全然是種族歧視，其立意主旨是文化之保護，是以他又有：「故遠人不服，則修文德以來之，既來之，則安之[16]」，遠人當然不會是華夏本族的人。然則孔子所排斥者是非華夏文化系統之類的野蠻落後成分，從而修文德以教育感召而招來之，使改變野蠻生活方式，而服從高等的先進文化，如孟子所說：「吾聞用夏變夷者，未聞變於夷者也[17]」。滿人不曉事理，唯怕人講夷夏之辨，乃清初順治朝即嚴禁講學，無視民權，遂令講學事業為之停頓，又大興文字獄焚燒大量書籍，自康、雍、乾三朝，多次起獄，誅殺大量無辜知識分子，呂留良因提出「攘夷狄救中國」曾靜之獄起，呂氏一族被誅戮最為慘烈。文字獄使知識分子翹首不敢仰天，低首不敢言《春秋》義理，慘烈過于秦。然後以科舉籠絡失志讀書人，中科舉做大官，縱容貪汙。所謂康、雍、乾盛世，其實逼中國學術空洞化，唯考據訓詁，無足以救大義。終滿清二百六十年之統治，從未去掉其種族之私心，視漢人為其俘虜而奴才視之，總以其竊來之中國，不能安其心。直至清末此一卑劣心態，更暴露無遺。如滿州貴族剛毅竟將國家視為己物，其所謂：「寧贈友邦，勿與家奴」卑劣心態，令人齒冷，與他的主子慈禧「量中華之物力，結與國之歡心。」同樣是無恥之賣國，視漢族為家奴，而已甘做侵略者之奴隸，既可悲復可笑。悲我中華之失志，笑滿族之無知。蓋其以盜來之中國，總無信心視為永久之物，故以竊來之賊贓，用以賂方來之大盜，賣國求一時之苟安，豈忘其亦為中華文化之一分子乎？民權終不可侮，辛亥革命乃掃除此歷史之殘汙，盪滌妖氛，還民權於國民，偉哉！辛亥革命也。開創我中國之偉業，妄人所不能篡奪的歷史繼統之真正時代大命。

1 《禮記・中庸》篇。
2 《孟子・盡心》下篇。
3 《詩經・小雅・節南山・小宛》。
4 同上《大雅・文王》。
5 《周書・蔡仲之命》。
6 同上〈泰誓〉。
7 《夏書・皋陶謨》。
8 《左傳・襄公》三十一年、昭公元年引〈泰誓〉說（泰作太）。
9 《孟子・盡心》下篇。
10 黃宗羲《明夷待訪錄・原君》篇。
11 《左傳・文公》十五年。
12 《禮記・中庸》篇。
13 三條並見《漢書・本傳》及《光武・本紀》。
14 《孟子・告子》上篇。
15 《左傳・定公》十年。
16 《論語・季氏》篇。
17 《孟子・滕文公》上篇。

第二節 傳統社會結構與民權思想

我國歷史發展自漢代以後，逐漸發展小農經濟的社會基本結構，至唐代小農經濟日趨成熟。如非戰亂擾攘，則人民安居樂業，自給自足，依法納糧，行不犯禁，大致上無不自由之感受，尤其處於太平盛世時期，人民幾不知有政治壓力存在，社會安定近乎靜態。因此養成人民沒有政治上訴求的習慣，至於社會秩序，其下層一般由傳統宗法文化維繫，宗族對子弟自行管束，若非刑事大案，官府極少關心干預，故不容易產生激越之政治情緒。太平之世，官民關係幾乎兩不存在的天民特性，所謂「無為而治」，是傳統文化中共同的理想要求。人民更不樂意與政治擾混，此乃我國歷史上，人民不熱心政治歷史根源。

尤其自唐代政府實行均田制以後，由此一良好制度之執行，令社會的經濟資源得以相對合理之重新分配，給人民合理的生活空間，產生良好的歷史影響，豪門勢族之土地擴張并兼，受到一定程度之抑制，自耕農成為社會生產力的主體，相對漢代，佃農已經大量減少，使小農經濟社會愈趨於成熟安定，歷時百餘年之間，史稱盛世。中經安、史之亂破壞，至楊炎實施兩稅制，始終結了均田制度，然而制度雖已破壞，惟此一良好制度，早已深入民心，幾於約定成俗。此後歷代政府都必關心土地分配問題，並深知田地不均過甚，是社會動亂的總根源，有良知的歷朝官員知識分子，皆極力提出必須解決此一歷史癥結的土地問題，足見均田制自北魏李安世提出至唐代成制度，經已普遍被人民接受。

小農經濟之成熟，令農村生活自給自足，不必定要求極度繁榮，但求安定，安定是自足的基礎，《擊壤歌》：「日出而作，日入而息，鑿井而飲，耕田而食，帝力于我何有哉[1]」最能反映這一農村生活實況。加上傳統社會儒道結合的知足觀念深入人心，又加上新興佛教之修緣逃世思想的影響，遂形成一個安而不思變的農莊社會之典型。人民只要衣食粗足，征役不繁，即無所求，「樂天知命，故不憂。安土敦乎仁，故能愛[2]」。這種獨特的中國社會實況，在西方歷史上，是很難有所比類的。

蓋我國歷史發展路向，遠不同於西方，勉強套用，甚無必要。考西方歷史自遠古希臘的奴隸社會，是人類史上最殘酷制度。奴隸生命不如畜牲。中古封建（不同中國古代的宗法封建），社會的無情壓榨，奴隸和農奴，一樣是直接遭受統治者的強力政治壓迫，故它早就養成反抗精神的社會傳統，及至近古資本主義，工人對資本家的鬬爭，益增活力，故其社會資產革命早於中國。

尤其繼其文藝復興，是反神學和封建的結果，之後，推動了工業革命，完全衝破了固有的舊藩籬，促使多元社會迅速發展，而資本主義生產方式總其成。隨著資本主義的高度發展，資源并兼日益嚴重，由於社會資源分配失衡，矛盾激發工人階級勢力之興起，形成一股強大，足與資本鬬爭的社會力量，此不但摧毀了專制的政治基礎，同時亦動搖了資本主義的壟斷與掠奪，遂誘發反資本主義的共產主義反掠奪之掠奪。從其最初工人追求社會資源之合理分配，發展成勢所必然的進一步要求政治資源之公平、公開，從而拓展民主政治發展空間，獲得迅速而猛烈之發展。此乃近代西方民主政治發展的歷史大勢，但亦只是兩百多年來的事，並不如某些人把上古希臘長老們互相推舉，說成就是民主政治之原形，如是說，則中國歷史上堯、舜、禹、益之禪讓，豈不更是民主之源頭？

傳統最受近人詬病的莫如婚姻制度問題，然不理明歷史因果，空作謾罵或人云亦云，不利於問題之真正了解。傳統婚姻無自由戀愛是事實，但它存在有歷史的內在原因和社會的客觀環境所造成，不可不加以辨明。其一，是傳統文化對生命認識上之執著，即認為兩性婚姻之所以結合，目的在於傳宗接代，以及生命之延續，和人口繁殖之需求而設計，這亦可以說，它是承受自然之規律。其二，出於現實利益之考慮和社會秩序之安排，自周初，周公制禮時，由於政治上的需要，而限制同姓不得通婚，其用意是藉通婚以聯絡異姓諸侯，使其歸於宗周一統禮制。此非出於優生學之考慮，因周初尚未出現優生學知識，但卻無意而為優生提供有利條件。中華民族的人種具有特出的聰明智慧，與此不無關係，但亦使婚姻變成一種有價的政治交易，歷代有和親之舉，即周禮之遺意。生理學上的問題固非周公所能知，政治上卻得到極大之收益，使天下異姓諸侯，皆歸為宗周之小宗，令宗法文化一統天下，則是周公之睿智。進之其三，由於上述周禮之定制，而古代氏族聚居，一村一姓（歷史以後逐漸變遷），那麼，一族之內皆諸姑伯姊兄弟姊妹，少男少女族內無婚姻對象，自然無自由戀愛之可言。然則婚姻對象，必求之於其他族姓，就地理的客觀環境來說，華北、華中、黃淮平原、江漢平原是上古華族聚居最集中地區，地廣人稀，村社與村社相隔遼遠，猶無如現代的先進交通工具可以利用，何況少女外出越遠就越危險，要她如何主動或被動去認識男方，男方亦復如是。所以古代的客觀條件，對於男女相見形成阻礙，故自由戀愛極不容易，遂形成不得不然的必然社會客觀制約，於是而由父母代為作主，所謂「父母之命」，又周禮有媒氏作婚姻仲介。問題即出現在此，舉凡父母愛子女之心，天下皆同，如孟子所說：「丈夫生而願為之有室，女子生而願為之有家，父母之心，人皆有之[3]」。作為父母者，誰不想女兒嫁個好丈夫，有好歸宿，兒子娶個好媳婦，一家和樂，有此心者無古今之異。問題是父母久經人生歷練，深知稼穡艱難，為兒女婚姻首先要考慮足衣食，而不是愛情，如西俗所謂的：「愛情與麵包」，即形成兩代的思想不一致，一為自身之愛出發，一為安身立命出發，加以媒氏之播弄，遂形成不可調和的重大矛盾。凡是過執必偏，無愛情的婚姻是作為父母者之不得已，但必不為純情的少男少女所接受，亦是情理中事。惟儒者並不偏執，故《詩經．國風》自〈關雎〉以下，有關戀愛詩篇多所記述，且主張為遲婚男女擇配，故《周禮．地官．媒氏》有「仲春之月，令會男女，於是時也，奔者不禁，若無故而不用令者，罰之。」不用令者，即對兩性關係不守成諾，失信於對方，所以有罰。所謂「發乎情，止乎禮義[4]」。惟有明悉歷史真相，才能作出中正的評論、正確之判斷，婚姻之所以有父母之命，媒妁之言，乃出於歷史條件所限制，非全出於非理性之惡。大聲喝罵禮教食人者，實出於對歷史之無知的偏執，人云亦云更是要不得，是古非今故然有所偏，是今非古亦未見其盡是高明。

父母所主導的婚姻，因難免有經濟條件之考慮，惟此非傳統人文之所能完全接受，嫌貧擇富，不重人品的婚姻，往往為民俗所鄙視。是故〈關雎〉、〈靜女〉、〈野有死麕〉、〈有女同車〉、〈溱洧〉、〈野有蔓草〉諸愛情詩篇，為經典所收錄而宏揚之。蓋人不能無情，情者，自然之物，向為儒學所重視，是以《詩》、《樂》為儒家要典。唯情無節，則流之縱濫，故需律以甚正，此不可不察。

再回顧我中華民族整體之歷史社會發展路向，非唯重利，兼亦重義，義者，宜也，凡合理之事物皆屬於義。所以我國社會發展從來不盲目只追求經濟上單獨成長，故未曾出現資本主義經濟，不使出現破壞人與自然之關係，天人合一，不惟是形而上的思想，更是形而下的生活方式，令人事與自然的客觀環境和諧相處，這不僅是生產力問題，更是出於人文思想功用有以致之。不似資本主義社會盲目追求物質的滿足，導致掏空大地，汙染太空，毒化土地，不知伊乎胡底。從整體人類歷史宏觀前途考察，不會出現資本主義生產方式，非但不是消極的，而是具有超時空之前瞻性積極作用。縱觀人類歷史之未來，能否保持其永續發展，正有賴於人類對其濫用自然資源之反思，自然科學家們之覺悟。明了自然科學對人生之局限，正有待於中國人文以資其不足，此不惟道家思想之透視，更是儒家之實理。

在有關政治運動方面，由於傳統的天民思想，人民以無爭為尚，故社會相對安定，溫飽之外，人尚無為，不多事，造成在政治上極有利於專制的客觀環境，誠如上述，我國歷史上，政治雖未發展出完整的形而下民主體制，但人民一般都享有自由，只要善守家園，不犯統治者忌諱，賦役無缺，即享有充分自由。因此，我國歷史上，人民只有感受動亂之苦，而少有感受切身之政治壓力，和不自由之苦。只要是太平時代，人民生活自給自足，日出而作，日入而息，以知足常樂為依歸的天民思想，自然不易養成政治上反抗精神，自亦無求於民主形式了。但因自由而養成社會散漫不守秩序之缺點，亦待省思及改善。

中國傳統社會所以趨向於柔性發展，當然與社會經濟結構具有不能分割的密切關係。而社會生產方式之構成，猶離不開文化生命力之影響，我國傳統文化特色尚禮重教，無疑是一個傾向求禮治社會。禮重視教育養成內省自律，而不太重視外在他律之法規，求先成人，然後能成物，故傳統教育頗異於現代西式教育之但求功利，輕忽人格之培養。「志於道，據於德，依於仁、遊於藝[5]」。此一教育觀念自孔子推廣之後，即普遍深入人心，成為普遍接受之教育真理，而教育的責任，一般落在宗族和家庭自身，國家政府缺乏完整的教育體系，只培養局部的高級人才為主。而民間私人講學亦僅佔極少數，所以難以推廣普及教育，追求知識者，就只能自求多福，因此我國社會，不論士、農、工、商皆重視自身的家庭教育。故中國人之人格養成，即多賴家庭之陶冶。因家庭由於文化背景不同，培養出來的人才，有共同的傳統道德理念，卻缺乏行為的共同守則，公民教育為現今國家當務之急。

傳統禮治文化，最重視的是立本的社會教育，大異於西化的資本主義的功利教育。最重修身明德，期於人人內省不咎，「一家仁，一國興仁，一家讓，一國興讓[6]」。所謂建本立極，正己以正天下的人本要求，而比較不重視外部形式的法制公共問題，至儒學分枝的宋明理學，尤以明誠致良知為教育之宗旨，這種教育理想，大原則是完全正確的，求夫上者固無問題，惟行之於一般的社會思想教育，由於現實生活之干擾，難以周全，故千百年來養成國人在社會群體行為上，往往對事物的客觀規律判斷不足，多由自由心證，而發為自由意志之行為、只要在主觀自覺無意傷害他人，即一切可以自由行動，不思考因個人之行為，可能破壞群體之合作，影響團結精神。不受客觀的共同律法所限，公共秩序之執行，實效亦難以彰顯，故民權思想未能有序之發展。

又由於立本教育的主旨尚和，「和為貴，先王之道斯為美[7]」。故曰：「君子務本，本立而道生[8]」。道即仁之理，仁乃人之本，能仁必博愛，仁愛非和無以施為。和則不爭，不存權利觀念。因此，傳統文化中有關民權思想早就出現於經典之中，但被轉化為弱民權，故不爭政權的和平文化表現。西方文化與我國文化有強烈之本質不同，西方文化一切由功利激發，尚功利，講需求，如美國之杜威哲學「有用即真理，成功說明手段合理。」為求成功，可以不擇手段，乃西人所崇尚，而中國人文所鄙棄，此百餘年來中國人與西人交往，往往處於失敗地位。由於西人崇尚競爭，尤其資本主義時代，趨於愈甚，令人在物質強烈需求之下，被逼迫無止境的激烈競爭，促使人性（仁義）自然流失。本來，利之所在，必有爭心，是自然現象，唯理義可以調和之，但處於資本利潤的強烈追求下，和是惟利之和，本質是無情的競爭，使人生活在物質痛苦之中。智生於爭，利智以求勝，相互激盪，雖有宗教傳其博愛之說，但在激烈的高度競爭之下，演成博而不愛，理外而利內，造成自然科學高度發達而人文滯後的人類窟境。遂有動物哲學的進化論出現，弱肉強食逼迫人與人之競相爭鬬，以動物範人，為資本主義營造尚爭的理論依據，尚爭促成其對權利的觀念強烈，以此西人比中國人民權思想發展得強而有力。

社會本來就是群體之複合體，事物關係環環相扣，雖然某個人觀念上以不妨礙他人，是善意的表現，但人的自由意志若妄顧與客觀現實之協調，則主觀的善意無法發揮客觀作用，那麼不妨礙他人，就可能變成妨礙他人，人們總是批評中國人缺乏自主性，其實並未了解中國人之真正特質。依我看來，我國人非但有自主性，甚且是過度自主，而造成社會組織不容易，素有一盤散沙之譏！正因過度自主所造成的社會現象。

中國人不崇尚群體，除了宗族團體之外，幾乎莫有其他社會組織、宗權、族權比起民權更被人們重視。因宗族權使人更近有安全感，故民權相應被所忽視，至近代受西化影響，始逐漸有所覺醒。現今黨皇黨帝思想治國，民眾更應提高民權之警覺，才可不被黨閥愚弄。我們指出國人不善社會組織，與傳統小農經濟結構和宗族庇蔭有密切關係，小農經濟幾乎人人自給自足，自力而不求人的性格，人與人之間極少有經濟利益上之聯繫，各守本分，各不相求，因此社會人際關係比較單純，不像現今工商業社會城市化，分子複雜，早已喪失宗族親親庇蔭，可是非宗族的社會組織卻依然不易產生，這是中國社會組織比較散漫之原因，民權不易發展之固滯。

上述的傳統社會思想，可稱之為農民社會思想，或農民文化，這自家打掃門前雪的農村文化，不能確定它完全是錯的，它本來就只有各家各戶之門庭，各自管理好自己，不妨礙他人，亦是盡了公民責任，如無非常之變，各自管理好自己，自無勞他人來幫你打掃。如一旦有非常之變，還是能發揮守望相助之精神，觀農村救失火之精神，群體並作就是一例。又如國家民族一旦有危難，以護族充之為護國，加上儒家春秋大義之精神，故中國人愛國即發自愛族的民族精神形成堅毅不可抗力量，為護國族而戰，充分發揮我民族之生命力，個體自主性的國人性格，或有阻滯民權之發展，特無礙於民族之生命力奮發，這卻與儒學講夷夏之防思想有直接之影響。愛國家是忠的共同觀念。

總結農莊文化一旦進入現代工商業社會，由於生產方式和社會實質的改變，其固有的生活方式，一下子改變不過來，不適應急劇之變化，衍生亂象而顯露其缺點，是當前民族所面臨的問題，正待改變亦必須改變的當代教育問題。

1 《古詩源》並見《群書治要》卷十一引〈帝王世紀〉。
2 《易・繫辭上》。
3 《孟子・滕文公》下篇。
4 《毛詩・周南序》。
5 《論語・述而》篇。
6 《禮記・大學》篇。
7 同上〈中庸〉篇。
8 《論語・學而》篇。

第三節 儒學中衰至清代而甚

環顧我國社會經濟結構與其發展之特色，觀其自唐以後，小農經濟日趨成熟，農莊社會呈現自給自足，耕織勞作為社會經濟主體，家庭乃至於村社合作互助，而經濟上皆各自獨立，無需依賴於大宗商品經濟之流通，因此，市場經濟少有發展空間，故不能發達。傳統社會如無戰爭動亂之牽動，則社會環境出奇的安靜，幾可千年不變其常態，雖或因改朝換代，飽經戰亂之後，社會村社在宗族之維持之下，亦能很快地恢復常態，而其結構亦基本不變。因是之故，人民但知有宗族之存在，而不重視村社宗族以外的社會團體組織，故我國傳統社會中，亦就幾無宗族以外的社會團體，影響所及，就連教育事業亦依賴於村社宗族為本位，缺乏有系統的公民教育體制，義田義學各自為政，學子們除了科舉之外，對社會對象關心被動，所謂「民生疾苦」等觀念，雖常懷胸中，卻少主動尋求解決的衝動。因此傳統中國人就只知有戰亂之苦，吏治之酷虐，而少去理會總因是政治之壓迫，故對政治缺乏應有的敏感度，自然無從累積政治經驗，故歷史上國人多避政治而遠之，給野心家及統治者極易操縱，是以近代中國自海禁開放以後，每與外國人在政治交手中，往往處於下風，尤其在外交權益上吃盡苦頭悶虧。

儒家一向重視教育，影響深遠，惟在歷史條件的限制下，教育無法達到普及的理想。故傳統社會中，能有機會接受教育的人仍佔極少數，絕大多數民眾，尤其農村人口因未能接受教育而造成文盲的大多數。而符合天道人事的倫理思想觀念，就只靠家庭和家族長者之口語傳授，如《周禮・夏官・訓方氏》之「傳道」，言簡而受者深刻牢記。由於文化低，由是思想亦較單純，容易接受家庭教育的效果，令儒家倫理思想在民間深入而穩固，成為民族思想的生命靈魂。然而由於口授之知識狹隘，僅有單純之認知，而缺乏較廣泛之知識，形成一種內向型的農民文化，樸厚、安和、堅韌而知足，勤農力穡，凡事唯求諸己，不向外他求。在這種農民文化的薰陶下，對所謂的權利與義務觀念模糊。只認知村社的守望相助，疾病相扶持之誠守，對於大社會的公共秩序缺乏認識，一旦接觸大社會，乃不知秩序為何物，惟自由心證，自行其是，主觀上仁義忠信人人信守，客觀上無視公共秩序之守則，遂與現代城市格不相入。樸實之忠，可成為堅強之愛國意志。但若不曉變通，不知忠乃責任之大共名，信由忠來、忠君、愛國、忠於家庭，忠於職業，忠於朋友、忠於愛情等等都是相對責任之實行。唯君是忠，是為愚忠，愚忠者，害忠也。

自漢儒服膺帝王專制的政治現實，無敢以原儒真理抗聲，儒道蔽沉，尤其對天命之有機可動性，偏執誤解。於是將天的自然法則視為神權的迷信，乃出現所謂：「屈君而伸天[1]」。俗儒主觀上的一廂情願，遂成誤導，致令先秦原儒的政治倫理相對論，一面倒為唯君權論。須知天觀念是被動的，只是存在的現象，無主動支配人事的能力，先儒確知這一事實，故有「天視自我民視，天聽自我民聽[2]」。「天聰明自我民聰明，天明畏自我民明威[3]」。「民之所欲，天必從之[4]」等天力，由虛逐漸發展藉民意來表現天意，遂轉化成具有實質的民主民權思想，故晏嬰主張國重於君，孟子主張民貴於君，荀子更明確提出人民的主體性，民為水，君為舟，君寄存於水上，人民有權擁立他，亦有權廢黜他的原始民主思想，卻不幸被「屈君而伸天」所顛覆，還復虛的存在現象。虛的存在現象無實質力量防止為君之胡作非為的。尊天與不尊天，必出於為君者個人意志，君利己則尊，不利己則棄而不尊，歷代王朝之所作所為，皆是寫照，君不但不因天而屈其志，天反被君所屈其明。而「屈民而伸君」則成為專制政治的有力理論依據，從此人民永遠受屈，而天命不得伸張。

因君與民，則是現實的利益關係，利於民必朘削於君，如春秋時代之朱文公以民利為己利者，歷史上並不多見。在專制王權時代，鮮有君民同利之事，君民同利固善，但在客觀上不可能！因人欲無窮，必滅天理[5]是社會人事無節制之定理，君在毫無制衡的情況下，必然極其人欲，絕對權力，必然屈民以滿足自己，帝王後宮曠女動輒萬人乃至於數萬人，以供帝王一人淫慾。有怨女必有曠夫，大傷天和，君何曾因天而少屈，其實是君不屈於天，而民必被君所屈的殘酷現實，庸儒之害理，孔、孟復起，必不許為同志。

董仲舒之獨尊儒術倡議，並非出於對儒學有真知灼見，僅出於公羊學派之私見，恰好迎合雄黠而具有超越秦始皇的專制野心之漢武帝，由於專制政治必需控制學術自由為先決條件，故董氏獨尊儒術倡議與武帝一拍即合。為達致君主專制，必消除最有價值的倫理相對論部分，保證其專制所必要的唯君權論。儒由是變質，學者不及深究，僅就史文表面陳述，而大力推崇，遂造成朱紫不分，陷儒學於偏枯晦暗，竟被淺人誤解為儒學不適現代民主制度，滔滔謬論，不絕其說。

我人前已指出，儒學之義理，乃最適合人類生活的人文要素，生化之天道觀，人文的歷史觀，致中和，執其中，為人與人合作，人與自然平衡發展之至理，人類文化不可或缺之生命線。因此，儒學本不必待政治力之獨尊，自然能成為中國文化思想之主流。歷史上儒學曾經遭受之橫逆與打擊，如秦始皇他在政治上奉行法家之治政，在文化教育上誤信李斯之言而推行歷史反動政策，企圖恢復學術在官府，使文化教育再由貴族壟斷，將孔子一生努力得來的學術開放，使平民有受教育機會。欲還復三代以前的唯一官學，剝奪平民受教育機會，焚燒民間書籍，把典冊收歸王宮冊府，禁私學、立七十博士以守其業，儼然學術在官府重現，令儒學的民間教育面臨窮極危機。然秦雖奉行法治，惟儒學仍盛，博士皆奉職《詩》《書》《易》等六經猶存未失，是以諸生皆「誦法孔子」，為法家李斯所疾，而主張焚書廢儒，有敢偶語《詩》《書》者要被殺頭[6]。

可見秦雖奉行法治，其初並未完全廢儒，在文化教育上猶然依儒學為主體。秦始皇初年，大儒荀子猶講學於蘭陵。後經五胡亂華，華夏文明深受胡風夷俗粗野汙染，出現人倫嚴重危機，尤有賴於儒學之救濟，人倫得以重拾正軌，保持儒學文明之主流於不失。南北朝佛教喧騰烜赫，與儒學爭主流，大有喧賓奪主之勢。但亦因其人文晦暗，人理鬼化之沉匿，終無法與儒學爭長，儒學因危而復安，及至滿州入主中華，深深忌諱夷夏之辨的《春秋》義理，不惜大舉焚書，凡講夷夏相關著作，必刻意搜尋，加意焚燒毀滅，務使其無遺於後世。而強迫漢人剃髮易服，企圖以夷俗變夏之常，所為有甚於秦之慘毒，然徒然其用心，終究變不了內在的精神意志之人文命脈。故不得不復利用已變質而適合專制的儒學軀殼，作為其統治工具。究孔子稱許管仲的夷夏之辨，其命意在於令低級文化向高級人文學習轉化，使其同享人文的高等生活方式，堅持文化不至墜落。雍正雖曾有利己之辯解作《大義覺迷錄》，雖或言之成理，但未能體會《春秋》大義，意在保護文化。不在乎種族，故有修文德，來遠人，促使落後文化入於德教之意，然而雍正並未改其異族忌刻之心，觀其殘酷誅連呂留良一案可見一斑。呂氏之私淑曾靜提出「華夷之分，大於君臣之倫」，仍存孔子稱道管仲之主人文原意。雍正悖逆常倫，強稱「君臣為五倫之首」，實違背儒家思想中先父子而後君臣之人倫極則，而強辭奪理。至於乾隆之猜忌尤其慘毒。計其慘烈不下於秦，有清一代屢次大興文字獄，殺戮大量無辜知識分子，與坑儒無異。又焚燒大量異己書籍亦如秦之焚書，又要爭儒學之正統，以利用其已變質的倫理軀殼，極其少數民族之權謀統治，既尊儒又毀儒，造成儒學的畸形發展，連續康、雍、乾三朝慘烈的文字獄，迫使讀書人不敢談義理，《春秋》大義避而遠之，雖有考據之小成，而民族文化之大生命為之窒息。言忠只准愚忠，連忠之本義乃責任之大共名，亦被狹化成忠君的唯君是忠，清儒積威約之漸而無敢抗言。近儒鄭觀應嘗指斥：「宋儒誤引《春秋》之義，謂君雖至不仁，臣必順受無貳[7]」。宋儒之誤，正被清代君主奉為圭臬者，經宋儒至清代儒學之弱化，修身的人格自養則有，遑論治國平天下之大用。故清代尊儒，是尊已僵化喪失靈魂變質之僵儒，非富於生命力之原儒。

清代選擇性的信奉儒學，存其糟粕而去其精華，令道器兩傷，儒學至此已僅存軀殼，先秦義理被掏空。尤其對漢族之歧視，使人才損折，凡氣節之士隱而不出，如顧炎武、黃宗羲、孫奇逢、傅山、李顒等皆退避山野，深藏以避虛假之薦舉。口頭宣稱滿漢一家，而實視漢人為仇敵為奴隸，禁止滿漢通婚，何一家之有？直至清末不改其固蔽。小我氏族自固，私心害眾，終釀成晚清人文、科學並衰敗。完全不理解《春秋》夷夏之辨之大義，志在觀文，不私種族，故有「遠人不服，修文德以來之，既來之則安之[8]」，安之者，固使其同化於華夏高等文化之生活方式，即孟子謂：「吾聞用夏變夷，未聞變於夷者也[9]」。清自入關，文化上早已化於華夏，禮儀一致，本可無別，然而猶挾其狹隘小我之異心，視漢人為敵而奴視之防閑之，終致傷害整個中華民族大我之共同利益，及其衰落，在外交軍事節節敗退，頻臨瓜分之際，滿州貴族大學士剛毅竟說出「寧與外人，勿與家奴」令人齒冷的詖淫邪僻之言。力窮惡極，謊謬透頂，無怪慈禧之上諭有「量中華之物力，結與國之歡心[10]」的賣國以求滿族之苟存的惡劣思想，分明視中華之物乃幸來之有，其竊國盜權之心虛，昭然若揭。

儒學在經此清王朝私心害眾，割裂偏奉，倫理變成全然僅為王家私利的絕對教條，義理枯癟，陵夷至於奇極。乾嘉之後，國勢日衰，雖虛文偽飾，猶不可復振，最終而助成辛亥革命之偉業，然而革命成功，積薪近火，西方列強虎視陳肉，謀瓜分我國盜心愈熾，乃助軍閥割據危局。英雄自利，喪心屈志，甘被外國利用。由是內戰不已，干戈擾攘，國無寧日，是故革命成功，而國勢事業飄搖板蕩，人心不集，儒既衰，人文幾於耗竭，真空無主，遂人慕西方文化暴掠之強，無或深思其弊，於是人崇西化自是，不惜揚棄傳統人文，去而不顧，甚乃自我醜化，詛咒謾罵，乃至有「漢字不滅，中國必亡。」叫人不讀中國書謬妄之言出現。刻傷尊嚴，人倫顛覆，民族之衰微自棄，亦幾甚矣！正所謂；「下陵上替，能無亂乎[11]」之景象。當此人文極度衰弱空虛之際，共黨乘機引入西方之馬、恩、列唯物思想，並藉五四運動為其發展基石，乃欲以此引來之西學，取代固有之傳統文化，強國人信奉唯物無人氣之枯學，泯滅故我，自作主流，敵視傳統為其病疽，必去之而後快，自卑自棄莫此為甚，遂有文化革命之過舉，耗費國力民氣，刻鵠類鶩，依今看來，馬、恩、列之鬼物，必不能盜取中國文化之主流，深恐畫虎不成，貽累自身文化良性發展。舉凡政治干預學術，徒致學術衰敗，文化崩頹，令禮義之邦，頓成無禮之國。又共產教人幸得之心，染不勞而獲之氣習，棄仁義忠信之質，強凌弱，眾暴寡，民風丕變，惡行横流，至今未復人文之正軌，亟須警醒以正風俗。

蓋苟存華族之心者，必有恥念。乃有鄧氏希賢復出，顧其平生經歷，高位踞權，反省既往之失，而有改革開放壯舉，藉中華民族傳統之智慧勤勞、奮發、節儉之氣質，促使經濟上獲重大發展，民生漸趨自足。國富矣，而民未強，人文未復，方今國人所到之處，了無秩序，致不受尊重，甚且極被輕蔑，足為慨歎痛心，正有待文化教育，使人文復歸於正。期繼鄧氏者，努力於教育大業，恢復我禮義之邦的人文舊觀，知禮而有恥心，世人自然歸心尊敬，繼漢唐嘉譽，經武興文，焚香以祝，用觀方來。

審儒學乃人類生活之共同要素，鑒其義理，乃天心人心自然結合。人同此心而心同此理，不需宗教而教自成，既無待於政治力之獨尊，而後始令成普遍之教育義理，蓋天心人心本來一致，人心存仁義之性，如勿外誘擾亂，則真性不失，是以年輕人往往富於同情心，道家稱之為赤子之心，孟子命之為惻隱之心。凡以政治暴烈脅迫，強改其自然存在的人文之愛，乃逆天悖理，使人性偏蕩而失。中華民族人文之能延續數千年而不間斷，期間雖有分合動亂，而不廢歷史之統一者，實有賴此人文生命力之維繫。《春秋》義理，尤能有效地發揮人文之主體功能，保護先進文化，吸納落後文化及種族之融入，以完成華夏為主體之文化體系，故能在歷史發展過程中不斷壯大，修文德，來遠人，再造完成更偉大的中華民族共同體，皇皇歷史，實乃舉世無雙之成就。恢宏天下觀之偉大懷抱，救西方人文之弊敗。

1 《春秋繁露・玉杯》篇。
2 《周書・泰誓》中。
3 《夏書・皋陶謨》。
4 《周書・泰誓》上。《左傳・襄公》三十一年。
5 見《禮記・樂記》說。
6 並見《史記・秦始皇・本紀》。
7 《盛世危言・原君》篇。
8 《論語・季氏》篇。
9 《孟子・滕文公》上篇。
10 《清德宗實錄》卷四七七。
11 《左傳・昭公》十八年。

第五章 儒學思想之現代價值

第一節 儒學之持續發展

先秦儒學的民主形而上學思想體系，具有可轉化成現代民主思想的內在因素，如孟子所指出的貴民輕君思想，丘民為主體的政治認識，都是現代民主思想之前因，歷史之事物是具備發展生命力的。按孟子的言論精神，質諸當代的民主意念，很明顯以人民為主體的政治思想相一致，其社稷之說，就是國家概念。國家是人民所組成的，「民為貴、社稷次之，君為輕[1]」。先民而後國，先國而後君。體現出儒家一貫的人本精神價值，「天地之性人為貴[2]」。有人而後有國，有國而後有君，其政治思想義理非常嚴整。君在國家人民之前，是從體而非主體。如荀子所說：「天之生民，非為君也，天之立君，以為民也[3]」。孟子發展了晏嬰的國家主義思想，而進一步把人民的主體性提出來，荀子承其學而加以更明確的發揮，「君者，舟也，庶人者，水也。水則載舟，水則覆舟[4]」。君只是寄存於民上，「丘民」即「庶人」就是現今所稱謂的普羅大眾，國家的主體是人民，君受命於天，天意在儒學的自然倫理法則中，天命之意，就是由民意轉化出來的民意。故為君者，須盡其職分為人民謀利，「天生民而樹之君，以利之也[5]」，才能在道德上取得人民之認同，所擁護的合法地位，所以說：「得於丘民為天子」，不得則人民有權廢黜之。「撫我則后（君）虐我則讎[6]」。凡獨夫民賊，民實之仇，則人民自然有權廢黜虐民之暴君，是人民合法之權利的義舉。是故湯放桀，武王伐紂，儒家極力讚其為義師，不以為是篡奪。桀、紂者，乃千古暴君之典型，虐民之君，滅之乃替天行道，就是代行民意。此乃儒學一貫之政治思想，明確的反專制思想。尤其孔子主張選賢與能，以天下為公，反對天下為家的一族專政。不惟反對專制。儒學更反對箝制言論，准許人民有輿情公論之必要，《國語．周語》早已指出：「防民之口，甚於防川，川壅而潰，傷人必多」。足見傳統儒學，早有尊重民意，主張言論自由之傾向。孟、荀二子發揚此優良傳統，而更突顯出人民之主體地位，不陷於君主專制之囚籠，使民主形而上學思想更具體活潑。

傳統既有的選舉人才，尤重視選賢與能的儒家思想。但賢與能是兩個不同概念，賢指的是道德人品的修養，能指的是一般事業的工作能力。然量才必先以道德品格為先，防其有才無德，私心害眾之弊，後始及其才力之考慮，最好是賢能兼備，成為歷史傳統之選舉定型理想要求。有才無德，往往不被徵選之列，如戰國時代，吳起之才能罕有其匹，因其德性有虧，雖是子夏學生，猶為儒者所擯棄。人品好的賢德之士，可能能力稍遜，未必有治功之成效，然信其無欺心害眾之事，卻尚能被尊重薦用，是故傳統之選舉人才，寧尊賢而不獨尚能，必求賢能兼備之人才固屬不易，亦寧缺無濫，如曹操之公然破格用才而不舉德，在我國歷史上僅見，此亂世不擇善之悲哀，不得已之舉措。是以先秦儒學早就存在的民主思想，始終只停留在形而上之道，未能有效落實如西方近現代的一人一票選舉形而下之器，令形而下的民主形式，成為中西價值爭論焦點。如何尊儒之道，用西方之器、是當代民主制度所必須慎思明辨問題。不容虛偽加庸俗的西方民主形式，將人類帶入缺乏德性的動物化深淵。再以資本主義弱肉強食，張揚獸性而抑制人性，兩者交相為用，人類歷史前景，甚足堪虞。

環顧西方近現代的所謂一人一票選舉形式，絕對無法做到選賢與能之兩相兼顧，只能棄賢尚能，令賢者隱而不見，在我國傳統文化中，被視為利口覆邦國之佞人，卻成為選舉之利器，固難以避免虛偽庸俗，成為選舉必備之條件。利口、偽飾、宣傳、包裝，足以欺蔽缺乏主見之選民，造成羊群效應，乃得票之法寶，故得票之多寡，皆未能顯現人民的善良願望，自無道德實質之可言，此西方文化近現代之帝國主義霸政暴興，而人文顯見衰落的必然歷史惡果。採取何種民主方式，才能真正達致以民為主的實質成效，是今日國人所面臨之抉擇，臺灣現今的西式民主，是被美國強權壓迫出來的，非出於自我的自然形成，審其非自身文化自然而然之產物。故弊政善政，必出於力之制衡與利誘之所向，缺乏道德內涵，故無從達致政者、正也，正是非，辨黑白之義理，是無堯、舜之帥，人不知所止，而從桀、紂之行矣！

尋譯儒學思想中，主張君以利民為職，民選有道賢君，領導與被領者，期於同心一德，以造大同的理想社會，故必得於丘民之擁護始可為天子，君從於民，是以民之所欲，君必從之的義理非常明確。若換成今天的語言表達，就是人民有權選舉領導及罷黜領導者君的權利，民養君是勞心者之權利，君利民是君之義務，然君舟民水，君是從體，民才是主體，漢代變儒「屈民而伸君」，始將此主從顛倒以助成君主專制政治，大大違背原儒的政治理想，令民主形而上學思想再無發展餘地，民主芽蘖為之夭折。

蓋先秦儒學富有民主思想元素，只是因有道德的崇高要求，而未能設計出一套具體的選舉辦法，可謂既有此心，而未得其法以施為，這當然還須考慮到的歷史上時間和條件，有其所受客觀環境的限制，惟有此心，即肇開我國民權之先河。明末黃宗羲鞭撻君主專制之流毒，以及法國人盧梭的《民約論》一書所提出之「天賦人權」學說，西方文史學家之持論，亦多認為它是受耶穌會傳教士譯自中國孟子思想所影響，足見儒家的政治哲學智慧，早已惠及全人類，開民權思想之先河，孫中山先生繼承而發揚之。是以說儒學確實具有現代意義，焉可視之為不適應當代民主政治之反動？只能說近百餘年來因民族之衰頹，備受帝國主義侵略欺凌，民族自尊心慘受蹂躪，尤其知識分子喪失自信心，已無勇氣站在自己民族文化基礎上考察問題。反而站在西方文明立場上，不論是對西學有真知灼見、或僅一知半解，都以攻詆自己民族文化為能事，激越之情，莫甚於五四運動人物，乃有所謂「禮教食人」，非毀儒學淫辭偏詖等極力自我醜詆毀斥，使傳統文化幾於中絕。於是各種西方學說，即成為學習模仿對象，的確熱鬧非凡，然而對於自身文化是否皆屬負面，已極少願去作全面之考察與檢討。時復有疑古權威一派，研究古史尚以挖舊史瘡疤為能事，然而方今考古出土的原始資料，卻以證疑史者之說多不盡是，是時不惟山河破碎，文化更是飄零凋落，民族之不幸，卻是行險僥倖者，假以「打倒孔家店」

以鼓動潮流，狂熱之情，壓倒了理性思辨。五四運動之狂熱，最終會集於毛澤東個人身上，而以文化大革命之過舉作終結，是歷史一段不可不記的大事。環顧此百年來我國現代思想之變革，究其並未真正救前清學術思想之積弊，而民族之所謂醒覺，亦並未能恢宏固有之氣魄，惟見其徘徊於中西十字路口之間，而幸進者卻甘為西方文化之附庸，養成奴婢思想，惟西化之馬首是瞻，此民族文化未能自立新生之逆境，實醒而未覺，故發揚固有之民權和民主思想精神，乃無著力處。

吸收西方文明之長處以恢宏舊物，此乃我中華文化一貫不排斥外來文化的優良傳統。然而在歷史發展過程當中，皆能堅定地不失自我的基礎。吸收外來的良好文化成分作為中華之營養，從未失立場，可是自清末民初以來，有以全盤西化為號召嘗佔優勢，以摧毀數千年發展下來的固有文化為目的，幾欲斬根絕苗而後快。竟有主張讀書只讀西洋書，不要讀中國書。以及說二千年中國文學都是死的文學。邪僻淫辭不一而足！

儒學思想首當其衝，成為非理性眾矢之的，為之人文衰滯，歷史文化生命不絕如縷，危將不繼，於是馬克思唯物主義因利乘便而亂中國，正是此全盤化之結果，當今臺灣之有臺獨主張，其甚囂而塵上者，同樣是因西化之疏離，缺乏對傳統文化認同之病源。

當今言西化之徹底，無如共產黨之徹底，經過此數十年慘痛之實驗，最終難免自失所依據，而不得不悔禍歸原，重拾舊物，從新回歸傳統文化之生命原力，始得有今日之經濟成就，民生有望，而美其名曰：「建設有中國特式的社會主義」。中國式的社會主義思想，早在二千多年前已由孔子提出，大同之設計，乃公平正義之良好社會制度大願景，實遠優於馬克思因反資本主義之掠奪，而換為一種盜拓式之掠奪，毛澤東又以梁山泊式替天行道修正馬克思，教民以幸得之心，行不勞而獲之欲，鼓動知識貧乏之貧民暴動式之革命熱情，以貪得之情，掩蓋了理性之欲，人心為之大變，一切仁義忠信孝悌，如投諸東海，逐洶波而無存，及其以狂熱急亟求功之情推行人民公社，人民以幸得之心，不勞而獲之欲，虛應其制，徒使大量勞動力浪費，公共財產因缺乏大眾之真心愛護，造成重大損耗，遂釀成六十年代之大災難。鄧氏久經磨難，三落三起，允其智慧，固深知馬、恩、列思想，終無裨於中國，非復我本真，不足以自救，遂毅然有改革開放之壯舉，實際上已揚棄馬、恩、列、毛，而未敢公開明言，期以維繫其共產黨之生存命脈，以「建設有中國特色的社會主」為倡。蓋中國特色社會主義者，其實就是還歸大同之義理，孫中山先生之民生主義，至此民族民生，初步告成，惟民權一項尚缺，民權之推行比較複雜，惟若存此心，循之奮鬥，終可達成，具有中國特色之民主憲政有望，則鄧氏之歷史功績，自非毛氏可與比高。誠其悔禍歸原之坦途，俾民族有再生之機運。

其實我國歷史上，確實具有深厚的社會主義思想傳統。《易・謙卦・象辭》曰：「君子以裒多益寡，稱物平施。」《論語・季氏》篇說：「不患寡而患不均，不患貧而患不安。」《史記・貨殖列傳》說：「巧者有餘，拙者不足。」等的主要經濟思想，都具有深厚的大同社會主義思想傾向，但非掠奪式的共產主義，而是強調經濟必須公平分配，使勞者得其合理之私的公平以利民生的主張，惟教以自濟，男有分女有歸，使人無失業之苦。尤其歷史上各朝政府政，皆積極打擊土地併兼，平仰商賈之挾資壟斷，深具反資本主義傾向。以上列舉種種，都是儒學堅強的現代價值。其實反儒者，多不真知儒。曾經數千年之發展，帶領我民族皇皇之光輝成就，早已成為中國人之生命共同體之維生素，豈容打倒，亦是打不倒的。打倒儒學，等於民族的自我毀滅。

1 《孟子·盡心》下篇。
2 《孝經·聖治章》。
3 《荀子·大略》篇。
4 同上〈王制〉篇。
5 《左傳·文公》十三年。
6 《周書·泰誓》下篇。

第二節　儒學復興之機運

當代西式民主政治之構成，乃由民選代議士來組成政權機制，意在結合全民意志，以管治全民事務，謂之政治，政者，正也，以糾正個人之行為偏差，造成傷害公眾共同利益。於是由全體代議士立法作為全體國民的行為準則，政府機關依法行政，是謂憲法，消除獨斷專制之弊。然法立弊生，權滋長人之貪欲，如缺乏道德之內制，單靠外在之法律阻赫，仍難以防止代議士挾民意以圖自利、以權圖利，貪污最大者出自權與商之交結，至此人民意志被邊緣化，無力阻止一切貪污舞弊之產生。蓋人民之熱情，乃多激於一時之氣勢，難以持久，民情冷卻，即易被操縱，結果是民意代表成為唯一主宰力量，民意遭騎劫挾從，主從顛倒，原自以為主者，反主為客終被播弄，是以民意代表者，肆意挾民意以奸利。民意苟簡，意想天真，每自以一次選不好，可以下次再選，期於選出好人，但如無道德之基石，必每下愈況，且易人感於權威，以其既成之認識，令某些民代屢選屢中，形成新式豪門，變相世襲。蓋挾其長久坐擁權力，積威之餘，人襲其非，加以其善於嘩眾取寵，商業包裝，偽飾宣傳，使人真偽淆亂。俗語嘗說：「人民的眼睛是雪亮的」，其實則是人民的眼睛固然雪亮，卻極易被偽裝所蒙蔽。弊政善政皆唯力與利誘所生，人民極難由理性判斷選擇。民選政府固然能因眾力之相制衡，極大程度上不會產生專制獨裁之弊，但如野心家當選掌權，亦可能產生專橫獨斷，如德國之希特勒，義大利之墨索里尼等梟雄者之流，亦能造成極大禍害。而議會勢力之互相牽制，使良好政策因利益集團之阻撓而無法施展，妨礙社會進步，尤其假民主之名，人無從公服義之心，社會道德教養，易被佞人歪曲，加上資本主義之過度競爭，足以抑制人性仁義之質發展上升，令人性日益淪落，野性日益張揚，此乃人類所面臨最大危機，甚於任何大殺傷力武器。審專制政治已被歷史所拋棄，而今之民主政治猶利弊兩存，如何興利除弊，尚有待於人道德之明智抉擇。「智崇禮卑」尚待折中於仁義，仁義闡明，尤有待於「明德」之教養。乃民主者，無過於人人皆得其合理之私，則互相尊重，而不相侵害，此民主之極則。

蓋當代所要求的民主政治之實質，一言以蔽之，即結合全體國民的意志，來主導政府之施政，否定歷史已經過去的個人，或極少數人意志來主導政治運作之專制形式。是以有代議之制度集合民意，所有代議士皆由選民選出，然後代議士以民意為基礎，組成國會，擁有立法權，和行使對司法、行政之監察與督導以代行民權，俾達致真正的人民作主，而非個人或屬於少數人的黨團作人民之主，此即民主政治之本質。民主政治之所以出現，是人類長期所追求公平正義歷史必然之路。

由是觀之，民主政治之可貴，即在於所有政府部門之存在，皆是代行民權之機構，既非權力產生之機關，只是為民服務之職責，不容假吏權作為威福以凌民。而民權之具體精神，由最高之憲法體現，故憲法為官民所必同遵之最高準則，所有法條，必依憲制所行使之，任何不遵憲制之客觀準繩，而肆意行使吏權者，都屬違反憲制，干犯法紀，故憲法者，乃官民所同守。民主政治並不表示，可行使絕對的個人意志，而是人人互相尊重，如言論自由之有對待，人無絕對之自由，只有人與人；相對自由，言民主必先尊重他人自主，此顯示出儒家中道思想之真理，高度所不容忽視的現代價值，民主出於互相尊重，自由不得侵犯他人，「己所不欲，勿施於人[1]」是民主自由之準繩。尤須認識，己之所欲，亦必尊重他人之所欲，不強佔、不掠奪，使社會不造成「巧者有餘，拙者不足[2]」。公平合理，俾人人有合理的生存空間，為民主社會所追求之精義。

為此民主憲政不惟伸張公權，同時憲政保護全民之私權，憲法為眾法之母體，司法所依歸。而私權者，不單指既得利益者之所有權，猶須保護全體人民之生存權，因人民賦予憲法有「裒多益寡，稱物平施[3]」之權力，表達公平正義的民主內涵。保證社會均富制度之實施，免於階級之壟斷。由是觀之，儒學的形而上民主思想，仍然具有現實的指導意義，道德之內在自律，有助於外在的刑法他律，主動成善而非單被動於法制，不可因西學而抹煞傳統的價值體系。中國人的最高政治理想是：在於務使人人有其應有的生存空間不能剝奪，體仁的最高價值仁政，強不凌弱，眾不暴寡，故主張天道助弱，絕對否定弱肉強食的非人性的野獸式淘汰。此中西文化之異質實況。

弱肉強食，適者生存，僅是資本主義先天之悖謬，並不適合人類共存共榮的理性原則。資本主義為了追求利潤，而盲目促進生產力，迫使無休止之過度競爭，抑制人性溫良恭儉讓的正面發展，令仁義之性被抑壓於萌蘗之中，無從茁壯。教人為了自身利益，即可不擇手段，商業之廣告與行銷，就是其典型之表現，使人性所具之仁義之質為之消亡，此人類當今所面臨人所以為人之危逼，蓋資本主義所持論者，切中人性之惡，而淩滅人性之善，此而不悟，即一切宗教之苦口婆心，皆不足以救世人之沉淪，苦海成常，天堂無望，人道淪喪，人倫失序，何能承當「惟人萬物之靈[4]」稱謂。揚仁義、正明德、保人道，唯儒學適當此任。

現代之憲法，乃一國全民行為之共同準則，守法與古人守禮意義相同，惟時異質變，古今之內容及形式可以不同，若不死執教條，則古自有可通今之義。「禮經國家，定社稷，序人民

[5]」故為「天地之序[6]」，與現代之憲法用意並無兩樣。政府在憲制的監督下，行使人民之意志，公務人員守法亦須守禮，不容無禮濫法以干擾人民，法成其務，禮尊憲制，執法無偏，體現公權力之威信。是則官無侮民之弊，民崇公權力之信，禮法無缺，以護人民權利與義務之責分，《易》曰：「利者義之和[7]」，義利和而天下平，是民主社會所追求的共同願望。舊不滯新，新不遺舊，古今相通，永續人文之生命長河，是儒學治國平天下，止於至善之最高理想，人類歷史必然之歸宿。

由上理以推之，則所有公務人員，政府機關，乃代行民權之單位，故公務人員屬社會產業人口之一種，且屬社會最大之服務機構，無專行威福之餘地。公務人員之薪資，乃來自人民之稅金，人民是真正的僱主，故公務員其職司是為人民服務。憲政的最高職務是總統，都是人民所奉養之一員，孟子早已指之為「畜君（見第一章第一節釋）」。人民所奉養的領導者，為人民創造正義公平的社會環境，是人間正道。依此，民權之與特權，職權之與濫權皆由禮憲為之定義，是故法治是民主政治必備之工具，人於不得已而用之，禮治者，只有求諸人之素質，其立志高，其用意美，惟必先求人民素質，紜紜眾生之社會，法治如無良好公民教養，亦無從施其良法。禮法一體，皆維繫社會公義之物，其操之不同，蓋法者以力制暴之工具，禮者仁義心導之從善，但在於社會達致「貨惡其棄於地也，不必藏於己，力惡其不出於身也，不必為己[8]」之前，只能「導之以政（正也），齊之以刑。」而用法的最高原則，仍必歸於道德之教養為歸宿，則「導之以德，齊之以禮[9]」。自有可期之望，人不可自暴，更不可自棄。

回溯先秦儒學之民主形而上思想，它所以未能獲得應有的發展轉化，乃由於秦漢以下專制帝王思想之高漲，儒學被嚴重扭曲，凌夷至於有君權而無立法，帝王的意志就是法律之荒誕。故自漢代以後二千多年來的政治生態，毫無疑問，僅僅是行使帝王個人以及承帝王官僚系統中，當權者之意志，禮法被帝王所盜，無能發揮作用，民意被所吞沒，帝王個人支配一切，形成王權就是法，無公平法治之可言。而儒學之禮制，完全被帝王家所篡奪，無禮無法，造成中國政治史的畸形發展，除最高王權之極度專制外，派生於地方吏治之汙濁，歷史上官貪吏奸，挾掠百姓，殘害公義，人民受盡無限苦楚。無律法的公平待遇，無法制又無禮防，固無從導正刑律，造就徹頭徹尾之吏權至上，故俗諺有云：「三年瘦如縣，十萬白花銀」「衙門八字開，有理無錢莫進來」的苦痛民謠。如此迫使儒學民主形而上思想，無可伸生之土壤。

必須承認的是，先秦儒學所具有的民主形而上學思想，與現在所具備的民主憲政體制比較，它僅是萌芽階段，歷史發展並未具備達到具體的民主完善程度，但不論多少歷史原因，只要能夠認識我國傳統思想中，確實早就存在有民主思想，則精義在前，不自棄勿錯誤認識我國本無民主思想之謬妄。必可回歸我民族歷史發展之常軌，追求自身民主發展之道路，參考西法，而不是乞靈西法，免於陷入西式之虛偽與庸俗的商業式選舉套式，缺乏道德基礎之詭蔽。鑄我中華之民主偉業，可有望於將來。

誠如上面指出，漢代以政治干預學術，逼使儒學喪失其正常發展空間。所謂獨尊儒術，雖然強給儒學不必要的政治地位，卻篡奪了儒學最有價值的思想內容，而顛倒相對倫理成專制的絕對倫理，為了專制政治需要，強調「屈民而伸君」的錯誤思想，乃假借儒學之名，而抽空儒學最有價值的民主、民權形而上學的思想成分，將原有倫理相對論、扭曲而絕對化，禮義化為唯君之忠，令忠的涵義狹化，而禮樂變成帝王之統治工具，實際上，獨尊儒術，並不是為了發展儒學的人文思想主體精神價值，主觀上完全是為了配合帝王專制私心之需要。古今同理，凡欲行使專制獨裁政治者，首先必控制學術，學術受控，則言論自由閉塞，杜絕大眾輿論，塞人民悠悠之口，如是專制統治者自可肆行無忌，遂其私心之欲。現今共產黨人，強迫人民信奉其偏枯無人氣的所謂唯物思想，師法古人，迹其用心，如出一轍。學術既被專制政治所壟斷，經生碌碌於利祿之途，再無敢重提先秦原儒學的主體思想精神，名教變成絕對保護專制王權利器，讀書人為保名位，更怕安全受威脅，無復提民主、民權儒學既有思想以干王禁，有如眭弘、鮑宣、谷永之氣概者，非被殺頭，或被廢黜，俾專制獨裁政治發揮得淋漓盡致。尤其是董仲舒「屈民而伸君」的唯君權錯誤思想，被專制君主奉為圭臬，助長了二千多年來，專制者之氣焰，徹底摧毀掉先秦原儒民主形而上思想，董氏之儒，愚儒也。儒學之凋零萎謝，漢武帝、董仲舒之罪，浮於王、何矣！

1 《論語·顏淵》篇。
2 《史記·貨殖傳》。
3 《周易·謙卦·象辭》。
4 《周書·泰誓》上篇。

5 《左傳·隱公》十一年。
6 《禮記·樂記》。
7 《周易·乾文言》。
8 《禮記·禮運》大同章。
9 《論語·為政》篇。

第六章　辟漢儒之詭變

第一節　悲漢儒之失志

依據歷史發展的一般規律，人文思想隨著歷史發展必然提升而有所轉化，其機甚微，而生息在茲，審前哲之用心，天下為公之大道，無非為萬代開太平而設想。大道既存，弘之與否，在乎繼志者之智慧心力，和時代背景之逆順所影響，則其質變因是異趣。推董仲舒之思想，固不無聖哲之用心，如其《本傳》中所提出的「正其義不謀其利，明其道不計其功。」雖表面上似存儒學所固有之正大思想，唯於類告子之不動心，終落入老莊虛無之境，究董氏之智慧，未足以宏揚儒學全體精義之大用，僅侷限於公羊一派之學說，而因緣附會，淪入黃老、申、韓、陰陽怪迂之術，著成其《春秋繁露》一書，遠悖儒學思想之理致，不能全儒學之義理精神。又適逢雄黠而專制之漢武帝，緣於漢初學派之分歧，冀以公羊一派壟斷學術，乃提倡獨尊儒術，為此後儒學逐漸變質為帝王思想之作俑者。至若蹤跡《春秋繁露》一書，引黃老、陰陽、申、韓之術以入充儒學，遂使儒學一變而為專制帝王之學，劉向以是稱「董仲舒有王佐之材」，惟其子劉歆不以為然，而論董氏「未及游、夏[1]」，誠是公論。

蓋董氏雜揉黃老、陰陽、申、韓之法、術、勢以成說，遠遠地背離了儒學的基本精神，用法、術、黃老之陰謀，雜揉陰陽怪迂之說，罔顧儒學人文至理的倫理相對責任理論，而變換成「屈民而伸君」的絕對的唯君權論，成為純粹的專制帝王思想的理論依據，奉行其陰謀權術，陰陽怪迂之學問，完全違背儒學誠正之本質。其所謂：「明主視於冥冥，聽於無聲，……不示臣下以知至也。故道同則不能相先，情同則不能相使，此教也。由此觀之，未有去人君之權能制其勢也。[2]」至此儒學所追求之君臣股肱一體，真誠相待的理想精神，被換成陰謀的權術控制，背儒之遠，由此可見。又曰：「人主者，法天之行，是故內深藏所以為神，外博觀所以為明也[3]」，天在儒學思想中，是誠明正大之象徵，至董氏手上，變成深藏的神秘偽裝，審之董氏學問思想，其實未足以體會儒學之體用。最終走向「屈民而伸君」的背儒道路，而又自覺不妥，乃以其庸俗的天人感應說，補上「屈君而伸天[4]」的虛妄之說，君是實質專制自利之本體，決不會受屈於擬議之天，人民則必然受屈於專制獨裁，伸天反成為君主神權之無限伸張，人民卻嚴嚴實實地受屈於專制帝王。尤其他的天人感應的認識，更是不知天而悖儒之天道觀思想。夷考周代人文，乃天祖合一，天是人之初祖，生命之本源，后稷天生，為周之初祖，是天人合一的思想源頭，人祖自然愛其子孫，故念念輔之，是直接之天人關係，無需感應之說。故天意即是民意，天心即是民心，是以「民之所欲，天必從之。」乃無間隔之天人關係。尤其董氏對天之理解，所謂：「大道之源出於天，天不變道亦不變[5]」，所見顯見膚淺而庸俗至極。

究之儒家哲學思想中，天與道是兩個不同的概念，道是永恆真理，人性之本源，眾理之所出；天是自然規律，不斷變化之運動，生聚死散，皆循自然而化生，《易》曰：「變動不居」以孳生萬物，有時因其力之幽深玄妙，故崇其名謂之為「神」。或稱「帝」，天之所成為命，但天命是可以變易的，湯、武革命，天革無道，故謂「天命革之[6]」，「天命誅之[7]」天革誅無道，就是天命之變，今人謂之「變天」，何謂天不變？天奉道以變時。敦人倫而罰有罪是儒者所推崇之正理。《易．乾卦》之〈彖辭〉曰：「大哉乾元，萬物資始，乃統天」，乾元者，天地至精至純之理，純粹之道，統天生物，生之長之，不離乎此理，故曰：「雲行兩施，品物流形。」流者動而變，變而化生萬物，形者資而長。陰陽、晝夜、四時運行，寒暑代遷，皆秉此乾元之理而變，故曰：「乾道變化，各正性命。」乾道之理，御天成物，人本之成善成仁，謂之人道，仁義永恆不可變，故曰：「天行健，君子自強不息。」此宋明理學之所本。行健即天承受乾元之理而行，健順之則聚而生，違逆之則散而死，生死聚散，循環不息，乃生命終始運動之道，天承理而變，故又曰：「變化不居，周留六虛[8]」六虛在易象，是六爻位之變動，依義理是上下四方，萬物聚散於宇宙之間，如今天文學所能知曉者，宇宙之太空中，星球之生聚、爆散，其理正是如此。古聖哲之見解，確與自然之天律吻合。此儒學天道觀，生化論顛撲不破之至理，董仲舒不明是理，乃囫圇吞棗顛倒而混為一談。是以劉歆不許之為賢哲。

案董氏天人感應說之天即是君，乃君天合一，天是君的代名詞，而非普通人與天之關係。在其《春秋繁露．王道通三》一篇之中，完全顯露出他這一唯君權論的核心思想，此一極端專制論說，并散見於其他各篇之中。〈王道通三〉說：「三畫而連其中，謂之王，參畫者，天地人也，而連中者，通其道也。取天地與人之中以為貫而參通之，非王者孰能當是。……人主立於生殺之位，與天共持變化之勢，物莫不應天化。……天地人主一也，然則人主之好惡喜怒，乃天之暖清寒暑也，不可不審其處而出也。」如此假藉天的自然規律來作為帝王專制的論據，完全不認識天是存在有必然規律，道心惟常，君心隨其所利而變，尤其歷來當權者鮮遵真理守則，故天之尊與不尊，視人君之所利欲而動，天是常理，人有權變。全然不理解儒學天心即民意的真理意涵。故其所謂：「屈君而伸天」，只是一廂情願，終徒勞其說。天的存在僅是現象，所有專制君主，必不甘屈其私欲，屈其私欲，則不成專制，故在君主既得利益私心支配下，天必不能伸，君亦決不會受屈，「屈君而伸天」只是一席談空，而「屈民而伸君」卻百分百成為專制君主的理論依據。此或為董氏智料所不及，於是其思想最終必然變成唯君權論之鼓吹，則董氏之儒，一變為披儒學之外衣，而黃老、申、韓其實，加以他擅長附會的陰陽怪迂之術，附會「《春秋》災異之變，推陰陽所錯行，故求雨閉諸陽，縱諸陰，止雨反是[9]」。明顯違反孔子不語怪、力、亂、神之儒學大旨。董氏非惟死讀《春秋》，而更是讀死《春秋》，乃亂經之首，遂開緯學雜說之先河，無怪乎其弟子呂步舒評他為「大愚」。

司馬遷曾聞董仲舒之《春秋》學說，惟不受其迂曲誕妄所影響，達王事，正治道，修人倫，辨綱紀，修正和淨化董氏陰陽怪迂之說，直通孔子《春秋》大義，故敘《春秋》疏通明達，大義凜然，貶天子，退諸侯，討大夫，上明三王之道，下辨人事之紀，別嫌疑，明是非，賢賢賤不肖，補敝起廢，以達人事[10]，完全擺脫董氏以陰陽災異附會《春秋》的迂曲怪誕妄說，直以人事明大義，唯司馬遷得《春秋》之正學，遷真有漢一代之通儒，發揚孔子不語怪、力、亂、神之正道，儒者之正宗。觀其學乃繼孔子《春秋》修舊起廢，明是非之得失，雖略失《春秋》之嚴整。但其史文宏富，承繼《春秋》而尊為儒學之大宗，不失儒者本色。

先秦原儒學經漢代之質變，自此儒徒存其形式，大義被抽空，倫理遭曲解，經學已找不到先秦原儒之氣息，讀書人周旋於帝王權威與利祿之間，不由自主。儒學民主、民權的啟蒙思想，被帝王思想強力扼殺於胚胎之中，無從獲得健康發展。二千多年來的所謂「名教」完全是帝王思想之工具，帝王私利，凌駕一切，人民之受屈，天何處伸之，如黃宗羲所說：「敲剝天下之骨髓，離散天下之子女，以奉我（帝王）一人之淫樂[11]」，「屈民而伸君」絕儒學之命脈，中國思想史之遺毒，亦已深矣，人何不辨而妄尊董氏為純儒乎？歷史昭然。又當今以反儒學而主西化者，寧不慎思哉。

歷史之發展，思想隨時之流變，因時之先後而順逆不同，真理唯一。審西學主觀上所標榜之民主，或亦往往成為強者所操控之資，難免流於虛偽加庸俗之鄙願，昔者帝王假借天命以壓制民命，今則假借民意以欺蔽民智，迹其用心，虛偽一致。其所圖者亦無非出自一己之私心私利。以我謇謇之民，猶何能避免權欺譎詐之蒙蔽，毀儒之甚，復當反思此權欺譎詐之西式民主，人民難以真正當家作主，依理應當追求民主之更高尚品質，索之亦惟有儒學德性之知，致中和之正氣，能救此流弊。根本不立，而捃摭他人之餘唾，欲藉以為資，終餘唾耳，誠恐「邯鄲學步，未得國能，又失其故行矣[12]」。

我國政治之所以昏濁多而清明少，其沉痾之源固在於吏權之侵官，依今猶然。蓋人治非全無可取之處，事之成敗必繫諸於人。惟人治之要件，在於求諸人之道德品格，有堯、舜這樣的聖人，敦仁崇義，教明德，致天下為公，固不患吏治之不清，如無聖人之用心，則挾權行私，權孳罪惡，人治變成權治，貽害無窮。中國自秦漢以下二千多年的政治生態，冒聖人之名，而實行君主專制獨裁之實，故自古有禮法，而禮法被帝王所盜，禮法之敦和純美，並未能真正施諸於民，以保護人民權益。而今有民意之說，更須慎防民意被奸邪所盜，假民意以妨民之害。總結歷史經驗，事實告訴人們，二千多年來實行無聖人用心之人治政治，人治其實就是權治，權治缺乏法制標準，造成政治運作過程當中，只有突顯「屈民而伸君」的帝王個人的意志之權力功能，君不屈於天，禮法被統治者所踞，缺乏客觀的禮法制衡，意志出自帝王個人之好惡，官僚吏權承是而作威福於民，吏治之難以澄清，即因無客觀法律足以約束官吏，官吏一樣任意行使個人意志，故人民從來就未獲得禮法之公平待遇，因是之故，養成人民對政治之慣性恐懼，因恐懼而規避，積漸之威，遂由規避而演變成冷感，是故法治失人性，人治缺乏客觀性，權治無理性，則治制不全善，折中於禮，則法制人情兩不失依據，惟儒經《大學》明德之教，足以全之，人明合理之所得，致中和之所得，使人不貪求，不幸得，人人得其合理之私之所應得，則人心正而天下太平，因正其義而謀其利，明其道以致其功。能明得之正，以合理之勞動，取得合理之報酬。計功何害？謀利何害？

董仲舒「屈民而伸君」說出，迎合專制君主之需要，卻大大地違反儒學之主體思想，從此禮法被帝王所篡奪，無從公平行使於民，禮法實際上已完全變成統治者之麵塑，任由揑造方圓，成為統治集團最有效箝制人民之工具，效用惟統治者之利益為依歸。「三綱五常」之說非出自儒學思想之原理，實出自漢儒錯誤歸納先秦儒學倫理思想，而附加提出之妄說。稽諸先秦儒學經典，並無此種將倫理絕對化之主張，絕對化的主張，實違反原儒倫理相對負責任的相對論思想大原則。蓋凡事務皆有綱領，是正常的思想理路，倫理之有綱領，並無不可。只是原儒的綱領是：父義、母慈、兄友、弟恭、子孝的相對責任綱領，是為五常之定理。原無一面倒的說法，綱領式的提法，是古人常見對於極重要事物之指說。如《夏書・大禹謨》有：「正德、利用、原生」謂之三事，與水、火、金、木、土加穀六種民生經濟物資，合稱之為「六府三事。」是政治經濟三大理論綱領，六大物資之要論。《禮記・大學》篇亦有教育三大綱領，「明德、親民、止於至善。」諸如此類之說，緯學鄙儒受此影響而附益提出「君為臣綱、父為子綱、夫為妻綱。」遂陷沒相對論而成為絕對教條，乃陷儒學於昏昧之境地。違反先秦原儒的相對論原理，墜儒學於泥淖，給後世所誤解譏彈之柄。

至於五常之義，先秦原儒有兩種指說，一、是指人倫關係之大要，始見於《虞書・堯典》之「慎徽五典」，或稱「五品」，〈皐陶謨〉謂為「五典五惇」。五典是上古時代倫理之大法，人倫教育之條貫，倫理教育之次第條理，華夏民族人文之核心價值。《左傳・文公》十八年引〈堯典〉文，並釋之曰：「使布五教於四方，父義、母慈、兄友、弟恭、子孝、內平外成。」此乃儒學教育之本義，《孟子・滕文公》上篇本此，而進一步加以補充解釋曰：「父子有親，君臣有義，夫婦有別，長幼有敘，朋友有信。」明確人倫關係之五種常理，故謂之為五常之教。一、是指物質之元素，即民生日用之需的最主要基本生活資料。故或稱之為「五行」，最早見諸《夏書・甘誓》曰：「有扈氏威侮五行，怠棄三正。」為討伐有扈氏失德害民之誓辭。五行即水、火、金、木、土五種物理元素。五行和穀合稱六府，與正德、利用、厚生并稱「六府三事」。乃夏代政治經濟之治國方略，故〈大禹謨〉和〈甘誓〉皆鄭重地提出。六府之府字，義為倉廩儲藏之意，《周禮・天官・宰夫》：「掌治法以考百官，府藏群都縣鄙之治，乘其財用之出入，凡失財物，辟名者，以官刑詔冢宰而誅之，其足用長財善物者、賞之。」《地官・遺人》：「掌邦之委積，以待施惠，鄉里之委積，以恤民之艱阨；門關之委積，以養老孤；郊里之委積，以待賓客；野鄙之委積，以待羇旅；縣都之委積，以待凶荒。」鄭注云：「委積者，廩人倉人計九穀之數，足國用，以其餘共之，所謂餘用法也，……少曰委，多曰積。」乃後世官倉義倉之所本。《說文》曰：「府、文書藏也。」皆儲藏以備用之意。尤其倉儲乃民生急時之要。是以古人將重倉儲之備，《禮記・王制》曰：「冢宰制國用，……國無九年之蓄曰不足，無六年之蓄曰急，無三年之蓄曰國非其國也。三年耕，必有一年之食（儲備），九年耕，必有三年之食。」重儲備以防民生之匱乏，凡民生日用之需，缺則生亂，此乃安定國家之要務，故〈大禹謨〉曰：「正德（得）、利用（作有效益的資源運用）、厚生（以滿足人民的生活需求）、惟和（安定）。」政不苛虐，勞役不繁，賦稅公平，民生安定自然擁護政府，是政府合理之得，謂之「正德」，有效運用物資，令生活資源不被浪費公平分配，人民自然能過好的生活條件，如此社會安定和諧，不發生人民所不樂見的動亂「惟和」。故曰：「德（得）惟善政，政在養民，水、火、金、木、土、穀惟修[13]。」六府三事理正有敘，謂之九功，自然受人民讚頌歌樂之事功。這樣的成就，仍然勸戒當政者不得自傲，要管理好權力之使用，不僭不濫，俾人民有長治之安之望。當特別地提出，此乃我國最早的政治經濟學思想理論，歷來經解者皆不著邊際。〈甘誓〉所指的「五行三正」內容與〈大禹謨〉完全一致，就是明確指出有扈氏莫有管理好經濟上的合理分配，令民不聊生。以威權暴力掠奪財富（威侮五行），造成天怒人怨，因人民之怨恨，夏后啟乃興師征伐無道，可謂師出有名。猶如《周書．泰誓》檄商紂之言曰：「商王受，狎侮五常（五行），荒怠不敬，自絕於天，結怨於民」可作〈甘誓〉之注釋。《左傳．文公》七年，引《夏書》而作出極好之解釋曰：「戒之用休，董之用威，勸之以九歌，勿使壞。九功之德，皆可歌也，謂之九歌。六府三事，謂之九功，水、火、金、木、土、穀謂之六府，正德、利用、厚生，謂之三事，義而行之，謂之德禮、無禮不樂，所由叛也。」《左傳》為最古解釋精義之書，疏通明達，切通經義，且政經理念明晰，非此後含混附會之可比，蓋人近古而知古義者也。東漢多緯學之鄙儒，不曉大義，妄自篡奪故文，附會成其所謂「三綱六紀」，變成沒有正義非理性之枷鎖，完全違悖先秦原儒的正常人倫儀法，喪失儒學人文的正大精神，假儒而反儒，千古真儒者之鬱燠莫此為甚。

當代自孫中山先生吸取先秦儒學精義，開創民主憲政之新局，去除「屈民而伸君」的帝王陳腐思想，畢其生為民族奮鬥不怠，然舊有的官僚體系積汙陋習猶存，汙染竄入革命陣營，造成軍閥懷帝王之私心，篡權踞勢，貪殘掠奪，厚植其私人勢力，不顧國脈新生，有待再造之亟，割地自王。故先生身後而國事益紛。迨共產黨接掌中國，挾其枯蔽的馬克斯唯物思想欺蒙國人，強迫信仰變帝王專制為黨團專制，毀壞人性之良知，以階級封建鼓扇同胞互相殘殺，強凌弱，眾暴寡，教民幸得之心，非義變俗，及至文化大革命，終結自五四運動以來之狂暴，舉毛澤東就是五四的典型人物，中華國運之陵夷至此為極。審共黨之所為，有去除舊穢之功，卻猶有毀壞傳統優良文化之罪。方今歷史新生，猶待儒學之補敝。

我國自古即有刑法、只是有刑律而無民意之立法機關，刑律往往出自當權者之操縱，刑法變成刀筆吏貪贓枉法、殺人越貨之工具。因此，吏治之清濁，只能求諸官吏個人之品格操守，個人操守決定行政品質，缺乏客觀之法律制衡，有自律而無他律，自律固然最是重要，但缺乏他律，則無從建立客觀永恆之標準。故歷史上，不乏清正廉能之官吏，但人存政舉，人亡政息[14]，成為政治史的鐵律，因此二千年來我國政治的運作，只有行政機關而無立法機關。法自帝王與官僚集團之意志出，帝王與當權者，享有不受制約的絕對權利，卻無為民服務的必然責任，官吏真正的服務對象是帝王家，禮不行而法私立，帝王及整個統治集團，享有絕對的權利，不必付出對人民的義務，乃至否定原儒「民之所欲天必從之[15]」「天之生民，非為君也，天之立君以為民也[16]」「天之愛民甚矣，豈其使一人肆於民上[17]」，等正大官箴的人民為主體思想，董氏不惜背棄原儒之天道人心，而妄道：「君之所好，民必從之[18]」。又曰：「君不名惡，臣不名善，善皆歸於君，惡皆歸於臣[19]」。顛覆經義，以遂其「屈民而伸君」的極端專制思想目的。乃發為愚陋而鄙俗的「三綱」奇說。漢儒之所以大張旗鼓，宣揚違背先秦原儒最有生命力的倫理相對論，而扭曲成其所謂「三綱」說的畸形倫理，正是導源於董氏之說。《春秋繁露・基義》篇說：「陽兼於陰，陰兼於陽，夫兼於妻，妻兼於夫，父兼於子，子兼於父，君兼於臣，臣兼於君。君臣、父子、夫婦之義，皆取陰陽之道也。……天為君而覆露之，地為臣而持載之，陽為夫而生之，陰為婦而助之。……王道之三綱，可求於天。」似是而非之俗說。及其末俗愚儒，於是妄加附會鄙陋，乃有《禮緯・含文嘉》：「君為臣綱，夫為婦綱，父為子綱」詭儒變禮之妄說，背離原儒愈來愈遠，又有所謂六紀之雜湊其說，《白虎通》三綱六紀條以「謂諸父、兄弟、族人、諸舅、師長、朋友」為六紀。鄙儒之失義衍伸，根本不成儒學真理之條貫，徒令儒學之庸俗化，愈後愈甚，於是鄉愚末俗遂乃有「君欲臣死，臣不敢不死，父要子亡，子不敢不亡。」等非理性之小說、戲文、浪語之出現。完完全全違背儒學「從道不從君，從義不從父[20]」之禮義人倫真理，顯見董仲舒一派之公羊儒實非先秦原儒之承傳者。乃歧變之儒，其所謂：「正其義不謀其利，明其道不討其功」之說，有類似儒學之正大思想精神，遂被後世所尊，究其實，其言似是而非，陷入老、莊虛靜無為之境。蓋儒者志在救人心，正明德，以治國平天下為職志，故必以致善利民之功為學問之指歸，《易》曰：「備物致用，立成器以為天下利[21]」。〈蒙卦〉：「蒙以養正，聖功也。」故聖人皆有立功利民之心。孔子曰：

「大哉、堯之為君也。巍巍乎，唯天為大，唯堯則之，蕩蕩乎！民無能以名焉。巍巍乎，其有大功也[22]」。《易‧乾元》：「以美利利天下」《左傳‧襄公》二十四年曰：「太上有立德，其次立功，其次立言。」是之謂三不朽，乃名世之功業。明儒者無不言功與利之傳統，功以利民為依歸，兩者一體同歸，仁義歸統於一。功建明德合理之所得為義，利利天下人人得其合理之私為仁，如此則人心道心允執其中。審董氏偶發一言近乎義理，但隨即陷入道家虛無遁世之陷阱，遂功利兩消，塗爛仁義，可見董氏之儒，無堅定儒學之義守。

1 《漢書‧董仲舒傳贊》。
2 《春秋繁露‧王道》篇。
3 同上〈離合根〉。
4 同上〈玉杯〉。
5 見對策《天人三策》第三策。
6 《商書‧湯誓》。
7 《周書‧泰誓》上篇。
8 《周易‧繫辭》下。
9 《漢書‧儒林傳》。
10 參見《史記‧太史公自序》。
11 《明夷待訪錄‧原君》篇。
12 《莊子‧秋水》篇。
13 《虞書‧大禹謨》《左傳‧文公》七年傳文。

14 《禮記・中庸》篇。

15 《周書・泰誓》上篇。《左傳・襄公》三十一年引〈泰誓〉文。

16 《荀子・大略》篇。

17 《左傳・襄公》十四年。

18 《春秋繁露・為人者天》篇。

19 《春秋繁露・陽尊陰卑》篇。

20 《荀子・子道》篇。

21 《易・繫辭》上。

22 《論語・泰伯》篇。

第二節 知識分子之社會關係

我國傳統的社會結構，自秦漢以後，即逐漸傾向於小農經濟發展。在農業主體經濟的主導下，工商業的發展本就先天不足，加上政府重農抑商政策的影響下，工商業更受到極大之限制，農業遂成惟一的大宗產業，形成單元的社會經濟結構，故而市場經濟未能獲得應有之發展，猶往往是政府主觀上抑制和打擊對象。亦由於此種農業主體經濟的導向，於是而養成人民求安知足的特有個性，故不善競爭亦不樂意於競爭，能守成卻缺乏開創性。因此，相應的文化思想亦是比較趨於靜態保守，顯現農業文化之典型。而自漢代儒學變質之後，所謂「名教」既成為維護帝王家的金字招牌，學術界自然不敢輕易與之碰撞，唯有守成求安而已。原則上廣大之知識分子群，已失去對社會的主動權，惟有被迫而依附於統治集團，戰國時代知識分子到處游走，儒家學者敢於對統治君主的嚴格批評，這現象已不復存在。變成讀書做官，僅為帝王家服務，晏嬰的國家主義思想，孟子的貴民的民權初步思想，荀子君舟民水的人民為主體的初步民主思想，從此被束諸高閣。學術思想大被壓縮，讀經尋章句，「分文析字，煩言碎辭[1]。」固守家法而不通經理，學術頻臨死亡。遂被漢末兩晉部分聰明之學者所捐棄，乃引道入儒而有玄學清談學問，雖說因亂避世，亦以儒學不振之故，學術又為之一變。唐代雖曾致力復儒，但佛教大盛，幾有喧賓奪主之勢，儒欲振乏力，「屈民而伸君」之流毒既深，經義無重伸之路，而人才之薦用亦從漢代之察舉，一變為進士考試，於是文章詩賦取代經義，士人求出路惟有從文詞下工夫，義理被視為非進取之務，儒學為之枯癟。再加上單元產業的社會經濟結構，知識分子無其他出路，就只能在專制政治威權之下，委曲求全討生活，讀書做官為唯一希望，而做官的服務對象第一是帝王家，其次稍為人民做點好事，不視為當然之義務，職責之所當為，而自視為恩澤之布施，理物顛倒，因此，晏嬰、孟子、荀子之思想睿智，不但未能獲得理性的發揚，相反被自董氏以來的唯君權論所壓制，把原來的倫理相對論變成唯君之忠，把忠字的概念內容狹化，忠的責任性質變成忠君的單一性，而非人事職責之所當為，非復荀子「從道不從君[2]」，晏嬰「臣君者，豈為其口實，社稷是養[3]」的國家公務員責任精神。做官的人僅存父母之心態，是主觀的理性，取代了客觀的公正性。此亦是我國歷史上，法治不健全之一大成因。

唯君權論的專制權威政治壓迫下，知識分子勢必喪失其應有的獨立性格，同時更失去學術之尊嚴。結果必然是真理敵不過威權，而威權篡奪真理的歷史悲劇，故自秦漢以後，知識分子在專制王權的支配下，終於不得不成為帝王思想的依附者，喪失社會的獨立地位。「忠」在先秦原儒思想中，它是責任之名，「父義、母慈、兄友、弟恭、子孝[4]」，是人倫之忠，天賦之所當為，是稱五常之教。君仁、臣忠是職責之忠，猶俗諺所謂的忠於職業、忠於家庭、忠於朋友、忠於愛情、忠於國家等等，一有不忠，即不足以稱職，君不仁，即不忠君職，君不忠於民則是民仇，臣不忠，即不稱臣職，不足以居其位而去之。

這是具有相對意義的原儒倫理理論體系，自漢代以後，不但未能獲得應當之發揚，逆遭唯君權論和緯學迂誕之影響，而被扭曲虛妄造成「君欲臣死，臣不敢不死，父要子亡，子不敢不亡」的戲文謔浪，小說之鄙語，非理性之愚忠愚孝，頓使「從道不從君，從義不從父[5]」之義理蕩然無存。佹俗之害義，適足破壞社會之合理秩序。令社會充滿權威與迷信，而不知盡其在我之天職。而像孔子那樣敢於貶天子、退諸侯，和孟、荀二子敢於批統治者之逆鱗，決然以天下為公之勇氣用心的大氣魄，不復見諸漢代以後之讀書人。此固非知識分子甘於自我作踐。由於處身在單元的農業經濟結構社會中，社會的客觀存在條件，基本上無法容納人才，知識階層受此先天性的極限，不做官即失業，是以讀書欲有所作為，除了做官之外，別無他途。歷代以來，雖非無明達正直之士，以其高懷孤抱，不求仕祿的高潔情操，惟諸如此類者無濟於事，似此類人物畢竟不多，且如非世族富家，勢必窮困潦倒，被世俗所嫌笑，至於遊食而無安身之所者有之！況生於極權專制時代，如阮嗣宗、嵇叔夜等人之悲劇，寧是歷史之無奈。

今則不然，現代社會經濟多元發展，不再局限於單元的農莊經濟，凡士、農、工、商，皆可各擅其業，只要是業有專精，在多元的各行各業當中，自可有出頭之餘地，既非做官不可，自不必再為依附階級。更何況民主政治之本質，公務人員亦是社會產業人員之一種，官民的關係建立在法理基礎上，民權一律平等。今而猶有公務人員而擅作威福，侵侮民權，是犯罪之行為，或知識分子而自甘作依附者，是自汙人格，自甘墮落。近世人多崇尚西方之種種，唯此一尊重專業行之已久，終身而不渝，故能在各行各業，皆有大成就，俗諺云「行行出狀元」，而其成就被社會所肯定和尊重，尤有遠超出政治人物者。反觀我國社會，至今猶未能建立這一現代觀念，知識分子，而不務本業，猶奔競於官場，殘存的貴官賤民的腐舊思想又拂之不去。此乃但知崇洋，而不知務本，尚世俗之虛榮，棄不朽之大業。

讀書做官的傳統觀念，俗人多責怪子夏「學而優則仕[6]」之言，此乃出於片面理解，未能盡當。主觀上，子夏之要求不無影響，但非必然關係，如上指出，造成讀書的知識分子，非做官即無出路的真正原因，主要仍是取決於社會單元產業的客觀條件。不可單純怪罪子夏的主張。學而優則仕的主觀要求並無不對。蓋仕者，事也。做事的人，不一定就是做官，士、農、工、商各任其職事之事，只是後之注者偏執一是，必謂仕為「仕於朝[7]」。則孔子願為執鞭之士[8]。又如何解釋，說明仕為「仕於朝」並非達理之詁。簡單的說，參與治理國家的政治人才，當然不能僅僅滿足得二三流人才，更應追求第一等人才，如今社會之要求專家政治，其理猶何異於子夏之要求。仕而能如晏平仲之明辨職分，職責之所當為，非優焉能及之。若為政者皆是庸人，那才是可悲僨事。蓋政者，正也。公不妨私，私不害公，是正之極，苟非其才，焉能為正。是則學而優者，可商、可工、可農、可官，才之所展，異事而同功。仕而優則學，仕而知求進則學，孔子曰：「行有餘力，則以學文。」猶如今之在職進修，證古人論事之明達，解經而不達理，不如勿言。

孔子固有「志於道，據於德，依於仁，游於藝[9]」的道義先後說，道是明理之立本，德是《大學》明德的合理之得，仁是既有所得，普施及人之舉，藝是技術科學之總稱，這是孔子儒學立本教育的全體思想，故曰「君子務本，本立而道生[10]」，教育如兒之初學行路，先站得穩，然後能起步走，所說不等於輕視藝業。審孔子言論主旨，是針對教育上對人格藝業之先後次序立說，指出教育首先需建立人的良好品格節操，有正確的人生觀，其事業方知利及人類，如果人之心智未成熟而先喻之以利己，則義之不立，功業必不能福國利民，當今某些自然科學家自鳴其功。卻不顧造成人類之可怕遺害者，實儒者所不取。應知儒學志在調合人類利與義之和諧，立己立人，共存共榮之一貫教育思想，《易》之〈乾文言〉曰：「利者義之和」，即具體道出這一思想本質，亦是調和人與自然之關係。叩其兩端用其中的中正邏輯，唯義不足以養生，唯利不足以成人，義利之際，偏正之間，是人類治亂之大源，寧不慎思之乎？

其實孔子本人就是一位多能藝業者，他自己固嘗說：「吾少也賤，故多能鄙事[11]」。鄙事是細小事務的自謙語。非鄙賤之謂。而每受近人挑剔的是他答樊遲「請學稼」，「請學為圃」

的說話，從正面來理解，孔子自認有關農學方面的知識，不及老農豐富，而推薦樊遲向具有農事專業知識的農圃專家學習，猶如衛靈公問兵陳之法，孔子答以「軍旅之事，未之學也[12]」，乃謙稱自己不是軍事專家，同理，以孔子為輕視農事，我寧肯定孔子為尊重專業知識，儒家思想，一貫重農的，尊農業為「王事[13]」之正務。至於有「四體不勤，五穀不分[14]」的嚴苛批評，是出於不負責任者的偏執成見，人而皆如長沮、桀溺之徒，天下又將如何？不可不察。

孔子生當宗法封建社會末造，而致力於社會教育改革，有等級思想是必然的，唯必不同於是時貴族不事生產，而寄生人民之上，妄視藝業為小人之事。反觀孔子一生行事，必不如是，所以有「有教無類」之主張，且農業一貫被儒學視為人民之生命線，國家之大業，「王事唯農是務」，其被尊重可知。孔子之稱樊遲為小人，即任其大事為大人，任其小事為小人之意，似已具有社會分工意識。君子小人這一概念，在孔子時已不專用於階級意識，而是用於道德判斷。站在儒者立場，樊遲所學，是為治國平天下之專業，理應以任重道遠自期，以盡其士君子所應盡之責任，卻矯情發其不務本業之問，背離所學，逃避責任，故孔子視之為缺德不務正業之小人，此乃出於對個人人格之判斷，絕非輕視農夫之說，儒者的傳統意識，基本上是重農的。是以秦漢以後這一思想，即被用為打擊工商業的理論基礎，亦是小農經濟社會普遍之共同觀念。

君子與小人這一對詞義，在宗法封建時代，它是社會階級不平等的等級差別之稱謂，尚未具備道德判斷之內涵。孔子他一方面繼承傳統，而另一方面卻在努力去改革傳統。日新之德，是儒者既改革傳統，而又不割斷傳統之繼往開來的努力方向，修身立德，使新舊圓滿傳承。故至孔子手上，他即把君子、小人這一不平等對詞，加以抽象化而賦予它的道德內涵，令此一原本僅是具體的階級名詞，轉化成具有道德涵養與缺乏道德涵養之人格判斷。自孔子始，君子與小人已經打破階級界線，成為抽象的道德名詞。天下為公必然的先決條件，缺之則不足為公，不得不承認，這的確是人類理性的一次革命性飛躍。在孔子心目中，士君子是有道德善行良知和忠誠樸實的人，而非指貴族，小人亦非指一般老百姓，而是缺德的「過也必文」，「比而不周」，文過而飾非，損人以利己，不識大體之輩的專有名詞，尤以他有教無類的教育思想理解，都足以證明孔子一貫尊重人格尊嚴，乃儒學不敢輕侮民權之根柢，他一生致力之人文建設，為孟、荀思想奠定了堅實基礎。

歷史不幸的是，先秦儒學思想中，具有與時偕行的進步思想，在秦漢以後，因被帝王思想所杜塞，未嘗得到健康之發展，專制之強勢統治，逼使知識分子不復敢批統治者之逆鱗，相反，是統治者假借儒學「名教」之外表，而注入黃老法家權謀、術、勢等陰狠思想，以「名教」為統治者的護身符，卻是人民的金箍咒，虛飾道德仁義，而玩弄陰謀手段，屈知識分子為依附於帝王討生活，從此相濡以沫，依違是非之間，莫復為之辨。於是原儒相對意義之倫理架構，乃成為一面倒只為帝王家服務之教條，所謂禮法，徹底被帝王所竊取，僅為維護王權之工具，必須認清這歷史真相，始能看清思想史發展之脈絡理路。

近人或有認為我國社會之所以未曾發展成資本主義經濟，是因為以農立國，和儒學的小農經濟思想之影響，此乃皮相之論。農業經濟是人類經濟首務的大宗生產力，任何經濟形態，都必需經歷此一階段，既是生產力，自然具有市場經濟之潛力。我國之所以未發展出資本主經濟形態，自有兩種根本原因，一是政治的，一是思想的，政治方面，是由於專制集權之需要：自秦孝公任商鞅變法，即以重農輕工商立法[15]，商鞅立心與儒學不同，然其重農之法，卻與儒學立本相吻合，重農輕商遂成為中國經濟思想之主流，形成單元的社會經濟結構。由於單元的農莊經濟比較單純，固容易與專制政治配合，便於控制，是以受歷代專制王朝所歡迎，而強力抑制商工業之發展，限制了社會經濟向多元發展之趣勢，將知識分子束縛在專制王權歸心杜上，永遠成為依附階級！其實人類社會經濟之起源，本自農業，狩獵是採集的自然經濟，畜牧業不足以成經濟大宗，故重農是歷史必然之過程。惟過度抑制工商業，使市場經濟無從發展，固不能發展出具掠奪性的資本主義體制，經濟運行必然滯後，這是理性非理性之抉擇。具掠奪性的資本主義經濟，卻被視為所謂現代化之標的，無寧是人類心靈之吊詭。在思想方面，看重道德意識之建立，是儒學明德教育的理性延伸而形成的均富思想精神，《易經》的大原則是損有餘以補不足，「君子以裒多益寡，稱物平施[16]」。孔子說：「有國有家者，不患寡而患不均，不患貧而患不安，均無貧，和無寡[17]。」均富思想非常明確。足顯它深具普遍的社會道德精神，抑兼併，反壟斷，追求社會資源之公平合理分配，俾人人有合理的生存空間之權利，必然反資本主義之掠奪，反虛假的公平競爭，公平競爭是西方自由經濟學的假命題，強弱之勢存，如缺乏明德之自制，是不能達到真正的公平正義之競爭目的的。

中山先生早就看出資本主義之本質，它絕非社會理想之制度。資本主義之強力競爭，足以使人類喪失主體精神，而陷物欲主義。弱肉強食，必然造成社會資源不合裡分配，財富集中於極少數人手上，形成資本專制，如何能令社會公平正義之達成？貧富不均是千古社會之亂源。站在人類社會共存共榮基礎說，均富是人類智慧之共通表現，化解歷史潛藏之危機。自孔子至中山先生，其思想傳統是一貫的。辛亥革命開國以來，國人好奇新異，輕蔑傳統，衍生種種政治悲劇，斲傷國脈，人文日衰。如今共黨似已有悔過歸原之趣向，但猶懷抱枯蔽無人氣之馬、列唯物主義，企圖假借傳統文化原力，以轉移國人之視聽，悔而未悟，誠恐徒為枉然，歷史終不容弄虛作假，外強內虛，必不足以為恆。

古今知識分子所處的歷史背景不同，社會條件足資求變。現代社會產業多元，能容納大量知識分子，知識分子已非做官即無出路時代，社會自有多元出路可供選擇，不須再是依附階級，只要是在適當崗位上有所貢獻，一樣可獲得社會之肯定，愛因斯坦的成就，其被人們尊敬，勝過世界任何一位總統。中山先生教人要做大事，不要做大官，即此用心。當今知識分子處多元產業社會，如仍不務正業，而滿腦子猶充滿做官之懷戀，這無疑是陳腐而庸俗，依附權勢，是自污人格。在多元社會產業時代，辦政治固亦是社會產業之一種，需要人才，且更需要有品格的高尚人才，但不必所有人才都去辦政治，學而優可官、可農、可工、可商，只要學有專精，必成各業領袖。

1　《漢書・劉歆傳・移博士書》。

2 《荀子・臣道》篇。〈子道〉篇。
3 《左傳・襄公》二十五年。
4 見同上〈文公〉十八年。
5 《荀子・子道》篇。
6 《論語・子張》。
7 《說文解字》八篇上仕字注。
8 《論語・述而》篇。
9 同上〈述而〉篇。
10 同上〈學而〉篇。
11 同上〈子張〉篇。
12 《史記・孔子世家》。
13 《國語・周語》上。
14 《論語・微子》篇。
15 參見《史記・商君列傳》
16 《謙卦》之〈象辭〉。
17 《論語・季氏》篇。

第七章　先秦儒學之刑法思想

第一節　法　意

提到中國法學，人們第一個想到的必然是李悝、申不害、商鞅、慎到、韓非、李斯等戰國法家諸子。然而考其歷史實迹，則我國法學之起源，可遠溯及三四千年以前之堯、舜時代，至周文王姬昌，即已有「明德慎罰[1]」的法哲學思想出現，足見在文王以前，早就存有刑法體系的歷史事實。《虞書・堯典》已有「象以典刑，流宥五刑，鞭作官刑，撲作教刑，金作贖刑」的形律分類，很明顯，〈堯典〉時代，已經將上古之象刑落實為鑽鑿肌膚的實質性刑罰，故《書》曰：「皋陶……方施，象刑惟明[2]」，改變太古象刑之蒙昧為明確有實質之刑律。因上古刑律發展及周初，以逐漸完備，且有繁複趣勢，故文王要鄭重提出「明德慎罰」的嚴肅法治觀點，以告戒其子孫，避免濫刑過傷民命。自從「明德慎罰」提出以後，周人代代奉為圭臬，〈康誥〉、〈立政〉、〈呂刑〉諸篇，莫不表現這種法哲學的思想精神，故周代無嚴刑峻法之君，民俗忠厚，《詩經》最能表現出周俗溫柔敦厚之氣質。顯見周代之教化極為成功。

周代立法用心忠厚，無刻薄之刑政，以德用刑，藉「刑期於無刑」為立法的基本精神，不同於戰國時代法家之刻薄寡恩。古人刑以輔教，尚教化不尚威刑，〈堯典〉命商契曰：「百姓不親，五品不遜，汝作司徒，敬敷五教在寬。」，五品即五倫或稱五常之教，《左傳・文公》十八年曰：「父義、母慈、兄友、弟恭、子孝。」《孟子・滕文公》上篇將它擴大解釋曰：「使契為司徒，教以人倫，父子有親，君臣有義，夫婦有別，長幼有敘，朋友有信。」《左傳》純由家庭倫理講，孟子推及政治社會人際關係之君臣、朋友，這是儒學倫理之概說，似與刑律無關，但陳教於人，則必有賞罰，故《書》又曰：「撲作教刑，金作贖刑」，猶如今學校之賞罰形式，可視作中國實際刑律之源頭，禮與法同原於倫理教育而來。周文王「明德慎罰」之用心，正發揚虞，夏以來之刑法「寬」的精神，摒棄商法之「我乃劓殄威之無遺育」之殘酷，而得成周代仁德文化建設，不能不承認，周代是歷史人文的重大進步。

古又有象刑之說，這是太古時代的歷史遺說，一種在原始時代最為樸素而簡單的賞罰開端，文獻最早見之齊永明九年，策秀才文引《墨子》佚文說：「畫衣冠、異章服，謂之戮。上世用戮而民不犯。」戮意即羞辱，上古氏族社會人口聚居，人與人關係親密，人文起於親親為本，人際親近無間，情以古人樸厚，恥於為非而受族人鄙視之羞惡，是人之常情，證如孟子所說：「無羞惡之心，非人也」，「羞惡之心，人皆有之」，因人皆有羞惡之心。在元古質樸時代，奸智未生，故人感慚於被族親近隣所鄙棄而不敢為非，乃人文初端的樸素情感的自然現象。是以輕如象徵性之刑罰，亦能起阻嚇作用，得到畫衣冠，異章服而人不犯的效果。說明這種象徵性的刑罰，在歷史上確曾存在的史實。《太平御覽》卷六百四五刑法部引慎子曰：「有虞之誅，以幪巾當墨，以草纓當劓，以菲屨當刖，以艾韠當宮，衣無領當大辟。此有虞之誅也。斬人支體，鑿人肌膚謂之刑；畫衣冠，異章服謂之戮，上世用戮而民不犯也，當世用刑而民不從。」說明遠古時代，氏族社會最初步，極樸素的刑法觀念意識故謂之「象刑」，而慎子將它附會於虞舜時代。這一太古刑法史之存在，荀子亦曾述及而反對曰：「世俗之為說者曰『治古無肉刑，而有象刑，墨黥，慅嬰，共（宮），艾畢，菲（剕），對屨，殺，赭衣不純』，治古如是……然則是殺人者不死，傷人者不刑也。……亂莫大焉[3]。」戰國時代法家擅場，影響巨大，荀子崇尚禮治，禮近於法，且亂世人輕犯法，故他反對象刑太輕，欠缺阻嚇力，誠恐「惠暴而寬賊[4]」。是站在當時的現實情況說的，卻忽略歷史發展之進化規律，然並不妨礙法學史上「象刑」的真實存在。且此一象刑之存在，當在堯、舜以前之歷史，舜時已有「流宥五刑」「流共工於幽洲，放驩兜於崇山，竄三苗於三危，殛鯀於羽山[5]」之實質刑罰。夏、商、周三代皆有肉刑載述，《夏書・甘誓》有「孥戮」之文，《商書・盤庚》亦有「劓殄」之刑，《周書・康誥》、〈立政〉、〈呂刑〉諸篇，更加載文詳備。春秋末年至戰國之世，刑罰愈演愈殘酷，而出現「屨賤踴貴現象[6]」。漢初有鑒於戰國刑法之刻毒，重新提出象刑之說，《尚書・大傳》曰：「唐虞象形，犯墨者，蒙皁巾，犯劓者，赭其衣，犯臏者，以墨蒙臏處而畫之，犯大辟者，布衣無領。」又曰：「唐虞之象刑，上刑赭衣不純，中刑雜屨，下刑墨蒙，以居州里而民恥之。」此說比荀子更相信歷史發展規律。可見漢初人猶深信「象形」

之古史，可是因受前史的影響，故猶附之唐虞之世。漢文帝所以廢除肉刑，無疑是受到「象刑」的歷史感召。觀廢肉刑詔所說：「蓋聞有虞氏之時，畫衣冠，異章服以為戮而民不犯」。企圖以「象刑」之說來緩和自戰國以來刑律之嚴酷，說明漢人對於「象刑」的歷史是深信不疑的，只不過他們把歷史歸於儒家傳統所崇仰的唐虞時代，不再追朔元古時代之源頭，故作如是說。

案《周易》鼎卦之九四爻辭曰：「鼎折足，覆公餗，其刑剭。」剭同䵦，為五刑之一的墨刑，是較輕之刑罰。《周禮・秋官・司烜氏》亦有「邦若屋誅」之文，屋即剭字之省文，鄭司農注謂：「屋誅謂夷三族」之重刑不確。近人尚秉和《周易尚氏學》引京氏云：「刑在頄為剭」，刑頄即古代之墨刑，墨刑是輕刑，覆鼎羹而要誅三族，固無是理，證明鄭注之誤。一九七五年，陝西岐山出土的西周儹匜有「黜䵦」的周代刑律記載，近人釋「黜䵦」為受墨刑並免職之刑[7]。是《周易》保存遠古時代的刑律歷史，得到實物史料之印證，說明夏商周時代確已經進入實質的肉刑時代。故刑罰若失中，關乎人之生命，人命關天，故文王要特別告戒其子孫「克明德慎罰」，誠恐濫刑傷民，有違以刑輔教，以德用刑之人文精神，孔子之所以極稱文王、周公登人文之盛，曰：「周監於二代，郁郁乎文哉，吾從周[8]」。周人之子孫稱頌「文王之德之純[9]。」觀其用法之寬柔宏正，自然使人高山仰止之不置。

由於人類發展史有規律的進步，必然是由簡單而趨向繁雜，乃自然而然的歷史生態。刑律之產生，必起於太古氏族之群居，群居因利欲而有爭心，造成人與人之矛盾，刑律賞罰乃隨之而生，元初之有律法，由純樸簡單，而逐漸因事務日繁致趣複雜，隨各歷史不同階段而呈現，不可能一開始即有墨、劓、刖、宮、大辟之重。上古民族社會人尚單純樸實。奸偽未生，人與人關係感情多於理智，情好密切，乃朝夕相見無間，一個人一旦受處刑罰，和親鄰相見時，必內懷羞慚之心，如《尚書大傳．唐傳》所說：受刑居州里必被里人所恥笑。人有羞恥之心，因而產生內在的自我節制，由是遂不敢以犯禁干犯刑律，引致被州里恥笑，此前古「象刑」之所以能發生作用。社會發展至比較繁榮時期，利欲之心愈劇，使人之爭心愈甚，懷奸猾險之心生，「象刑」之法就會失去它的阻嚇作用，隨之而來即有加重刑罰，乃至傷及肌膚之肉刑出現，刑罰之演變是逐步形成的。及虞、夏、商、周，皆已有肉刑之法律。虞有「流宥五刑」，夏有「孥戮」之刑，商有「劓殄」之刑已如上述，其後繁刑衍生，五刑並出，固文王有「克明德慎罰」之誥言，周公承文王之志，制禮、作樂，禮以定名分，樂教以導正共同價值觀之統一，刑以防其奸，禮樂刑政，乃成周人文治國之方軌，人文之極致，為孔子所景從的周代禮制。

周公紹文王仁厚之用心，制禮作樂，禮崇外制，樂敦內化，納刑法於禮樂教育之中，期以達「刑期於無刑」之德治仁政理想境界。孔子秉周公之德，極力宣揚禮樂政教，復禮歸仁，化人以仁讓為政教宗旨。故曰：「聽訟，吾猶人也，必也使無訟也[10]」！吾與他人一樣，都是齊民，偶然在位，執法聽訟，案其情實，察其辯解，審度真偽，只要盡心詢問，查察很多人同吾一樣，都可以做得到，但這並非最佳之能事。真正的能事，是教育人人知禮，興仁崇讓，正本清源，自然消彌刑訟於未形，此禮之所以貴於法也，才是使無訟之良法。《大戴禮．禮察》曰：「禮者，禁於將然之前，而法者，禁於已然之後。是故法之用易見，而禮之所為生難知也。若夫慶賞以勸善，刑罰以懲惡，先王執此之正，堅如金石，行此之信，順如四時，處此之功，無私如天地，爾豈顧不用哉，然如曰禮云禮云，貴絕惡於未萌，而起敬於微眇，使民日徒善遠罪而不自知也。」蓋禮寓法為外制，令人民不輕犯綱紀，樂寓教育，內制以助成人之善性，期於達成「刑措不用」的柔性政教，《禮記．樂記》曰：「是故先王之制禮樂也……將以教民平好惡，而返人道之正也。人生而靜，天之性也。感於物而動，性之欲也。物至知知，然後好惡形焉。好惡無節於內，知誘於外，不能反躬（反身自省），天理滅矣。夫物之感人無窮，而人之好惡無節，則是物至而人化物也。人化物也者，滅天理而窮人欲者也。於是有悖逆詐偽之心，有淫泆作亂之事，是故強者凌弱，眾者暴寡，智者詐愚，勇者苦法……是故先王之制禮樂……禮節民心，樂和民聲，政以行之，刑以防之。」禮樂乃周代人文精神之主體，文化之大觀，儒者承周公之學，故孔子從周尚文，繼承這一歷史文化傳統，而加以發揚推廣，完成中華人文文化的主體思想精神。是以儒學的刑法思想大異於出自理官之刻薄寡恩，趨勢自利而悖仁義之戰國法家諸子。論中國之法治，於此不可不辯之以正視聽。

刻毒趨勢以自利的戰國時代法家諸子，主張嚴刑峻法，《漢書．藝文志》雖稱其「信賞必罰」而結論則是：「及刻者為之，則無教化，去仁愛，專任刑法而欲以致治，至於殘害至親，傷恩薄厚。」又〈刑法志〉敘法家之殘酷曰：「秦用商鞅，連相助之法，造參夷之誅，增肉刑，大辟有鑿顛、抽脅、鑊亨之刑。」極殘忍之刑罰，為儒者所不能容忍。大致法家與縱橫家異源而合流。他們在政治上為謀取其個人的政治利益，不惜犧牲老百姓而鼓勵戰爭，以取悅君主以換取政治地位。自私自利是所有戰國貪濫法家諸子共同特質。法家之法治主張雖有較大之開拓，用法層面廣闊，達到社會每一階層。然而歸根到底，他們僅為滿足統治者之君主需要，達至固位取寵，展現其野心為滿足，如〈藝文志〉所言：「無教化，去仁愛，專任刑法。」與現代主張有法治不需道德說者近似。與儒學之法義，則大相逕庭。

漢代受法家思想深刻影響，外崇儒而內實尚法，是以文帝雖廢除肉刑，但貪官奸吏濫獄以賈貨賄，「是後，外有輕刑之名，內實殺人[11]」。商鞅始造三族之誅連，漢初曾廢之，文帝時又恢復此殘虐之法。自此以後刑網愈密，周代死刑法條兩百，西漢末年增至一千餘條，死刑之比例竟至一千多人即有一人被判死刑，斬腳者又比死刑多三倍多，受笞刑者，「亦多因傷重而死[12]」。可謂驚心動魄，大悖儒學「與其殺不辜，寧失不經[13]」「象刑惟明[14]」的人道主義之用法傳統。

以儒學用法的觀點考察，似乎層面比較狹隘，專從刑法本身著力，法律和政治分開，不似戰國法家諸子，利用法律特性去參與政治權力之角逐。法家專為統治君主出謀畫策，往往不惜鼓動戰爭以竊取權力，以滿足個人私慾為目的，縱橫捭闔，以表演其謀略才能，討君主之歡心，撈取政治資本，與現今之西式民主選舉，候選人為騙取選票，罔顧道義如出一轍，古今有異曲同工之惡。與儒者法學精神，不可相提並論。

因此，我們今天若論中國傳統的法治思想，要當以儒學法治精神為主體，不涉及法家之政治野心為當，更能顯示傳統法學的獨立本質。雖然，要求遠古時代之司法體系，即如同現今是不可想像的歷史過求。歷史是有生命之機體，不斷地發展演變，日新其用，善師傳統，必需就原有的先天法之獨立精神審思求索，則中國自身的司法獨立制度之建立，未嘗不可兼備民族文化中之人文的溫柔敦厚氣質，禮法同源，施用正可融合，救用法偏殘之弊。

正確理解傳統儒學對於立法司法之用心，自不難發現其具有尊重法的先天獨立精神性格。如再從現存儒學經典所保留下來的相關法律資料考察，更不難看出儒學對於先天法有可塑性之價值。如《周書．康誥》所說：「非汝封（康叔名）刑人殺人，無或刑人殺人。非汝封又曰劓刵人，無或劓刵人。」即是說，國法當前，雖然汝姬封位居國君，是衛國的最高統治者，大權在握，亦不是由你說殺人就殺人，說放人就放人，一樣要尊重既有之天理國法，不容許以你個人的主觀意志干預司法，刑人殺人皆當依法律條文辦事，由司法獨立審判定讞「是訓用違」，不得以政治權力干涉司法獨立。又同上〈立政〉曰：「文王罔攸兼於庶言、庶獄、庶慎，惟有司之牧夫，是訓用違。庶獄庶慎，文王罔敢知於茲。」牧夫是周王朝最高司法官「準人」下面的相關執法人員。在此比起〈康誥〉更明顯指出司法人員有獨立的職責，有不被干涉之權利，其專屬主理之刑案，連最具威信德望的周文王，亦不敢妄加干預，令司法受其左右而失去它的獨立性「罔敢知於茲。」可見早在周初，司法獨立已受到相當之尊重。距今三千年前的司法精神，為人類司法歷史保存下來特可寶貴的人文遺產。

儒者尤其重視先天法源，把法視為天命所付予人君治民之權柄，「天秩有禮，……天討有罪[15]」。天之付予法治之權與人君，人君受命於天，就只可秉承上天之法意治民，否則就是違逆天命，人君自己要受上天懲罰「天命殛之」。在周人的天道觀裏，天命就是民意，故〈皋陶謨〉曰：「天聰明自我民聰明，天明畏自我民明威。」即天不言，假民意以明之，天之威權因人民之好惡以明示。《左傳・襄公》十四年曰：「天之愛民甚矣，豈其使一人肆於民上，以從其淫而棄天地之性，必不然矣。」儒學之尊法，由此斑斑可考。即法是先天就獨立存在的，雖因時就宜，輕重可擬承天立法，非人君及執法者之私權，法承天命所立，法源來之民意天心，則為天下之公權，非人君或統治集團可以獨擅。司法有獨立精神，是歷史不爭的事實，中華民族人文的寶貴文化資產。

人能宏道，假如這法治思想不遭漢代變儒「屈民而伸君」所曲解所摧毀，而後人猶能善繼歷史傳統，從正路發展下來，相信中國可能早就有自己的司法整體獨立系統，又何需慘淡以乞求於西方異域之靈，而輕棄傳統歷史既有可寶貴之中華法系。

儒學對法治觀念，有明確之要求，凡刑案之決斷，務必得審控辯雙方之證詞真偽，避免造成冤假錯案，引致一方受屈，要做到這一步並非容易，故對辦案人員要有嚴格要求，《周書・呂刑》曰：「德（得）明維明……罔不惟德（得）之勤，故乃明於刑之中。」即是說，要做到刑案發生之真憑實據，端賴辦案人員之勤勞查證，精審取驗，始可免於疑誤。有了真憑實據，令犯罪分子無可抵賴，則斷案不失偏頗，既得中正，人民自然心悅誠服，以正風教，「率乂於民棐（輔）彝（常理）。」故又曰：「無簡（無明確核實之證辭）不聽，具嚴天威（法源）」，證據不足，屬於誣告，依法不予受理，是尊重法律之原意，足見古人早已認知法是客觀的社會標準。〈呂刑〉又曰：「今天（法源）相民，作配在下（人君承天執法），……永畏惟罰（刑罰非愉快之事），非天不中，惟人在命（天是公正的造成不公是人執法偏頗所致），天罰不極，庶民無有令政在天下。」亦即是說：上天之法源是公正無私的，為輔助人民得到法律之公正對待而立法，說明法是公權，非人君之私法私權，人君及執法者，如執法不公正，一樣是重大犯罪，須接受上天之審判，頗有天子犯法，與庶民同罪的司法概念。而天之立法既公正，其造成有不公者，乃出於承天執者之人為偏私造成。而執法之所以偏私，都來自於私心和外力所影響，造成玩法舞弊的最大原因，無非出於貪污受賂，人情關說，私相授受，司法人員濫權之所致。司法黑暗，人民得不到公正的司法待遇，必然造成民怨，一切冤假錯案之產生，使政令混亂，則上天（法源）對司法者，必加以重罰以平民憤。「天視自我民視，天聽自我民聽」「天明畏，自我民明威[16]」。即天威就是民威。天既愛民，輔助人民，則人民之意志與天意結合，天意即是民意「天明畏自我民明威。」天意與民意得到統一，故統治者如司法不公，一樣要接受法律制裁，與今天人們所謂的法律面前，人人平等，古今時異，勢有不同，而立意卻有異曲同工之妙。是則儒學經典保存下來之法意，無疑猶有現代價值，只是因久被忽視，置而不用，遂成固滯。

審視中華民族的文化精神傳統，向以尊重人文價值為本，尚德化教育，何謂德化，即《大學》之「明德」，明德即明其所得，以合理之勞動，換取合理之報酬，不濫取，不幸得，自然不會將自己的快樂建築在他人痛苦之上，這就是大學教育之首義，人不犯罪，則法可刑措不用。法能誅惡，不能勸人為善，故「法能刑人而不能使人廉，能殺人而不能使人仁[17]。」法輔禮「作新民[18]」為法之正用。非功利而尚仁義，「義刑義殺」是儒學定法之精神，務以「哀矜折獄」如獄辭有疑問，則要「明啟刑書胥（相）占（查核），咸應中正[19]」。依法執法，不容許個人主觀私心執法。否則「刑罰不中，刑罰不中，則民無所措手足[20]」喪失是非的客觀標準，造成無所適從，而刑法之重，不慎即大傷民權。是以三千多年前周文王即提出「明德慎罰」鮮明之司法遺意，足以矯正唯法論者之偏差認識，忽視道德仁義之本質，徒使法變成純暴力的工具，為當權者操弄之物，強勢族群立法，居位踐勢者執法，廣大弱勢族群受制於法，法將成為弱勢群體之樊籠。

自禮枝生法，而有李悝、商鞅等法家輩出，遂定秦律，漢承秦制，漢律即秦律，魏、晉、南北朝時，或小有補綴，而愈演愈酷，承用至唐，始有完整體系的《唐律疏議》，唐律重禮意，是我國法律史上最為完備之巨著，但不論秦、漢、唐律，都只重律條之應用，而法意未加闡明，至明初修大明律，更尚刻深，頗失唐律尚敦厚之用意，清用明律，而峻刻過之，薛允升有《唐明律合編》、至沈家本之《歷代律考》皆皇皇巨作，亦只闡綜律條，未能宗釋先儒法意，近世厭古，故今之言法者，必宗尚西法之學，而自遺我中華法系，誠足深慨。

1 《周書・康誥》。
2 《虞書・益稷》。
3 《荀子・正論》篇。
4 同上注。
5 《虞書・舜典》。
6 《左傳・昭公》三年。
7 見一九七六年《文物》第五期。
8 《論語・八佾》篇。
9 《周頌・維天之命》。
10 《論語・顏淵》篇。
11 《漢書・刑法志》。
12 參見同上志。
13 《虞書・大禹謨》。
14 同上〈益稷〉。
15 同上〈皋陶謨〉。
16 《周書・泰誓》中篇，〈皋陶謨〉。
17 《鹽鐵論》卷十第五十六申韓篇。
18 《唐誥》〈大學傳〉篇引〈湯之盤銘〉。
19 〈呂刑〉。
20 《論語・子路》篇。

第二節 法與禮樂之關係

蓋法由禮生以輔治，《漢書．藝文志》曰：「法家者流，蓋出於理官，信賞必罰，以輔禮制。」是則以禮為體，以法為用，禮以化善成德，法以刑輔成，使人知欲有所止，而各盡義分。儒重教化，故先教而後刑，禮辨名分，所謂名分，即該得不該得之謂，不該得而強得謂之貪濫，貪濫者必干禮禁。樂崇內化，因善以成善，成德成善謂之人，成人謂之仁，所以異於禽獸而為萬物之靈，此乃禮別名分之極致。但人必有私欲，私欲者生私心，私心生則有濫欲，濫欲則必侵害他人，「以利害義」。是以需刑法以阻嚇奸邪之濫作。所謂：禮禁將然之前，而法禁已然之後也。法從禮以輔成教育之功，是儒學正當的法理思想，現實的刑罰觀念。

禮法乃維護社會秩序之工具，兩者皆不可缺，因禮樂教化以達成德之務，不得已而用法，以止奸邪之濫作破壞善良風俗，先教而後刑，要歸於德治（使人人得其合理之私），維護社會和平正義而不傷仁道的柔性政治訴求。故曰：「禮樂刑政，其極一也」又曰：「禮節民心，樂和民聲，政以行之，刑以防之，禮樂刑政，四達而不悖，則王道（仁政）備矣[1]。」是以儒者論法，必存忠厚，不以刻深峭核為事。「刑期於無刑[2]」，既非政治鬥爭之手段，亦非出於功利之要求，法的社會功能在於「安民」「惠民」，不作政治鬥爭之工具，與禮「和為貴，先王之道斯為美[3]」理想相契合。《荀子．禮論》篇曰：「禮起於何也？曰：人生而有欲，欲而不得，則不能無求，求而無度量分界，則不能無爭，爭則亂，亂則窮。先王惡其亂也，故制禮義以分（名分）之，以養人之欲，給人之求，使欲必不窮乎物，物必不屈於欲，兩者相持而長，是禮之所起也。」荀子之所謂起，即是禮之產生源頭，同時亦是法之源頭。這是荀子對自然法體系的精避論述。

傳統儒學尊天而崇自然，對於自然存在的先天法則，被視為真理，萬物之源出於天，父子、君臣、夫婦、兄弟、朋友。父子有親，是先天血緣不可變的法則如《周易．序卦》所說：「有天地然有萬物，有萬物然有男女，有男女然後有夫婦，有夫婦然有父子，有父子然後有君臣。」，君臣有義乃是後天的可變的共同利益法則。夫婦為人之大倫，有夫婦然後有父子，夫婦為人倫之始，同樣是先天不可變的法則。兄弟順先後之序，同是先天的法則。五倫之中，朋友出於後天義利之結合，乃是後天與君臣同範疇，因人必有社會群體之關係，故同於君臣師友並屬後天之法則。荀子復曰：「禮有三本，天地者，生之本也，先祖者，類之本也，君師者，治之本也。」由於儒學將倫理法則先天後天自然結合，法因禮出，以禮持法，合而同一。我國歷史上之禮治，正包含法治之意，只不過儒之用法，崇人文而尚敦厚，不如戰國法家之刻深峭峻，故大儒荀子雖崇禮治而法意可見，以禮學教人，而造就韓非、李斯成其末流之大法家，以刻深變禮。法生於禮，乃荀子敘其流變，雖韓、李背師，而是師已具法之質。

禮法共治是我國古代社會現實制度，兼輔以樂教。有系統的音樂教育，藉以改善人之氣質，中國是世界上最早的音樂教育發明者和提倡者，要求內外兼治，塑成人之良好品格，乃治世之基礎。「父義、母慈、兄友、弟恭、子孝，內平外成[4]」。由內治以及於外，揖讓而國治天下平。以達致「五刑不用，百姓無患」，完成美好而柔性理想社會。故又曰：「樂由中出，禮自外作，……合父子之親，明長幼之序，以敬四海之內，天子如此，則禮行矣。」復曰：「禮樂皆得，謂之有德，德者，得也。[5]」德與得，其義都指人對於事之有所獲得之意，但兩字之層次和意涵不盡相同，得指無所選擇之取得，即一切能取得以滿足個人之欲望，不考慮是否造成損人利己之害，如「成功即是合理，能滿足我即是真理」的西方實用主義之價值判斷，資本主義哲學之偏頗，即黑白不分，是非不問的絕對利己主義，必然成為資本主義社會裏，行銷學與廣告學之合法詐欺，這在儒學是絕對不可容忍的。此種奸猾得志，而誠實者受欺侮的奸人學說，是禮法所懲治之對象，以返人道人正。

禮成憲制，法以防奸，而成於德，「德升也[6]」。德者得之升，得為唯有所得，不作是非判斷。得有是非去取之判斷，擇善而從是為升得而成德，登於仁義之境，人之有道德、無道德即以此為判定。因人必有私，私是一切生存之基礎，如飲水吃飯，夫婦之道，親親之義等都是私，無之不能成人道，亦無能生存。故禮法不求人人大公無私，而是制人於合理之私。儒至重者正人君子，君子私不害公而公不妨私，有事，則公私並作，則公私得其中矣，是私不害公而公不妨私之準的，是謂大公至正。故〈大學〉篇開宗明義，教育以明得合理之私，曰：「大學之道（理）在明明德（得）在親民，在止於至善。」明德者，蓋教育人明白其所得，必須以合理手段取得，達成合理之私即是公義，〈樂記〉謂：「德者、得也」就是此意。古民人二字通用，親民即親人，人是仁之本字，故曰：「天地之性人為貴。」，仁是人與人道德關係的最高標準，自然之美，異於禽獸之不知義理，故《易》：「君子體仁足以長人。」一切仁義忠信乃君子之質。所以能長人，人之求得，能辨明合理之得，即登至善之境。是君子行為的具體表現。

明德教育，就是教人要明其所得之手段來源，必須是光明正大，合理合法之取得，才是德得，德得是合理之私，古今教育之首義。可由此看出，儒學基本上是尊重私權的，所以提出親親，親親就是私，是合理之私，人而無私必至無情，無親無情，不足以成人，成人之德，即有所得而能推己及人，老吾老以及人之老，幼吾幼以及人之幼，能推恩，是至全至美之德。何謂明德合理之私？曰：我之所能得者，不侵害他人，不致損人利己，以合理之勞動，賺取合理之回報，如農夫之勤耕力作，換取得來年之豐收報酬，工商之勤於生產運籌，不欺詐，不誤導消費者，良善行銷賺取合理之利潤，亦即是說，不把自己的快樂建築在他人痛苦之上，「己所不欲，勿施於人。」擺除一切欺詐手段而得者，都是合理之私，合理之私就是道德，謂之有道德。又何謂不合理之私？濫欲、幸得，不勞而獲，詐取、掠奪，損人利己，作禽獸行等，皆屬不合理之私，不合理之私，是謂不道德，不道德而得，即非禮犯法，為儒者所公誅，為禮法所禁治。「季氏富於周公，而求也為之聚斂而附益之，子曰：『非吾徒也，小子鳴鼓而攻之，可也』[7]」。季氏富而冉有為其剝削人民以增非理之富。是乃不合理之私，孔子怒其非禮掠奪，故命學生們群起攻之。凡不合理之私。就是不道德，就是最大之罪過。道即是理，德即合理之得。天地之理，公因私立，而是由非生，公私平衡，體現公平正義，即是最高真理。天下國家，能令人人得其合理之私，即是至正之大公。朱熹主張「革盡人欲，復盡天理[8]」，其說偏離儒學之全體大用義理。這是理學所以以偏概全之失，存天理，滅人欲，或出於良苦用心，欲正世俗貪濫之弊，惟言之過當，有悖原儒之達道，天理固當存，但人欲不可滅，人欲滅則一切飲水、吃飯、夫婦之道，親親之愛，生理皆停，猶董仲舒：「盡其義不謀其利，明其道不計其功。」的空想的神仙，究無人理，人欲滅則乾坤毀[9]，人將無以立足生存，可謂智者千慮一失，差之毫釐，謬以千里。

要之，儒學以達道均平（公平正義）成教。《虞書．大禹謨》曰：「人心惟危，道心惟微，惟精唯一，允執厥中。」人心有慾望，道心存天理，以仁義均人欲，兩不相失，故曰：「允執厥中」，中合天理人欲之正，得義利之和，兩不偏失，《周書．泰誓》曰：「民之所欲，天必從之[10]」。天且從人之欲，是不可滅的，《禮記．中庸》曰：「執其兩端，用其中於民。」謂之「致中和」義利各得其所，乃至公至正之理，是謂天下為公，公即平，自明德明其所得之合理，是修身之大本，家不失其利，事不失明德，義自在其中，以此推及於治國，故天下平，公平兩字互訓，公即是平，平即是公，二字連綴以成言，即是公平，公平正義，義利不偏失，天理人欲共存，則天理有人欲，人欲存天理，天理人欲得致中和，能執中則公權私權，皆民權所共享。行之於現實世界，由禮法以平衡是謂「執中」，禮生法而法伸禮，禮法執中，對立統一，止於至善矣。

人能做到得合理之私，則明德而「克己復禮」，得自然升為「德」，故人修身正己，稱之為有道德，即合理之得的道德內涵。一切以合理取得，利己亦是道德行為。否則就是盜竊亂賊，奸邪不合理之得，稱之為不道德，不道之得，為天下公誅，為世人所不恥，非禮犯法者，必遭禮法所絕。儒者既誅心，亦明法，故有五刑之罰，法在儒學思想中，乃居於治世不可或缺的重要部分，是以法學在中國文化中，有其不可忽視之地位，只是儒學法意重人文，刑人以愛人為先，是以「刑、期於無刑」，「與無殺不辜，寧失不經[11]」即情理法的法哲學精神。

法由禮生，禮法的社會功能一致，同為維護社會秩序之工具。觀《荀子・禮論》一篇之中，法意昭然。荀子論禮，同時言法。如將其中關鍵句子的禮字改成法字，就是一篇法意論，法治思想明白了然。是以他一生以禮學教人，而教出韓非、李斯這等大法家的學生，韓、李雖變師說，但淵源可溯，此後以決然私心之李斯，為固其在秦之勢位，教導秦皇制造出危害天下之惡法，終自置其身因貪權戀位，遂入於遭極不人道之五刑。李斯已背師之法，刻深峻峭，已完全喪失原儒之用心忠厚，昔周公制禮以觀德，觀得合理之私，不合理之私，乃依禮法為判定。《左傳・文公》十八年，莒太子僕，弒君盜寶奔魯，以重寶賂魯侯，文公將接受其賂，季文子提出反對曰：「先君周公，制禮（周法）曰：『則以觀德（得），德以處事，事以度功，功以食民（有功於民而民奉養之）。』作〈誓命〉曰：『毀則為賊（賊仁義以害民），掩（匿）賊為藏（贓），竊賄為盜，盜器（國之重器）為奸，主藏（窩藏罪犯）之名，賴（賴與利字通用）奸之用，為大凶德（得），有常（常刑）、無赦，在九刑（墨、劓、剕、宮、大辟、流、贖、鞭、撲）不忘（妄）』。」非常明白，非禮非法，雖大利當前，不得妄取妄受，這一段明禮重法文字。表達周公之禮意法理，為後代尊重和堅守之法則，對於不擇手段非禮犯法，妄取妄受的不道德取得，必須堅決拒絕，亦即《書．呂刑》所謂：「獄貨非寶，惟府（聚）辜功（贓汙斷獄不公積成大罪）」，如「庶威奪貨」憑權勢以劫掠者，則必受禮法不赦之制裁也。

近世國人論法，必以西方法學為嚆矢，而忽視本國歷史自有深厚的法學思想，和法學文化精神。概因近代國勢衰弱所造成的自卑，積以為自蔽之偏見所致，誠足為浩歎。從歷史的事實論，周代禮法一體同源，皆維護社會之憲制秩序之物，法生於禮，而同為治世之具，故周禮實即秦法之先驅，秦法乃漢律之母體，而律總其成，此後歷代律條雖或有補綴，皆不出其範疇，後於唐者，並本諸《唐律疏議》。《漢書．藝文志》曰：「法家者流，蓋出於理官，信賞必罰，以輔禮制。」禮經是自然法，律是實在法，法秉禮之法意，故體仁明義以用法，人文思想濃重，不純以科學視法，遂有情、理、法三結合之用法傳統法學思想。

由於歷史的不斷發展，故由上古之象刑，演變而有傷殘身體之肉刑，乃至於九刑，律漸變漸繁，符合人類社會關係之演變。歷史進步必然人事日趨複雜，矛盾增多之實際情況，人與人關係紛爭愈向多元化的自然發展。古人依據人倫所制定的禮法，隨之有所修訂，刑以防奸慝。蓋禮法者，為追求社會和諧必不可無而設。有子曰：「禮之用，和為貴。先王之道斯為美，小大由之。有所不行，知和而和，不以禮節之，亦不可行也[12]。」不以禮節之，是鄉愿和稀泥，不合刑憲，故不可行。亦違悖「刑期於無刑」的儒學禮法思想。由於儒學用法思想不尚刻深，而尚感化，先教後刑，故先行教育後施威刑，「禮者，禁於將然之前，法者，禁於已然之後[13]」。先教後刑，無疑有尊重生命與人權之用意。雖然這種質樸的古代刑法思想未被發現，我人在此必須揭示出來，還古人真實的思想原意。

寓法於禮，寓教於樂，禮樂為先，威刑出於不得已，故在後，是儒學法律思想之本真。《禮記．樂記》曰：「人生而靜，天之性也。感於物而動，性之欲也。物至知知，然後好惡形焉。好惡無節於內，知誘於外，不能反躬，天理滅矣。夫物之感人無窮，而人之好惡無節，則是物至而人化物也。人化物也者，滅天理而窮人欲者也。於是有悖逆詐偽之心，有淫泆作亂之事。是故強者脅弱，眾者暴寡，智者詐愚，勇者苦怯，……此大亂之道也。……禮節民心，樂和民聲，政以行之，刑以防之，禮、樂、刑、政，四達而不悖，則王道備矣。」此一番言論，如同撻伐資本主義之義聲，亦正是人類刑法起源之要論。人性誠善，而不免於因外誘而成貪濫，濫欲萌生，即蔽性，善性蔽，則一切詐偽、幸得、掠奪不道之得必然隨之出現，為防此逾越合理之私的貪濫奸惡，刑法乃為之而設立，使成為社會之制衡力量，是乃禮樂缺漏而生法，故〈樂記〉又曰：「政以一其行，刑以防其奸，禮樂刑政，其極一也。所以一民心而出治道也。」禮樂刑法其最終目的都是為維護社會秩序而設，禮法是統一的。

禮、樂是儒學治世之兩大工具，禮是法之母體，樂是自然法之教育立本，意念純粹，〈樂記〉一篇之中，內容充滿自然法教育的基本理論。觀其曰：「樂通於倫理」又曰：「將以教民平好惡，而反人道之正」，令「暴民不作」，真誠期於達致「五刑不用」，而「揖讓以治天下」的至治之世，政行刑防的禮法一體的功能社會，由繁複歸於簡約的歷史訴求。

儒學的禮、樂思想中，禮樂是仁義所生，亦是仁義之具體表現，仁義為體而禮樂為用，故其最終目的是要達致「五刑不用，百姓無患」的柔性禮治社會，一切依禮而行，猶今人所謂的依法治國。「仁近於樂，義近於禮（樂以明仁，禮以道義）。……聖人作樂以應天，制禮以配地，禮樂明備，天地官矣[14]」。天地官就是天地的自然條理，及之於人事，即是社會秩序。社會秩序得到有序之運行。強不凌弱，眾不暴寡，在上位者不凌下，不敢侮鰥寡，而君子不虐幼賤[15]。顯示儒學不尚威刑而重教化，是禮法思想的主體精神。清末沈家本著《歷代刑法考》曰：「夫刑者，古人不得已而用之，誦〈立政〉一篇，兢兢以庶獄勿誤為戒。……馬氏《通考》謂『千載之下，猶使人為之感動』。」沈公乃法學大家，顯名當世，且曾受西學浸潤，猶拳拳盛稱傳統法學之溫柔敦厚，一代名家，誠明精審，堪為後學者夕惕深省，學不可不務本，「本立道生」。惟百年以來，學者多崇尚西學，忽視傳統既有的法理文化精義，本之不立，外騖而內疚，致令禮義之邦，變無禮之國，可堪惋惜，沈公、馬氏尊崇周法之敦厚，誠儒者刑律不得已而後具之用心。

1 《禮記・樂記》。
2 《夏書・大禹謨》。
3 《論語・學而》篇。
4 《左傳・文公》十八年。

5 《禮記・樂記》。
6 《說文》二篇下。
7 《論語・先進》篇。
8 《朱子語類》卷十三。
9 《易・繫辭》上傳。
10 《左傳・襄公》三十一年。
11 《虞書・大禹謨》。
12 《論語・學而》篇。
13 《大戴禮・禮察》篇。
14 《禮記・樂記》。
15 《周書・康誥》。《左傳・文公》十五年、昭公元年、《詩經・大雅・烝民》篇。

第三節 儒學法理具獨立精神

自然法是儒家法學思想所本，乃指導其政法的最高原則，違天侮民即是暴政，是喪失君道的暴力政治，凡暴力統治之君，人民有權反對，乃至推翻他，展示民權之力量與合法性。故歷史上尊尚湯、武革命，而不視之為篡，興禮樂崇教育，立法以助治，是儒家法治精神之主體，是以重教而後刑，「不教而殺謂之虐[1]」。教育期於變化氣質，洗滌人生附帶之野蠻成分，而顯善之正面，所謂「移風易俗[2]」，以達致「刑期於無刑[3]」，「五刑不用[4]」的理想境界，乃儒對刑法思想之用心，千古人文之精粹。

審視儒學經典之中，法是既存在輔禮的社會客觀標準，不以個人意志為轉移。《周書・康誥》曰：「非汝封（康叔名姬封）刑人殺人，無或刑人殺人，非汝封又曰劓刵人，無或劓刵人。」即是說刑殺人不是汝姬封個人主觀意志所可決定，刑殺人不刑殺人，亦不是由汝一人決定，刑之輕重更不能由汝一人作決定，三者皆必須依法量刑，法律是唯一的客觀標準，不受執法者個人之影響，足見周代人對刑法的嚴肅態度。

康叔是文王之子，武王、周公之弟，新封於衛國，成為一國最高的統治者，地位尊貴，就任之時，周公懼其驕縱，不尊法紀，再三叮嚀囑咐，要他尊法守法，按法律辦事。至於對各級法司，亦要尊重其獨立司法，不以上官干預下屬，影響司法職責。「外事（吏），汝陳時（是）臬（法）、司（司法官員）、師茲殷罰有倫。」繼承和學習殷代遺留下來合於義理的刑律，不要有殷、周易代之政治偏見，就是尊重刑律的客觀準則，「義刑義殺」不失刑罰之正義。這是周公教康叔尊重法律的獨立性，意義甚是深刻。又曰：「汝陳時臬事，罰蔽（斷）殷彝，用其義刑義殺，勿庸（用）次（遷就）汝封。乃汝盡遜（訓），曰時敘（教育人民），惟曰未有遜事。」有不受教育，自甘作奸犯科「寇攘奸宄，殺人越於貨，暋（冒犯）不畏死。」則該刑該殺，合乎先教後刑之刑法義理。周公宅心仁厚，用法寬和，勸戒康叔務必守法明禮，不可以個人意氣用法，要給司法有一定程度之獨立空間，雖然不可能要求三千年前之周初，其司法獨立即如同今日之要求，但亦不可否認，三千年前之古賢聖，已具有初步尊重司法獨立的良好意願[5]。

康叔封於衛，衛乃殷之故都，亦稱沬邦，有殷商故制和大量商族遺民，習知殷制刑法，故周公要他學習殷法，酌用殷罰以治殷之遺民，使得承受其習慣法律，不必因革命易代，而完全廢置殷之舊法，令殷民一時不能適應。足見周人用法寬厚之心，不因政治因素，而廢棄獨立有用之殷彝，雍容大度，令人讀其遺文，亦歎古人氣度之宏大，用心之敦厚，以此心治國理民，人無不服。司法威信，如響斯應，使人去惡從善，不待刑殺而國治。「王曰：嗚呼、封，有敘（承法以宣明教育人民），時（是）乃大明服（人民心悅誠服），惟民其勑（力）懋和，若有疾，惟民畢（祓）棄咎」。即是說，汝能執法公正，愛護人民，則人民信服，視犯法如惡疾，去之如祓除病疾，棄惡從善，共尊律法，則衛國永享太平「不汝瑕（遐）殄（絕）。」表現出律法在周代，已被視為具有獨立性格的社會公法，乃由自然法逐漸體現實在法之應用。故周代待民仁而禮法明簡，王朝所以歷世長久，雖至春秋戰國天下大亂，王權旁落，已無力號令諸侯，而諸侯仍尊王室，雖強大諸侯，猶必假尊王以稱霸，周公之德澤，遠惠子孫，歷史顯示此華夏人文之光輝傳統，後人豈能不加以重視而闡明之。

周代確立的「明德慎罰」法意，周法心存忠厚，充分展現人本精神價值，與戰國時代法家刻深峭核迥異。《漢書．刑法志》稱法家能「信賞必罰」，固是用法之良規。然而戰國法家之嚴刑峻法，並不是以法為理民斷事之刑律，而是以法脅迫人民單向服從於統治者之政治意志，不尊重人民意願的政治工具，與周法「若保赤子[6]」之用心截然不同。周法常存不忍人之心，此周代文化所以成溫柔忠厚，為孔子所景從，「周監於二代，郁郁乎文哉，吾從周[7]」，為我中華文化奠定以人文為主體的優良傳統。固治國不能無法，禮以輔民，法以防奸，禮法之制是國體之柱石。惟法於治平之世，足可制稗民之不法行為使不發生。然逢當亂世，則法遭橫逆而喪失其社會功能，就必需禮之內制，藉以存人之良知良能以行德善之用。舉如歷代昏亂割據之世，猶不乏有憂民惠民之雄主，及至近代軍閥割據，踞地自雄者，亦有為地方謀福利興教育，哀矜民生疾苦者，此皆言法治之所不能達到，乃由禮義內制其心，自然人性具有的良知良能之流露，蓋法能制其外而不能制其內也。故禮義存則人道存，禮義衰則人道弊，此乃歷史斑斑可考之實迹，淺人尚法而非禮義，薄道德，將成人禍之種苗，如美國式之工具教育，資本主義之唯利拂義，人禍自災，已明顯其弊，《書》曰：「天作孽，猶可違，自作孽，不可逭[8]」。如今地球環境之公害，大殺傷力武器之擴散，儘管言環境保護者之聲嘶力竭，限武的虛應條約形式，人類不作道德自檢，各利其利，法律必將無能為力，此亂世法律之具文。

誠如荀子所論述，禮起於教導人們節制與生俱來之貪濫，「使欲必不窮乎物，物必不屈於欲，兩者相持而長[9]」，義利和而天下平。人必有私，亦可以有私，把私維持在義私均得之合理水平，即是合理之私，若過此合理之私，就是貪濫，貪濫必破壞義利均衡發展之定理。損人利己，以貪濫而得，就是不合理之私，違逆推恕之道，把自己之快樂，建築在他人痛苦之上，是極大之犯法暴行，必受禮法懲處。故不論亂世治世，都須具備禮義法治為義利之分際，正仁義以明利，明道而後有功。是以禮樂之教缺而法治之說起，法本於禮以輔教，法離於禮，遂成戰國法家峭利刻深之政治工具法。韓非、李斯為其代表，韓非總戰國法家學說之大成，李斯實踐法為政治工具而制秦法。二子同從荀子學禮，由於時代背景因素，乃背禮而唯趨利圖功，缺乏「禮無毀人自成」「天經地義[10]」之人文氣息。惟遷就時君以富國強兵，攻城略地之所好，不惜殺人盈城，殺人盈野「毀人自成」之慘酷，違棄荀子禮法之大節，遂背離周家禮法本忠厚之意，完全傾向法為政治服務，而脫離「明德慎罰」，「哀矜折獄」之法律命意，此乃中國法學之一大變革，學者不可不注意的歷史關鍵，不得不有所省思的中國思想史的極重大問題。

我們讀《周書・康誥》〈立政〉〈呂刑〉諸篇，即可深切地了解有周一代，已具備有相當完整的法律體系，亦有一定程度上之法治精神，只因戰國法家們之棄禮崇法，遠離周人「明德慎罰」之謹慎細致。法與政治有其必然之關係，但非絕對為政治服務之工具，尤其民事法有先天的獨立性質，不須與政治扯上關係，政治往往會破壞法體。〈呂刑〉曰：「罰懲非死，人極於病，非佞折獄，惟良折獄，無非在中（公正），察辭於差，非從惟從，哀矜折獄，明啟刑書胥占，咸庶中正。」此乃周穆王說明刑法要義，並提醒執法人員，審理刑案的法律守則。意謂刑法之設立，在於警惕人們不可作歹，非要置人於死地，最大可能給罪犯者以切膚之痛的打擊作懲戒，令其徹底悔悟，供出實情，罰後不再犯法，對有可能犯法者，亦是一種預先之警告。尤其執法者，必須切記，避免以口給御人（非佞折獄），致使犯人無從申辯，情辭迫逼，則冤屈難伸。要以誠明中正，敦厚之心，明察刑獄申辯者之辭言，審其何者為實，何者為偽，理察既明，即排除其偽辭佞辯（非從），案受其情實（惟從）。及至斷獄之時，則哀其死，而為尋求法律許可之生路，如宋歐陽觀之制獄[11]。如有疑似，則當取法書條文相對核（胥占），務求一切刑案都能得到中正之判決，庶無冤獄濫刑之酷。觀此古人之用心，對刑獄之追求其無枉無縱，哀死而慶生，於刑獄之道，真可謂仁至而義盡也。鑒今人之用法，恐亦無出於此矣。

又周法對於犯罪性質尤為重視，有謹嚴之規範。故意犯罪與偶然因無知而錯誤犯罪，刑律之量刑輕重有差別對待。要求執法者須審慎刑案之本質，犯罪過程與用心之不同，是故犯還是無心無知而誤蹈法網，其情不同，誤犯者量刑從輕，故犯者或屢犯不改者刑罰加重，〈康誥〉曰：「封！敬明乃罰，人有小罪，非眚（不肯反省），乃惟終（犯法到底而不悔改），自作不典（法），式爾（故意犯法），有厥罪小，乃不可不殺。乃有大罪，非終（悔罪改過），乃惟眚哉（屬誤犯又能反省自新），適爾（屬於偶然觸犯刑律），既道極其辜（坦白交代犯罪事證），時（是）乃不可殺。」迹其用心，千古以下，凡執法者猶當效法而崇尚之。對於古人法意之憂恤寬仁，愛惜生命，尤令人為之肅敬頂禮，清末民初之法學大家沈家本，對古人司法之用心，深為感動地說：

即文王罪人不孥之法也。宥過無大，刑故無小，「與其殺不辜，甯失不經」二語，尤為用刑者之所當尋譯。……近來泰西之法頗與此旨暗合，知聖人之言，其包蘊宏矣，繼之又曰：三代刑制，周室為詳，《書》序言「訓夏贖刑」，〈康誥〉言「師茲殷罰」，其所因所損益必非一端，書缺有間，今不可考矣。夫刑者，古人不得已而用之，誦〈立政〉一篇，兢兢以庶獄勿誤為戒，而終以蘇公之由獄為歸之以敬。〈呂刑〉一篇，惓惓於率乂民彝，而尤以庶威奪貨，以亂無辜為戒。其哀矜惻怛之意，馬氏《通考》謂千載之下猶使人為之感動，此可見周家之於刑獄，其欽恤明允，固無異於唐虞也。典獄非訖於威，後之用刑者，其當知此意也夫[12]。

沈公曾受泰西法學之浸潤影響，而猶能發此論，足見其良知之誠，崇本之志，堪為後學法者之楷模。

於〈康誥〉之下，再細研讀〈呂刑〉一篇，乃繼〈康誥〉〈立政〉之後，最為完整的儒學刑書，書中處處為建構法律體系，而不憚繁言詳論，以說明律法之要義。更特別強調律法獨立之重要性，與〈康誥〉〈立政〉前後相呼應。要求執法公正，不因賄賂權勢以及各種人事關係相關說，致影響法律獨立公正。因刑之不中，是人民最大之公害，「惟時（是）庶威奪貨，斷制五刑以亂無辜。」執法者藉其威勢勒索錢財，則富者以貨財奪法，貧者無辜受刑，千古冤獄，莫不由此，其害民可知。故〈呂刑〉曰：「穆穆在上，明明在下，灼於四方，罔不惟德之勤。故乃明於刑之中，率乂於民棐（輔）彝。典獄非訖於威，惟訖於富（福），敬忌，罔有擇（斁）言在身。」上天森列自然法則在上，有倫有敘，畀人君承之必誠必敬，執行上天之法於民間，昭示光明正大之法意於四方人民，努力宣揚法輔德禮以教育人民。務使法律無偏差失誤

（刑之中），俾人民免於冤枉受屈。而執法者非欲盡顯威權，法之用意在保良除惡，為民造福。所以執法者必誠必敬，以免作出錯誤判辭（戮言）致影響法律的公信力，致損壞法律和自己的聲名榮譽，法律不公正，刑罰不中，是民之大害，眾所周知，刑獄之大弊者有四，一、執法者為展示其個人威權，無視獄辭的客觀證據，妄作主觀斷獄；二、因畏懼權勢，取悅上官罔顧民瘼斷獄；三、貪汙受賂，以貨奪法斷獄；四、以貴近，親故利益相關說斷獄，「惟時（是）庶威奪貨，斷制五刑，以亂無辜。」千古冤獄，莫不由是造成，法官之不良，置人民於無告，前古聖賢視此而深惡痛絕。顯現周代對民法之用心。

穆王上承文王「明德慎罰」的法哲學思想，加以發揚而光大之，期於刑罰必中，避免枉罰乃至濫殺無辜之暴刑，苦口婆心，告誡執法官吏，刑罰必中以「率乂於民棐彝」輔成正常之民法，免被濫用，以防杜權勢、貨賂、關說之干預破壞，故曰：「五過之疵，惟官，惟反（顯示官威而矯枉過正），惟內（權勢之親近），惟貨（貪汙），惟來（人情關說）」，慎防外部勢力之干預司法，法官負有完全責任，或有偏坦，如以不正當手段出入人罪，或幫助刑犯枉法逃脫，則法官要承擔刑責，其量刑輕重與罪犯同等受罰，即「其罪惟均，其審克（核）之。」重視法律之公正，尊重法律程序，「兩造具備，師（法官）聽五辭，五辭簡孚（核實），正於五刑，五刑不簡（與供辭不相應），正於五罰，五罰不服，正於五過。」此段文字意在說明審案之程序，在訴訟雙方供辭呈備，執法官須細心審核，詳其情實然後斷案，庶免造成冤錯。核實犯罪程度，處以五刑之何等刑罰，若審核嫌犯之犯罪程度未達肉刑之罰，則量刑減輕為罰鍰，下及又輕者，罰鍰遞減，乃至免去贖刑之罰，程序非常清晰。三千年前古人之司法，如是其細致詳備，千載以下猶令人為之嘉歎。由刑書〈呂刑〉一篇細加研讀，並〈康誥〉、〈立政〉上推及〈皋陶謨〉、〈大禹謨〉，可深知古人司法之恕道，都呈現一定程度上民法之獨立精神。

在先秦儒學思想中，法律是上天賜予人君安民治國的權限，天心愛民輔民，故曰：「天之愛民甚矣[13]」。人君承天理民，不得專擅妄作，必需依天理辦事。宋呂祖謙《書說》云：「蓋刑乃天之威，非人君之私權也。天明畏自我民明威，眾之所感乎，即天威之所在也。」人君如專擅使刑罰失中，必受上天之責罰「具嚴天威」，是刑乃天之刑，不是人君之專利，乃天下之公理公法，此說明我國法律一開始即具有它先天的獨立性格。〈呂刑〉又曰：「今天相民，作配（人君）在下，明清（察）於單辭（一面之辭），民之亂（治之反語），罔不中聽（公正）獄之兩辭」，無或私家於獄之兩辭（因受賂及外力影響而私意斷獄偏袒一方）。獄貨非寶，惟府（聚）辜功（罪惡之所積），報以眾尤，永畏惟罰。非天不中，惟人在命。天罰不極，庶民罔有令政在於天下。」古今同理，審理刑案最忌偏聽一面之辭，凡無對訟者的一面之辭，切要精審明察，以免受蒙蔽錯斷。如有對訟雙方，必有虛有實，明察其虛實，才能使虛者受罰，實者得理。中正理獄，則刑獄清而人民悅服。否則受賂偏私，故意顛倒黑白使民眾有冤，上天受命人君降罰。天之法意是公正的，所以造成不公正者，是由於執法者違天命不公正執法，「惟人在命」私心收受貨賂，而偏差執法，必然要接受天受的國法嚴厲之懲罰，已戒不中正。因此警告所有執法之墨吏，貪污得來之財富，非可寶貴，而是積聚罪惡之禍水，由此可見古人對於自然法則之神聖甚尊重「具嚴天威」，天威就是法源，法非人君之私有，而是天下之公法，不容忍執法者之偏私，造成貪污舞弊，致人民受苦的法律思想，是儒學法治思想的最高指導原則，並賦予法律獨立的先天條件，法律就是天命，使人君統治者們不敢妄作，這種極為可貴的尊法精神，在其他學派是找不到的。《周書・立政》更清楚明白告誡君主不可以干預司法，以免影響司法公正曰：「文王罔攸兼於庶言、庶獄、庶慎，惟有司之牧夫，是訓是違，庶獄、庶慎，文王罔敢知茲。」刑獄之政，尊重司法官員專門獨立管理，雖然身貴為國君，亦不應以威權干預司法，過問而擾亂刑法的獨立執行。其用意與現代法學精神並無兩樣，有此良好的法治精神，本可輔助民主形而上學思想，以落實於政治之法治政治體制。致令它與民主形而上學思想，同一命運，乃由於變質的儒學，被漢代專制的帝王思想所控制，遂橫遭改造而與戰國法家學派結合，而引法入儒，改變了原儒法學的思想本質。故秦漢以後中國法學史上之所謂法，全是商鞅、李斯之秦法，無復儒學法以奉天輔民之敦厚用心，逼使儒學的法意無法延續而中斷。演成漢初黃老、申、韓之刻毒虛偽之術，專為帝王專制思想作虎倀，令儒學無力起正面影響。觀漢代重大刑獄發生，其誅連者動輒成千累萬之殘酷「哀矜折獄」流為虛假口號。自漢初黃老、申、韓當道而儒家衰微，至董仲舒引黃老、申、韓入儒，儒學至此完全變質，無復先秦開闊雄渾之氣質，誠正敦厚之法理隨之丕變，精神為之耗失殆盡。

漢代儒學稱盛，惟盛其軀殼，內裏卻裝滿著戰國以來黃老法家學派思想，倫理亦被改造成唯利王權需要的統治工具，經生為求取名利而虛偽百出。衍變至緯學造作的變種之「三綱六紀」，更使儒學為後世詬病。三綱於先秦儒學經典查無其說，始見之東漢之緯學《禮緯・含文嘉》，所謂：「君為臣綱，父為子綱，夫為妻綱」，此乃出自俗儒庸愚之妄說。因常理事物必有綱領，遂附會其說，此非儒學之誠正義理。至於六紀更是由五常而畫蛇添足妄言。五常先秦儒學自有成說，有二說，乃民生日用之需，和人倫義理是兩個不同的概念，其一是指物理之效用，金、木、水、火、土，加穀稱六府，與「正德、利用、厚生」合稱六府三事[14]，此乃民生物理之應用。二、指人倫之：父子、夫婦、兄友、弟恭、子孝之家庭倫理關係《虞書》所謂之曰「五典」。儒學重親親，故先父後君。《禮記・昏義》曰：「父子、君臣，長幼之道得而國治。」《孟子・滕文公》上篇曰：「父子有親，君臣有義，夫婦有別，長幼有序，朋友有信。」擴充之說有時君被摒於親親之外，《左傳・文公》十八年曰：「父義、母慈、兄友、弟恭、子孝。」（上章已具詳論）荀子言禮之三本，亦先天地，祖先而後君師[15]。先秦儒學有關人倫之認識，先父而後君，是符合天理人情之哲學義理的。漢以後始變先君而後父，乃屈於帝王思想勢利，遂違天常，改易儒學之正理。董仲舒「屈民而伸君」違儒影響惡果一一浮現，造成顛倒人倫，悖離倫理的自然法則，後世一切對帝王之盜竊聖人名號，及忌諱皆由是而生，庸儒讖緯之流弊也深矣。

法者翼世護良，防奸、抑暴、除惡，以輔成禮之不及，乃人類社會不可或缺之治安工具，然法能治已發生之惡，卻不能化成人自性為善。故必有為社會理性秩序之安排，令人心有所守，守仁義之質，仁義之質因禮樂以宣明之。孔子曰：「非禮勿視，非禮勿聽，非禮勿言，非禮勿動。」如此乃孔子教導人內以修身立德，外以遵守社會秩序。視、聽、言、動，四者干涉內外，妄視亂目，妄聽惑心，妄言擾眾，妄動失序。故非禮之舉，足以擾亂社會秩序，外傷人而內亂心，一舉而內外雙害，是以孔子提之以教學生。若能克制人之妄行，社會秩序自然安和悅樂，歸依仁恕之誠，故曰：「克己復禮為仁，一日克己復禮，天下歸仁焉。」能遵守社會之公共秩序，必由自身做起，故又曰：「為仁由己，而由人乎哉[16]」。人人能自我淨化內心，外遵守公共秩序，則人與人不相傷害，仁莫大焉。如有矯虔不馴，敗俗傷眾，破壞社會公共秩序者，必以刑法制於外，使暴人歸復乎正。是禮法並施，誠正人心，使行遵法紀而致太平，即歸仁之義理。禮法共濟，乃中華人文之精粹。歷史文化之光輝，豈容妄人之輕侮詬詈。

方當時人紛紛捨本逐異之際，仰崇西學之勢利，棄既有之瑰寶。夫西學之優者，固當學而時習之，用資我之不足，廣納宇內，不效種族之狹隘。含弘光大，此乃中華民族之所以歷史久而愈大，吸收外來優質文化，謙尊而光，成就我民族性格之嘉善，理應光大舊德，資彰族魂，資我人文之增益，溫故而知新，乃孔子教人做學問的優良傳統，不偏執不固塞，尤為求知益德之法門。民族文化之根本不可斷，亦不能斷，斷則國脈不繼，絕根則枯死。去偽存真，是天理之自然。延續民族之血脈，端賴文化之願力。

回溯中華民族八千年的歷史源流，五千年累積之深厚人文基礎，舉世界民族，無與併肩比壽者，何也？正因我傳統所鑄成之人文偉業，非他族所能比擬。父天母地，崇生化的自然法則，擺除宗教神權之贅言，「民為神之主」，君代天布政施教，宣明天道仁愛大公而至正，故君必「忠於民而信於神（自然法則），上思利民，忠也，祝史正辭，信也[17]」。直指「天地之性人為貴。」明確界定人有異於一般無理性之動物，而提升人為「萬物之靈」的人格尊嚴，因禮義以宣明人不同於無理性之禽獸之區別，使人不淪為與禽獸同科，不屑於進化論之人獸同倫，無等類之論。人有理性，因知有共存共榮之真理，令弱者不至於匱乏而無生存之餘地，故《易．謙卦．象辭》曰：「君子以裒多益寡，稱物平施。」為社會資源分配之公允。與「弱肉強食」進化入資本主義掠奪式的惡性競爭之主張，不可同等看待。蓋華族人文，貴共榮同利，恥獨富擅利而不周濟，故有「天下為公」之倡說。

有鑒西方自然科學之發展，於近二三百年來始躍居中國之前，與具五千年沉積之中華文化歷史經驗比優，固然有後來居上之驚歎，傳統文化非不知自然科學之能豐益人類之物欲，正因如此而憂人文之近義遠利，被世俗所厭棄，致仁義不彰而挫傷明德之得，是以極力追求自然科學與人文均衡發展，令道器融通，藝業與人文并進，「志於道，據於德，依於仁，遊於藝[18]」。道即是天理，至公至正，德主明德，就是要人明其正當之所得，以合理的勞動換取合理之報酬，就是明德，明德即是合理之私，天下人人得其合理之私，乃至公至正之天道，違此者就是不道德，故《大學》教育即以明德為開宗明義之首章。仁乃人愛的純粹精神所必然之依託，不仁不足以成人。藝乃自然科學全體之大用。四者義理有先後，致用則平列而行。無分先後，以達致事業圓滿之功德，故曰：「君子務本，本立而道生[19]」。

自然科學其對一物一事之深刻了解剖釋，所貢獻固足資物欲之滿足，卻不能使人精神內植，得安身立命之全體，惟游離於無限物欲之競爭，徒令人精神外耗，委棄道德仁義，矜誇一己之成功，造成自然科學狂徒，欲與天爭勝，結果必然破壞人與自然之和諧，物質與精神無法融通，此乃眾苦之源。人之精神損耗既甚，勢必縱人欲而傷天和。令地球被過度開發，以滿足資本之利潤，公害頻生而無暇顧及地球之敗傷將死，鑿死渾沌而自為高明，不也悲夫！近之不顧而遠涉外星寄足之地，徒費傷神，天終不能勝，而人為之速死，正所謂：「自作孽不可逭」也乎。再加經濟學之唯利視聽，鼓勵人無止境之高銷費，獨商人圖利而忘公共道德。則高銷費必然造成的結果就是高度浪費，高浪費必然造成大量廢棄物。如今生活廢物和工業廢物之嚴重汙染，以有限之地球空間，已不勝其負荷。以地球有限資源，供無止境之揮霍，地球不死於自然科學之明察，亦必死於經濟學之淘空。自然科學追求一己之成就而忘大義，經濟學唯求近利而不厭飫死，強調競爭使人物化，弱肉強食糟蹋人性。兩害并生，人將無能自處。

1　《論語・堯曰》篇。
2　《禮記・樂記》。
3　《虞書・大禹謨》。
4　同注2〈樂記〉。
5　以上《經》文並出〈康誥〉。
6　《周書・康誥》。
7　《論語・八佾》篇。

8 《商書・大甲》。
9 《荀子・禮論》篇。
10 《左傳・昭公》十二年、二十五年。
11 見歐陽修之〈瀧岡阡表〉。
12 《歷代刑法考・刑制總考》一。
13 《左傳・襄公》十四年。
14 同上〈文公〉七年。
15 《荀子・禮論》。
16 《論語・顏淵》篇。
17 《左傳・桓公》六年。
18 《論語・述而》篇。
19 同上〈學而〉篇。

第八章　儒家的教育思想

第一節　教育之源流

夏有校、殷有序、周有庠，異名同實，都是三代學校教育機構，教技效能，育才養德之所在。然而，上古教育固屬貴族之專利，庶民無從享受教育之福利。〈堯典〉命夔以音樂教育子弟曰：「教冑子」，冑子即穉子〈堯典〉所指者乃貴族之子弟之教育。由於古代教育資源未能普及於民間，故只有貴族子弟才可能接受教育機會。唯教育乃立人之本，養正作善，為是立本之基礎。夔為樂官，是音樂教育之原祖，音樂教育意在啟發人性復善成善之指歸，俾學子潛移默化，及於成善成德，所謂：「和順於道德而理於義[1]」，此乃華夏民族提倡音樂教育之開端。其命意與現今流俗所言「學音樂的孩子不會作壞」並無兩樣，而因善成善，以立教育義理。內存樂善，外合禮守，是為全德之教育。因禮者，乃外在之社會秩序之條理，人所必遵守，猶今人之言守法，如守禮法而內無明理知義之誠，就只是受力之所制，一旦力有所不逮，則必流宕越禮法之禁。是故樂教者使成善於內，然後外應無宕越之非，乃儒學教育宗旨。

三代之上學術在官府，貴族壟斷教育資源，庶民無緣接受平等教育之機會，因此古代一般平民都是文盲，文化思想不易傳達，致使人文思想義理精神，不易獲得充分傳播，故社會發展緩慢。但此亦是歷史漸進發展過程的自然現象。及至孔子出現於歷史舞臺，致力教育事業之改革，提倡有教無類，始有平民教育出現，打破學術在官府的貴族壟斷制度，使學術文化流入民間，這無疑是歷史上教育之大革命，教育史上的偉大功績。有教無類，為平民接受教育開拓廣闊的道路，令庶族子弟從此有了接受教育機會，其歷史意義重大而深遠。令知識文化深入於民間，且迅速獲得發展，受教於孔子學生三千，分布列國，促成周代宗法封建制度加速了解體，孔子本人雖每每有懷古思舊的情懷，這並不影響他創造歷史的偉大成就。其實孔子的復古思舊，是建立在華夏民族重視經驗價值的智慧累積基礎上，以崇德報功，尊重前人的建樹，在前人的基礎上構造更高的政治和道德願景，給後人以見賢思齊的歷史教育，如大同社會之構思，至今世界上尚無一國之政治制度達如此高尚的水平。因此孔子的主張復古，其實就是促進歷史進步的教育。而要達到完美的理想社會，又必須從人的本身做起，故教人要「克己復禮。」然後才能得到「天下歸仁」的教育成果，實現理想的大同社會。克己，就是將社會責任回歸個人自我負責，人人自律，社會自無亂象，盜竊亂賊不作，直指於大同之境。禮就是社會秩序之法則規範，人人能自律而守禮法之分，人不相害，父子有親，夫婦有義，長幼有序，朋友有信，人不相犯害，自然歸於仁愛和諧，百姓無患的美好社會秩序。如此高尚之禮樂教育。蓋立完善的社會願景於歷史當前，作為人們努力目標，則儒學之復古，就是追求歷史的進步。

孔子偉大的教育革命功業，符合當時歷史發展的客觀形勢，既為當世知識分子所認同，尤被後世人們所繼承學習。完成儒學不朽之功績，與刪《詩》《書》、訂《禮》《樂》作《易傳》，修《春秋》相互輝映，為中華民族及人類奠定了人文的堅實基礎，直至永恆。由於有教無類的教育革命，培養大量的平民知識分子，儲備優秀人才，為春秋戰國之際學術百花齊放百家爭鳴，創造了有利的歷史條件，開拓了學術文化的廣闊空間。尤其期間雖學術流派眾多，但並未影響儒學的主流地位，故當世已尊孔子為聖人。因儒學本來就是繼承周公人文傳統，令其他學派無可爭勝，故當世即尊孔子為「聖人」。

孔子沒後，弟子繼承其平民教育事業，分布列國作私人講學，收學生教授藝業，子夏教於西河，子張教於陳，澹臺滅明教於楚，從學學生三百人，曾參、有若留教於齊、魯，參著《孝經》，對後世有深遠之影響。後起者如墨翟、孟軻、荀況、鬼谷子流輩，並皆教學民間，雖無學校之名，卻有小型學校之實，後此之精舍、書院即源流所自。此乃古代平民教育之大略，儒學思想傳播之基址。立人道，正倫理，明仁義，教忠信，主孝道，致誠敬，知廉恥，育才成德之黌門，無學校之名之學校也。儒者憑一己之良知，勇於承擔歷史使命，教育不輟，以成就中華人文輝皇，故曰：非孔子不足以成就中華人文不朽之偉業。

時及戰國，事勢愈亂，而齊國猶有稷下講學之所，會集民間學者，荀子曾三為祭酒，以儒學領袖群倫。秦始皇雖極強暴，且又錯誤信用法家李斯之建議，盡收天下民間藏書而焚毀之，典籍獨集藏官府，咸陽乃其藏書中心，復立七十博士以掌管典籍[2]，實行學術文化教育之專制，將孔子努力的教育革命推翻，還復學術在官府，無疑是歷史文化的反動政策，藏書咸陽，終致被項羽一把無情火全部燒毀。而秦之博士，名字著於史冊者，皆習儒經博士，如淳于越、伏勝、叔孫通並皆儒者。荀子於秦始皇時，猶教學於楚之蘭陵，收徒授課，講學不輟。復經楚漢攻戰之後，延及文帝重立博士，復舉濟南伏生，傳教《書經》，儒學始終綿綿不斷，在於民間，人文生息繁衍，已成民族文化之生命源泉，強者所不能奪。

及武帝以獨尊儒術為名，立五經博士，以學術為其政治服務，控制學術自由發展，遂欲奪儒學之精魂靈魄，而用其糟粕，使變成失去靈魂的純政治工具，僵化倫理成為其政治教條。儒經僅成漢代的王者專制教科書，求名利者死背章句，頓使儒學精華的民主形而上思想無從發揮而停滯。卻由於帝王獨尊儒口號，民間為之推廣尊崇，但受限於專制思想解釋經義，倫常忠孝變成缺乏生命力的死教條，桀黠者弄虛作假以求功名，儒學幾為窒息。講學教育亦變成爵祿位崇者之副業以高其名，儒經之解釋自然離不開專制的帝王思想那一套意識形態，經學逐漸失去活力，被有識之士所詬病。延及東漢，光武以讖緯起家，篤信其說，於是讖緯之學繁興，冒儒亂經，趨俗之末流，假神道設教之迷思，遂誤解儒學天的自然法則為迷信，乃任意衍繹。《易．觀卦．彖傳》謂：「觀天之神道，而四時不忒，聖人以神道設教，而天下服矣。」案儒學的天道思想，天是大自然法則，非人力之所能抗，故謂之「神」，故人必案四時運作事務，春耕、夏耘、秋收、冬藏，順天而行，不亂四時秩序，則可農作豐收，時無饑饉。政令不違反農時，濫加傜役，則民樂從上命，天下咸服。《易》之命意如此，無神祕成分。故曰：「春秋冬夏，風雨霜露，無非教也[3]。」孔子曰：「天何言哉？四時行焉，百物生焉，天何言哉？[4]」正指此天理流行，人所必順之的自然法則之神力，所謂：「陰陽不測之謂神[5]」以自然法則為神，非鬼神之神，神鬼迷信的神祕思想，是儒所強力反對的。故《禮記・王制》篇有「假於鬼神、時、日、卜筮以疑眾者殺。」之主張，孔子不言怪、力、亂、神。哲學思想的極高明之宗旨。而末俗庸儒，穿鑿附會，遂成讖緯橫流，妖妄惑眾，弄虛作假，亂經背實，漢代經學之弊，逮皆如是。愚妄小儒，未能通明《易》而妄作，誤會神道設教為鬼神之迷信，錯亂經義，蠱惑民眾。

至於私人講學之風，猶如上指大都由爵祿高位者自任以求高名，然已失先秦儒學之氣魄，成為專制帝王思想之羽翼，至乎英傑大儒如桓譚、尹敏之屬因拒讖緯而被擯棄，或有貞潔高簡者則退居巖穴如嚴光輩，築精舍自為私人教育事業，保存儒學正脈之一端，使仁義忠孝之教長在人間。《後漢書・儒林傳》曰：「且觀成名高第，終能遠至者，蓋亦寡焉，而迂滯矣。然所談者仁義，所傳者法也。故人識君臣父子之綱，家知違邪歸正之路。」儒家正大之學歸於小成，無可否認是經學教育之功。但經學逐漸被僵化，生氣游離，遂遭聰明才智之士所棄，促成遊談之風，如郭林宗輩，於是而開魏晉清談之風，儒學教育雖未徹底失敗，惟命若游絲，不續則斷。復經五胡亂華，殘破中國，中華人心虛怯，乃有西來佛教乘機興起，欲與儒學爭風，奮爭正統，幾乎喧賓奪主之勢，儒學中衰於是為甚。下及東晉南北朝，風操日墜，儒學教育見輕於時，漢之經學頻於淪亡。蓋自魏世棄經尚文，詩賦辭章勃興，崇風藻之虛文，鄙經世之儒學，學術衰弊，廉恥道喪，士子熏衣剃面，傅粉施朱[6]。此乃衰世之明徵，人道之危難也。

逮至唐興，諸帝如太宗、玄宗並雅尊儒學，太宗亟思起弊振廢，於是命孔穎達領修《五經．正義》巨著，令儒學教育浸浸有復興氣象，惟時行科舉制度，學子崇尚應制科文，詩賦辭章，繼盛於前，乃如隋李諤所說那樣：「遂復遺理存異，尋虛逐微，競一韻之奇，爭一字之巧，連篇累牘，不出月露之形，積案盈箱，唯是風雲之狀，世俗以此相高，朝廷據茲擢士，利祿之路既開，愛尚之情愈篤[7]。」儒學復為之向隅。如今習自然科學與利門之學者賤視人文，何尚亦不是如此。

唐繼南北朝佛學之餘緒，又禪宗一派吸收了儒、道兩家小部分有益於己的思想，使其更適合中國人口味，吸引大量信眾，極盛一時，韓愈為保儒而提出抗議說：「事佛求福，乃更得禍，……解衣散錢，轉相放效，唯恐後時，老幼奔波，棄其生業，……傷風敗俗，傳笑四方，非細事也[8]。」韓公辟佛保儒，但限於時勢，終無興儒實效。至宋代書院私人教育興起，乃變儒學為理學，理學家志欲興儒明道，惟專談性理之學，氣局變小，失去先秦儒學規模氣魄，且好疑猜測，擅改經文，主觀武斷。唯所言性理精純，發揚孟子理性學問，擴大書院講學，使私人教育更蓬勃有生氣。蓋自漢初立太學為官家教育，唐有國子學、太學、四門學之設立，地方府、州、縣皆有官設學校，中央學校只供各級官員子弟入學，地方則學生人數甚少，大量學子多由精廬私塾培養。宋學擴精廬為書院，不乏大儒講學其中。官學成名利之場，私學名儒貞誠施教，正人倫、明義理，真正人才不少由私人教育培養所出。

明學承宋學緒餘，私人教育事業依舊，因學者講學好議論政治而遭當權所忌，有漸衰之趨勢。理學以王陽明為魁首，論心性主致良知，知行合一之說，不過為孟子作注腳，加上其絕對唯心思想，形同閉門造車，背離原儒道器融通，心物統一之大格局，影響所及，其餘波末流甚無足論。而其學派門戶之爭，黨同伐異，幾於無是非之心，陽明致良知之用心，掃地而盡，學問云者，變成扼殺明朝之利劍。清人僥幸竊取中土，其入關之初，即懷裔族偏狹之心，陰忌漢族，外表高喊滿漢一家，實深忌漢族以學問奪還正統。乃大興文字獄，殺戮無辜，誅連奇廣。儒學精神為之窒息，一代知識分子無敢復談義理，逃於文字考據之中，只有帝王在談僵死之理學，教育之衰敗，至此為極，故造成人才凋弊，庸人甘為奴者當道，清末中國之積弱受侮，未尚不由於此所致也。

1　《易傳・說卦》。
2　見《史記・秦始皇本紀》。
3　《禮記・孔子閒居》。
4　《論語・陽貨》篇。
5　《易・繫辭》上傳。
6　《顏氏家訓・勉學》篇。
7　《隋書・李諤傳》。
8　《新唐書・韓愈傳》。

第二節　教育的基本義理

古人教與育不聯名，因它是兩個不同概念，乃施教之進次。教、《說文》第三篇下曰：「上施下所效也。」效者模仿學習之謂。呈技能立規矩，給學者模擬學習之成規，是為學者學成步入社會時謀生活，立功立事之應用，此效技呈才也。育、同上十四篇下曰：「養子以作善也。」教技藝使作專業人才，自可立功立事，謀生養家，成立為社會分工之人才。養作善，是人生之根本，修身立德，人品節操涵養之所在。孟子對教與育兩個概念，有清晰之詮釋，〈離婁〉下篇曰：「中也、養不中。才也、養不才。故人樂有賢父兄也。如中也，棄不中，才也、棄人才，則賢不肖之相去，其閒不能以寸。」即是說：以中正的道理，去教導未曉得中正道理的人，繼以藝業技能去教導未知藝業技能的人，使成為有工作能力之人才，不可因有些人因才質未達標準而放棄教育他，則教師本身亦失中正，而與不中不才，莫有甚麼分別了。孟子之意，實上承孔子有教無類思想而來，而中正之命意，就是〈大學〉篇「明德」合理之得，合理之私，明其所得之義理。如人人能做到明白所得之守正，則人人得其合理之得，即不貪濫，不幸得，無不勞而獲，不損人利己，這樣自然不會把自己的快樂，建築在他人痛苦之上，如是「己所不欲，勿施於人。」得其合理之私，是之謂德操，此乃學者涵養薰陶不可或缺的育德中之真理。然後呈其才能，服務社會，以合理的勞動，取得合理之報酬，如是則公私兩利，人我同得，是才之正用。養中正之盛德，乃儒學教育的最終目的，是謂：養正之「聖功」。

惟教育事務，養德尤難，故須從兒童做起《易・蒙卦》之〈彖辭〉曰：「（童）蒙以養正，聖功也。」聖即通德才為一體，統一德才以作善，無偏畸之蔽，自然明德之體現，能明其所得之正，使天下人人得其合之得，則是人人有合理之私。我之所得不損害他人合理之得合理之私，乃明德之體現，故謂之為「道德」，道德致天下至公至正之境，就是天下為公至善所止。為儒學教育一貫的思想，「夫子之道一以貫之。」亦如是而已矣。反其道者，貪求、濫得，行不勞而獲之得者，進必思壟斷，行掠奪，強凌弱，眾暴寡，成亂天下之巨害者，故凡政治之藉口，草莽之盜魁，細至於盜竊危害之徒，皆謂之不道德。不能明其所得之正，必損人利己，損人利己是謂不合理之私，不合理之私，必傷公義，擾亂社會秩序，則教育未竟養正之功，是故教育者，為社會養正氣善風俗，進德修業，「修辭立其誠」，培養健全人格之事業。

儒學之教育一貫主張全人格教育，偏於技能則不能成人之善，偏於德育則缺維生技能，兩者施教並育，使得修、齊、治、平之事理。無倫家庭教育，學校教育，以及社會風氣之所染，都是人生成長所須歷煉之課業。得其理則人格完成頂天立地之大丈夫，俯仰無愧謂之成人。不成人則淪與禽獸同科，失去人為「萬物之靈[1]」成理。能成人然後能成物，至於修齊治平之大成。孔子曰：「志於道、據於德、依於仁、遊於藝[2]」，四者理有先後，其用則可平列並行，孔子自己即有分科教學之舉，德行、言語、政事、文學，猶如今之國文、數學、物理、化學等之分科教法，只因時代不同，分科自可因時而異。而其立足點亦可有先後次序，如今之學校，必選國文為首，此乃文化立國之要務，否則只有富國強兵，仍不足以成就歷史之輝煌。富國強兵，固保護民族不受欺凌之必要，然而文化人文，乃族脈國脈長生久視之生命要素，焉能不加重視而珍重之。

學必先明理，理即道，故理學大師程顥稱明道先生。理者一切人事合宜，允執其中，己之所欲亦施予人，尊重他人之所欲，自己追求生活快樂，同時亦尊重他人追求生活快樂，是之謂與眾同樂，地平天成，人我具安，達到正義明利之境界。欲達到此境界，則必先尊人必有私心，私心亦是天理，乃生存不可或缺之基礎。重要的是如何安放此心之有私，正有待於修道之教，以明德教育正之，正其所不正，平其所不平。書〈大禹謨〉曰：「人心惟危，道心惟微，惟精惟一，允執厥中。」危就是人心有私，私而未能安放於合理之私，則容易偏盪乎濫欲，為滿足己欲而傷害他人，是以有危險之機。道心是天理，天理大公至正，日月無偏照。雨露無偏施，唯道不近利而主義，故易被人所忽視，不易昭示，故曰微。惟人精思窮理，堅守明德之人道，始可取得公私平衡，執正其中，合理之得成合理之私，則天人之理正，公平正義立，儒者發為中庸學說之所本。

前古賢哲，昔已承認人必有私，儒承此傳統。蓋人而無私，必亦無愛，無愛必無情，無愛無情，斯人也必不仁，一切人際關係如父義、母慈、兄友、弟恭、子孝，朋友有信，將無從建立。故儒學提倡親親，因恕道而推及於仁民欲物。親親就是私，乃合理之私。充分了解私心之不可無，然後可安私心之理。如飲水，吃飯，夫婦之道皆是私，合於天理之私。安放此心，亦唯明德教育可達成之，明德能明其合理之所得，則得升之為德矣。是以儒學教育首彰明德。

能教育天下人人知所得其合理之私，即達天理至正之大公，故《大學》教育首章，即標明「大學之道，在明明德。」乃大學教育開宗明義為教育立宗旨。養成人無幸得之心，無不勞而獲之得，以合理之勞動，換取合理之報酬，是之謂明德，違此者謂之不道德。推恕以宏道，得義利之中，成人道之至善，全人格之至美，立氣節之正。氣節是做人之根本，惟是故孟子極主張養浩然之氣，為節制義利之間抉擇之標準，曰：「生，亦我所欲也，義，亦我所欲也，二者不可得兼，舍生而取義者也。生，亦我所欲，所欲有甚放生者，故不為苟得也。死，亦我所惡，所惡有甚於死者，故患有所不避也[3]」，此孟子教人建立之浩然大節。證諸歷史，每當外族入侵，尤其抗擊倭日之八年抗戰，本《春秋》之精神，宗族堅毅之意志[4]執干戈衛社稷，捨生取義，大義凜然，令侵略者為之攝服，昭示中華民族大無畏之浩然之節，成我民族歷史長存之氣概，唯大節之不可虧，乃立人根本。如大節不立，則人將無所忌憚矣，孔子曰：「小人窮斯濫矣」又曰：「志士仁人，無求生以害仁，有殺身以成仁[5]。」此儒家極重視教育以立節。否則人之行為至於無所忌憚，必傷公害眾，成為人類社會之禍患，是故教育不可偏於技術訓練為滿足，必須有人文義理之培訓，使成材而明仁義之要領，節操無虧，完成人乃萬物之靈，保全天地之性人為貴本分。

故教育既是職業之訓練所，同時猶須是道德人格修養之殿堂。知識須要分工，為方來職場之需要。分工細固易導入專精，同時亦須要培養有思想整合的能力，以達致「致廣大而盡精微」之境地。若果專精一藝而缺乏思辨整合能力，則學問無所依歸而支離散亂，如何能致知

「正德、利用、厚生」之全體，俾人明達役物而非役於物之根本大我，故義理乃小大教育之不可缺。

由此伸明教育本義，就不僅僅侷限於專業教育為滿足，而是具有廣大的人生意義，人博厚自然高明。蓋達一藝為謀生養家之要件，生謀之不可輕，古人早已明徹此義，司馬遷曰：「賢人深謀於廊廟，論議朝廷，守信死節，隱居巖穴之士，設為名高者安歸乎？歸於富厚也[6]」。今而達者之高論，亦不過如是耳！古今同知生計之不可輕。「人生歸有道，衣食固其端[7]」。以陶淵明之曠達，猶深知生計要務。由是觀之，古人並非不曉得經濟發展是人類生計之必然。惟所求者是物質與精神均衡發展，故〈大禹謨〉早就提出「正德（得）、利用、厚生」之經濟哲學思想指導。究天人之際，通古今之變，乃教育之必務，既不泥古，又當整齊現今。

教育乃人格修齊之所寄，人優於一般動物，就是有思想，有理性仁義禮智之四端，不落進化論之謬見，故不可以唯經濟學持論單向決定一切，否則將埋沒人之特質。具體來說，德性修養尤是人類生存與發展不可或缺之要素，缺則人與一般動物無異。由於應用的需要，儘管可以分門別類，形成各個專業領域，而呈技效用，猶不離福利人生，兼濟大眾。否則「道術為天下裂」而無所歸宗。是科學也者，不知其何為而來，如僅滿足於研究者個人的滿足感，將是生民之禍水，這一義利之間的認識，因當代實用主義偏蔽的思想影響，兩相割裂，其所謂「成功就是合理」，「能滿足我即是真理」的悖謬，扼殺教育所應發揮的整體功能，令當代教育只注重於市場導向，無法建立教育的主體精神。

所指教育主體精神者，即針對全人格教育為主體，仁義禮智根於心，窮不失義，達不離道，成人的全人格教育，就是教育的主體。「君子立本，本立而道生[8]」。道即理，理是人生道路之指引，路可通可行，識通內外，博厚高明，既已成人，必能成物，焉有不能謀生奉養之理。因此《中庸》特別標舉「尊德性」然後「道問學」，「致廣大」然後「盡精微」為教育之綱領。

德性是我國數千年來，持之有恆的教育原則，合理之得，尊重人有合理之私，義利融通，不失偏頗，早已成為國人之共同信念，假如人類不至自棄，皆當體認這一共同真理。中國哲學高明之處，即在於能從人性中，抽出善的共性，令原亦是動物的人類，能自我超越於其他動物之上，而定位於「萬物之靈」的高尚地位，完成天地之性人為貴之特質，秉持正氣，而屹立於天地之間，遂有：「天地之性人為貴[9]」之哲學命題。是故我國哲學思想不致於陷入人等同於一般動物之進化論陷阱。

由此可見，教育的主體精神，無可置疑應致力在人格健全之塑造，不單只培養一個個缺乏德性思辨能力，無知識整合能力的工具式人才為滿足。全人格之養成，不但要使人有藝能之專精，猶需令人知所以為人之尊嚴，資用物而不為物所役。鄙棄弱肉強食之禽獸本能。「己欲立而立人，己欲達亦達人」的推恕人文品質，恥人之所不為，發揮理性的律己，「修辭立其誠」，促進道德之向上心，使社會生產力與德性效能共進，俾人文成為人類社會不斷提升之原動力。

知識技藝，乃人生奉養之根本，德性學問，足以洞燭人與人，人生與自然出處依歸之原理。了解生命之元歸，然後動得進止之宜，達致生命真全之觀照，自然不憂不懼，仁智內外，悠然得生命之真趣。「和順於道德而理於義，窮理盡性以至於命[10]」。養成仁、義、禮、智、信之全德，此乃真人之本質，顯現於日常生活，自然活潑，心靈滿足，精神安泰，這是光靠物質生活之所不能達致的。自先秦以至於宋儒，賢聖涵泳精純，而莫不以此為立基教育的最高原理，順承性命，教明德以止於至善。（窮理盡性，就是要深切了解人性之善端。命是自然規律，人所不能抗逆之必然，故人之修短不能自主，必歸於自然之生化，只能「安時處順」而盡其在我，故謂之「命」。）

天地之間，物理無數，唯人能利用此物理，成貨財以福利民生，而彰顯人類之偉績。故傳統教育強調必「盡人之性（善之體）」，然後能「盡物之性（資用之功）。」人之認識物理是主動的，而不是被動的，形而上與形而下的差異性質，在利用厚生的過程中，即以取得心物之統一，所謂「合內外之道[11]」。然則專技教育與德性教育，不論大中小學，必須同栽並育，立成教以為天下利，是人才培養的雙輪共軸，期於達成體用一致之實效。

人盡皆知，人的生存不可能離開物質為基礎，人之異於禽獸有待於德性教育。客觀上，物質有它不可忽視的影響力，在遠古之世，人類未曾養成德性之知以前，物質確是唯一影響人類活動的媒介，及社會發展以後，人漸由經驗累積，知所去取，積成教育養人德性之知，初期，由於財富之艷力所吸引，猶足以掩蔽德性之知，至其仁圓智熟，明德之知使人知所趣捨，唯物不足以致人生之全體大用。達己達人，立己立人，令物質需求與精神養德取得均衡發展，達到道器融通，心物統一之圓融人生。因此，我國儒學教育一向看重這一心物統一的教育原理，不使唯物而喪心，唯心而儉於物之偏蔽。所以主張正德（得）、利用、厚生，精神與物質統一，利與義自然和均而不會偏失，達成正心誠意之教育義理，自然明德而止於至善。

辨義利之教育，因理性以節制人欲，免於德性之流失。縱欲是破壞人與自然和諧之禍水，卻是西方資本主義教育的主體思想，只重利用而輕正德，使人喻於利而忘義，成近代西方教育之偏弊。資本主義教育鼓勵縱欲以滿足普遍的商業利潤，而猶以縱欲為發揮個性為理據以自圓其說。唯視物欲之滿足，輕視德性修身之立本，將地球視為能滿足人之無限揮霍，資源必將為之耗竭，以求足資本之利潤，盲目提高不必要的生產力，為求商品消費而鼓勵浪費，是資本主義社會不解之結。

唯其如此，益能彰顯我傳統教育以辨天人之分，應天役物而不蔽於物之智慧見識，預防人之過度行為，破壞人與自然之和諧，先天的環境保護意識，永保地球之健康。睿智明哲，先「盡人之性」後「盡物之性」以「參天地之化育。」應天而不傷物，適人資用而不浪費，高明處盡得天地生化之理，用物而不蔽於物，教育全德之人格，開拓「民胞物與」之襟懷。如教育不能務此之本，僅高談技術性的教育方法，是不足夠的，終未免於流弊偏溢而無所歸於人文義理之境界。

教育有必然傳統專業技能之務，俾學者得在進入社會之後，有謀生養家之能力，先得「衣食之端」，是人生不可免之大計，由於業有專精，乃得生計無憂，始有可能進求人生更高之理想，符合「富而後教」的基本原則。如果人在得到物質生活富足之後，無教育以啟發其道德之向上心，則可能陷於縱欲而無恥。如是不但無法引導人性上升於德性境界，恐其流盪陷溺於物欲之極而與禽獸合流。故教育之大義，在教人知所以為人，為萬物之靈，所以貴於天地之本質。教成人的唯一途徑，「志於道，據於德，依於仁，遊於藝。」前哲之立教，誠以全人格教育為所指歸，立本於人所以為人，而及於藝業之能，終至成人成物，乃儒家教育之圭臬，成全民族之氣質。

當世之所謂專家，它具有廣義和狹義的兩層層次。從廣義方面言：泛指一般受過專業技能訓練，培養出來的專業人士，如修電工、鋪水管、治屋漏、繕修機械等等專業技工皆屬之；從狹義方面說：通才博學，明曉人生義理，為百業之領袖，則不僅僅如上述專一業擅一工為滿足。非有洞達義理，本於人以窮物理之曉然適物能之用，殊未足以儕諸科學家之林。大凡一個真正有成就的科學家，必具有思辨之基礎，不唯業有專精，窮知物性之然與所以然之用。更須具備人性不可或缺德性之知，明達本末終始之理，然後能正其發明之用，以福利民生，廣澤人類，孟子所謂「勞心者治人」之學理。否則其操自然科學之利器，如核子武器，大殺傷力之化學武器等等，以及醫學之不務正業，以人造人紊亂人理綱常，人類之禍福盛衰，若盡操諸此輩自然科學狂徒之手，則人類未來命運難以預測，一個真正有大成就的自然科學家，必不同於一般的發明家，他們必既業有專精，亦是通人，始能達致「窮理盡性，以至於命」之全德之達人，曉喻生命之大義，然後科學為人所用。

允是而言，則不難發現，今天教育之大蔽無明，即在於蔽於物而不知人，專擅於自然科學與商業無止境之競爭掠奪，而忽視德性之知的人文教育，固容易塑造一技之長，卻缺乏旁通，甚至於予智自雄而輕蔑人文，促使學問支離破碎，分科繁瑣，整合固屬不易，而尤不以教育全德為宗旨，又如何能期望培養出具全德思辨之人才，由是循環往復，學者既無從曉喻學問真理之大，將如何知所以「成人成物」之義理。

當今學校教育之所以普通不重視人文教育，無疑正患此自然科學與商業文化之迷思，唯利而輕義，重視專業培訓，而忽視通人教育之要務，其中猶以大學教育為甚，造成青年人和社會裏，存在一種普遍的錯覺，認為大學僅是培訓一般專業人之所謂「知識工廠」，別無高義，此乃今日大學教育之大弊。只要人一進大學，過渡四年學業，便是專家。失義的專業教育，在社會上某一特定階層看來，甚為必要，如企業家、工廠主，他們所需求之才能，僅以滿足提高其商品生產力，取足利潤為目的。以西方實用主義觀點出發，成物不必成人，達己不必達人，己所不欲，必施於人的商場文化，因勢由利導之，有教而無育，基本上不符合教育之大原則，從教育的真理來說，是不足取的。人情無義育必唯利，嚴格地說，一個人只具備某一專業技能，或具某些單一而膚淺的賺錢理論，如行銷學、廣告學，有不可避免的欺騙成分者，而猶缺乏道德之向上心，是有害的，正如孟子所說：「為機變之巧者，無所用恥[12]」。誠千古教育之名言。

縱觀我國當代教育深受西方實用主義之影響，加以資本主義生產方式之激盪，再經共產黨唯物主義之無理強加於國人，實際上已經悖離傳統道藝並修的人文思想教育路線。由於資本主義生產方式決定了人的思維，幾乎將一切事物都被界定為商品，市場導向，供求決定趣向，教育亦自不能例外，造成師生間喪失倫理關係，師道掃地，學校與學生只有如市場上的利益結合別無高義，育善教仁成為虛與委蛇的形式，禮義道喪。於是，大學成為工商業者高級人才的訓練站，教育僅僅是為了滿足社會生產力之需求，教育的根本義理被抽空，真理之探索日趨澹薄，人文之理想培育被拋棄，人類的悲哀莫甚於為物所役而喪失主體精神之我。是故當代人類雖有豐盛之物質享受，惟精神落寞，思想導向模糊，惶惶不可終日的過度競爭，漸成苦海深淵，歸宗無處，造成這種現象，歸根到底，正因人文之主體精神流失，使人將不知其所以為人之尊嚴之故。

學校本為探索真理，發揚正當理想之所在，必當有其所以異於世俗之個性，方能養成正氣，培育清流，矯正風俗，革濁揚清，領導時代，俾社會向人性正確方向發展，此學理之極則。學校固不必刻意去營造所謂象牙塔形象，但亦不可與濁俗合流，否則必然要失去學校應有之氣質，設若學校喪失其應有之正大風格，則學徒制足矣，猶要學校何為?尤其大學已無存在之必要，嗟乎!近人之不察也。

很不幸，當代的學校教育，尤其是大學，不惟未能發揚大學應有之獨立個性，反備受濁俗之影響，日趨與濁俗合流，甚至於跟隨濁流，被濁俗牽著鼻子走，乃至於同流而合汙者有之，如此已喪失個性的大學教育所為何來？其只能培養一個個僅以滿足社會生產力所需的工具型人才，安何有德性人格尊嚴之可言？正德、利用、厚生，三至者喪失正德之首義，尚何有清流正氣之培育，如學無良師，學生將無所矜式。

如果我們這個時代的教育，僅僅只能培養出一個個電腦型的專家為滿足，而完全缺乏理性思辨之能力，則人為物役，喪失「成物」之主動權，而物質足以淹沒人之德性，人必將反為物質機械所統治，尚何有人之可言？只能局限於看起來物質極其豐富的物質世界，而人生精神盪失，不免生活於危疑憂懼之中，無從超脫。人文之衰弊，人類將無未來之希望。

二十世紀以來人類之虛假，正在於放縱人欲而精神虛耗，一切帝國主義之侵略，資本主義之相互掠奪，激盪於唯物主義之偏蔽，莫不皆由是而生。一方面是作為物質世界，因人類之過渡誅求開發，而憂懼其終有枯竭之一天，故極其爭奪之能事；一方面，由於一時物質生活之豐盛，令淺人有忘形之樂。聰明者期其能長保久利，但又深知其不可避免的過度開發，令地球之有限資源將無以為繼之憂，任意揮霍破壞地球，人類將無安身立命之所，於是有所謂環境保護之聲高唱入雲。另方面則在政治上高喊民主，而有諸多的選舉遊戲，卻未免流於虛偽與庸俗之本質，狡者扇風，豪強憑勢，人民被玩弄於鼓掌之中而不自知，其實民被主導而不能自主。蓋德性之不尊，人心之放盪，權利與義務是非混淆，故利之所在，必有爭心，政事混沌，正在於人之不惜清譽，唯利之爭，已經不是過去的「爭名於朝，爭利於市」之行檢，而是利之所在，不惜損人利己，破壞明德合理之得，權與利之所誘，人不計清譽必至於厚顏而無恥，名之不存，德將焉正。孔子著《春秋》「貶夫子，退諸侯，討大夫」，「賢賢賤不肖」，申名節之嚴，以為「天下儀表[13]」。故「《春秋》成而亂臣賊子懼[14]」，今已無所用其名，無所忌憚矣。

民主之定義，絕不是容忍個人之放縱，而是要求達致天下人人能得其合理之私之明德。歷史發展過程中，人民自覺去追求公平正義，以防止少數或極少數人武斷來決定大多數人命運，而激發出來的自主意識。故凡言民主者，必先存民生之念，以誠敬之心導向民利為依歸，恥口談民主，而肆行爭權奪利之醜態。

民主的大前提，是維護共同利益，公平正義的資源分配，人人平等自主，強者自覺不敢凌弱，眾者守約不得暴寡，擺除統治對人民之壓迫，體認「己所不欲，勿施於人」，亦就是說，不要把自己的快樂，建築在他人痛苦之上，深切著明。然後才有可能達成尊重每一個人的自主權，更互相尊重各自個人的自主權，「己欲立而立人，己欲達而達人」正其所得，而恥於濫得，這才是真正的民主本質，明德之宗旨，真正的普世價值。設若徒具形式的一人一票民主選舉，只是政治之一種手段，而猶「以成功證明合理」，以「能滿足我就是真理」的偽真理者的西方實用主義價值作為指導，遂行其權欺詐騙之狡術，則其所謂民主，將成小人得志，君子向隅的虛假政治遊戲，歷史反動，無非把古代的專制擺明貴族少數統治多數的暴力政治，換成少數欺世盜名之騙徒偽君子統治，猶何足為貴。

故真正的民主，猶須倚賴德性之教育，俾人人知所以自處，辨義利之分際，不欺詐，不侵占掠奪為義，以不凌人為貴，如此不虞莠民之亂真，不逞之徒之梟視，務民主之本真，知所務本，固無需蹙額低眉，孜孜於法治之為用。「夫禮禁未然之前，法施已然之後，法之所為用者易見，而禮之所為禁者難知[15]」。是知教育之功在內，而法治之用在外。內自正則外治之力省。教育可使人內省不咎，變化人之氣質，因善成善。法倚力以制約人之行為，受恐於暴力，而非明德之自制，一旦外制之法弛，則人情之惡必現，無能改變人之氣質。故宋儒有義理之性，與氣質之性之辨，義理之性真，氣質之性浮，是故法治者，能阻嚇人不敢犯禁，未能徹底使存真民主之心，一言以蔽之，法治乃政治之手段，非民主之本質。只有教育明德，為實現民主之希望，法治未足以竟真民主之功，只可輔民主之勢。

一人一票的選舉方式，只能是民主政治訴求的操作手段。上古氏族聯邦時代，早有「選賢與能」之初制，並非始於今日，更非始於古希臘時代。如果無法教育人民深切體認民主之真正意義，人人守其合理之私合理之得，徒以選舉形式，則無異是一場耗費不貲的社會政治遊戲而已，消耗大量的人力物力，而無法達到真正民主要求。人才難得，古今無異，以懵懵之民，付以選賢與能之大任，期其不受詭辨譎詐之欺騙，必不可得。如是民主變狡者作民之主，令小人得志，古今高才善人未必能口給禦人，往往不如小人口給佞辯之能動眾，故歷次選舉必然是君子向隅而小人得志者多，人無明德之心，一旦當選，必假權謀濫私自利所在皆有，造成歷史的悲哀，人民之不幸，何有可貴之處。人們拋棄專制獨裁，卻落入被奸人操縱之命運，雖仰天長嘯，天所不應！

或謂法治是達到民主之捷徑，則差之毫釐，謬以千里的膚淺見解，枝葉末節，不足深論，須知法治者出於人為，集力以制人，如無良好之教育，法無從改善人之本質，蓋理已有人性善之先天定分。孔子曰：「性相近，習相遠[16]」之明訓。相近者，善之本質，相遠者在於接受外來影響之偏差所造成，夫「知誘於外」，而「物之感人無窮」，若其接受外來之不良影響，而令本性動搖，善端被所淹蓋，則「物至而人化物」，如是則「天理（善）滅而窮人欲」，是則習相遠矣。故必須教育以救其偏，《中庸》曰：「天命之謂性，率性之謂道，修道之謂教。」性本善，循性而行，不離本性之善，是合於天理之道路，或後天之有行為偏差，故須教育以糾正之，是謂修道之教，使其歸本於仁義。孔、孟同主性善，而荀子主性惡，故其教主隆禮而流於法，善因善導，惡必力制，禮法者，皆外在之制力也。是故仁義者，主內化歸善為功，發揚人性自尊。教育人自負其天賦之責任，非善不足以成人，人人自負社會責任，足以導向公民社會公民道德之實現。隆禮尚法教育，乃外鑠於我之力制，終歸暴力之法治強制。能強制之所不敢為，未能誨人崇本而歸於德性之自律。由是可知主性善，教仁義，乃真民主之本質。

法治未可避免，固然是民主社會未達成之前的普遍現象，一種以力制惡的社會力的規範，惟必須認清其非民主之真正本質，極易被利用為政治工具，其實法亦往往就是政治工具，歷史發展不能寄予過高之期望。真正的民主達成，所繫者仍在人之教育，明是非、辨善惡，賢賢賤不肖，德性之流行，人明知合理之私，乃必經過合理之勞動而取得，明德不侵損他人之權利，為人天賦行為之守則，自無需假法治之外力約制，此真善之體現，民主之本質。

應當指出，法其實亦是由人製造出來的政治工具，由甚麼人製造出來的法，即屬於甚麼性質，其本身就集合某種人意志的集體暴力本質。立法者之是否有私？而執法者之是否明德公正？法本身即具有非民主傾向。而製法者用法，受法者受制於法，故製法者由人，而用法者亦由人，以人而提此集合暴力之法以法制人，猶顯統治者與被統治者之不平等，又操提此法者，是否具聖人之用心，如其不然，則難免有主觀之好惡，情意之偏，而執生殺之權衡，其危迫可知。或曰法律至上，未免工具神化，人而被工具所統治，又是何等悲哀?!

況且執法者，或稱訓練有素，但畢竟僅接受數年之教育訓練，嫻習律條，未必精通法意，熟悉條文，即成專家，然心智之養成，決定於德性之教育，尊德性所以正心術，心術正然後能操持之正。古人昔已指出，人須先「尊德性」，然後做學問「道問學」。因此，法之根本仍然得歸於德性之根本。若脫離這一先天法則原理，法律將成怪物，任由當權者操弄，工具變成統治者。為此、教育不可僅僅以專業為滿足，是顯而易見的。德性之知旁通而該遍，教育「明德」，冀人文之能以輔助各專業科系人文之不足，令學校教育能培養健康之人生，然後可完成良好的崇德事業，資人道齊而不失性。學校成真正的教育殿堂。

人文教育，就是俾學者不蔽於一事一物之是，而忽視人生實在之整體，避免專精而不達人生，人如僅能專於一知而不能通達，必然不能涵容廣大，不能周遍旁通，受囿於一知之見而心胸狹隘，不可能成為具高瞻遠矚之大才。一知之蔽，往往使人器識受限，專精於一物而反蔽於物，不能明通本役物而非役於物之義理。能役物，始可利用厚生，造福人類而澤及子孫，此之謂知學之全才。否則為物所蔽而為物所役，主體精神放失，人依附於物，落入唯物論之圈套，失卻利用厚生之宗旨，於物焉用？

業致專精，固然是社會生產力必備之務，因其專業知識，是以曉徹一物之底蘊，發揮物能之用，提高商品質量，工具的應用，有助商品之流通，優化物質世界，提升人的生活品質。而進一步格物窮理，因物能開創利於人類的自然科學，其對物質世界之貢獻，都是顯而易見的。但儘管如此，物質與精神，是本體與現象的關係，必須取得協調，始不致心物兩離，心物分離，則物質之豐裕，仍不足以給人帶來最終的幸福快樂。假如人類僅滿足於物質需求而已，而缺乏道德人格之修齊，不能使人神明茂達，則將與禽獸無異，故孟子鄭重警惕後生曰：「人之所以異於禽獸者幾希[17]」。

人之生存條件，必不能脫離物的生活基礎，是無需爭辯的一個層次，然不是全然停留在這一層次，他有必然高於一般動物之要求的精神層次，成其人之所以為人，萬物之靈，天地之性人為貴之本質。

夫物存於前古，在人類尚未具備智慧之世，固唯物是引。然後人因物知，「物至知知。」乃遂衍生好惡之辨，此「感於物之動」也。由於心感於物，心物兩相接觸結合，即互相交融，乃生心靈智性，於是有神有魂，故能裁物役物，形成心與物統一之用，因是、物之歸趨，有指有的，進入非唯物世界，「利用厚生」，否則人類迷迷惘惘，唯物是依，矇昧彷彿，不知好惡，莫有人的精神主體，如是，則人同於「無明」之物，精神不能成物之功，魂不能使心動而生善端，必有的仁、義、忠、孝之人性無從展現，焉能及，禮、智、信之心性動能。則人亦當歸類族於無智慧之生物同倫，焉能進而脫離禽獸之高境。然則人將何以是人成疑問，唯物論者如何解群疑之惑？故嘗謂唯物論，乃枯蔽而喪失主體精神之學。它與進化論之末流，和資本主義的絕對自由經濟學說，並屬偏蔽之學，「蔽於物而不知人。」未達生化之原理。

蓋物不能自明，必待心以明物，「神而明之」，心不憑物，則無從擬議使成變化，「擬議而成變化。」是心靈與物質不可相離，離則兩缺。至於物質之豐儉影響人的思想視聽，亦須視乎歷史時空而有所差異，人之幸福快樂是出於主觀感受的，更不全然由物質來決定。故古人之物質享受遠不及現代，貧家儉於富者，但現代人、富人，未必比古人、貧人更快樂。「相見無離言，但道桑麻長。」、「漉我新熟酒，隻雞招近局[18]」。「煙火村聲遠，林菁野氣香[19]」。「西塞山前白鷺飛，桃花流水鱖魚肥，青箬笠，綠簑衣，斜風細雨不須歸[20]」。田家漁戶，歌樂相和，青山綠水，人倫親情，雖粗飯短褐，何曾不其樂也融融。是以說明物質之不能決定一切，此唯物者所當重視。

反觀當代人生活，貧者逼於糊口，終日奔走猶見衣食維艱，富者揮霍無度，而猶憂遭朘削，惶惶不可終日。而自然科學之驕天自伐，過度開發，破壞地球生態，造成自然科學之反噬人類，既憂自然資源之枯竭，復懼核子武器之殺傷力，人與人之激烈競爭，令人失去互相信賴之誠。如是者物質雖豐饒富足，而人之惶懼不安，失去安全感的二十世紀以來之人生，是否比千百年前的人更快樂？更值得當今人類深思反省。

我國之傳統教育，務在教養人所以為人的基礎下功夫，人而不能成人，遑論成物。故孔子教育，先以道、德、仁、藝四者之外，又增知、勇、廉三項成人條件，涵蓋專業教育和道德教育之全體，為儒學教育之極則。可是這一睿智明哲的教育思想，卻於近代以來遭國人所棄，去而崇尚短視而急功近利的西方實用主義教育思想，以劣逐良，而無理地定性儒家教育思想為重人文而輕科技。夫物有本末，事有終始，本之不立，枝葉何由暢茂，捨此立本教育之善道，而襲取西學實用主義之偏蔽，競相以唯培養專技人才為時尚，而輕培養全人格之教育。如此趨向固有救近代國家衰弱之功，然亦由是造成教育之偏重，影響完整教育之成效，恐生將來之亂源。

案孔子所指出之道、德、仁、藝四者，雖有立本先後之次序，但於現實教育自可平列而行，制其宜即可，不必要把它解釋成重人文而輕科學之必然，孟子有「盡信書、則不知無書」之說，於此應曰：讀死書，不如不讀書。不可不知，孔子自有富而後教之主張，並無輕忽生計之務。審孔子的教育思想，無疑是要求人於接受教過程當中，必先立本，先把持住做人宗旨，然後講事功，始可得無悔的安穩人生。否則一個但求滿足自己，而罔顧公共秩序，損人利己，無道德的人，恐怕要比野獸更為有害。是謂：「物有本末，事有終始，知所先後，則近道矣。」指出成人成物的教育宗旨，思想是一貫的。如果一個未養成健全人格的人，而手握自然科學之利器，或位居社會政治要律，其傷人害物，可以預見，雖矜能何益？

我國哲學一開始即把人定位於宇宙中心，不依附於鬼神，免除宗教之束縛，尊天敬祖以立人本，而直接從人性抽出善之共性，使人自然超脫於一般生物之上，而為萬物之靈，靈即善，成其人所以為人之本質——德性。「天地絪縕，萬物化醇[21]」，乃化生人性善之本源，是謂「義理之性」，所以敬尊德性，乃學問之根本，過此者失性喪心，學問偏濫而無所旨歸，必然流於矜能逞強，肆其攻侵掠奪之野心，才能將成為傷人之利器，為近代西方帝國主義之本質。誠知教育須培養藝能作業，同時亦應育養人成其為人的健全品格，博捷宏通，立己立人之全德。

1 《周書・泰誓》上篇。
2 《論語・述而》篇。
3 《孟子・告子》上篇。
4 參閱第三章〈宗法思想〉。
5 《論語・衛靈公》篇。
6 《史記・貨殖列傳》。
7 《陶淵明集》卷三〈西田穫早稻〉。
8 《論語・學而》篇。
9 《孝經・聖治》篇。
10 《易傳・說卦》。
11 《禮記・中庸》篇。
12 《孟子・盡心》上篇。
13 《史記・太史公自序》。

14 《孟子・滕文公》下篇。
15 《大戴・禮察》篇。《史記・太史公自序》。
16 《論語・陽貨》篇。
17 《孟子・離婁》下篇。
18 《陶淵明集》卷二〈歸田居五首〉。
19 《范石湖集》卷三〈田舍〉。
20 張志和《漁歌子》。
21 《易・繫辭》下傳。

第三節 明德解

明德，是周代教育之大經，文王倡道，周公依之以制禮作樂，《易・繫辭》下所謂：「立成器以為天下利」之聖功。因禮、樂教育以建明德，是儒學繼承周公的教育本旨，而加以發揚光大。故《禮記・大學》篇首章，經文即開宗明義地指出：「大學之道，在明、明德（得），在親民，在止於至善。」欲親民，必須與民共利，與民共利，則必須損有餘以益不足，殺其獨利侵佔之心，不貪求、不濫取、勿壟斷、無不勞而獲之舉，以造成損人利己，如是，則人人得其合理之得，成德之名。故得德兩字，古文同音通假互用，惟內含不同層次。得一般是指一切有所收穫之大共名；德是經過所得合理不合理之判斷之後，抽象概念之名，故德是合理之得的進升。《說文》第二篇下曰：「德，升也。」段注云：「遷登也。」遷登者，即是說得之合符義理而提升之為「德」。

是故人經以正當手段之努力而獲得者，不論精神上或物質上之收穫，皆為得之合于德，成道德之德定名。是則《大學》之定、靜、安、慮、得之本旨，即要求學者，於臨利之時，必須審思明辨，定其是非，然後知所取捨。知止建「明德」之功。乃共利親民的要旨，是之謂合理之得為德之基。

蓋人皆有欲得之心，欲得之心即是私心，能節其私心，量己之所欲量及他人之亦有所欲，自然致知「己所不欲，勿施於人」的推恕之道。知推恕者其德自明，是故凡合理之得者，正名之為「有道德」。道即理，反是者，謂之「不道德」，合理之得正合理之私，是謂「正德」，正德然後能利用厚生，推己及人，自然而然共利親民。人無非分侵掠之惡，天下人人得其合之得，節為合理之私，乃至正之大公，人道之正義。此儒學重德教之宗旨，今人稱之曰「德育」，名正而言順。於是凡一切人事之正得失，辨是非，皆必以之為準的，故德是一個極重要的哲學命題。無過不及中庸之本理。

德字商代甲骨文已有記錄，羅振玉釋德為得失之得字[1]。商代迷信鬼神，政事上實行嚴刑峻法，未見善政憲章於後世，是否已有如周代之道德觀念，片文隻字，書缺有間，難以判定其義。惟審德字在儒學經典中，是一個極為重要的關鍵字，用於表達一切美善事物，詞義清晰，如道德、仁德、善德、美德、公德、私德、德行、德義、《易》之「四德」、《書》之「九德」等等，無一不以德字貫穿之，宗經明道，皆以德字為表述。然而，歷來對於《大學》之「明德」無確詁，致令此一儒學教育極其重要的關鍵詞，含混無明確定義之解釋，鄭玄注《大學》云：「明、明德。謂：顯明其至德也。」何謂至德，仍然不能明了德字之意含，說了等於無說。朱熹釋云：「明、明之也，明德者，人之所得於天，而虛靈不昧，以具眾理而應萬事者也。」雖已涉及得字與天理，然而牽扯其理學之絕私推理，猶是略知其意而未曾確說。蓋天理至公至正，能本天理而取得者，即是合理之得，合理之得，即私不害公而公不妨私，自無損人利己之患，是之謂「明德」，乃教育之宗旨。

德字既是儒學經典中，涉及教育義理之大原則，絕不可囫圇吞棗，致學者模稜懵懂，務必清楚闡明它的內含定義，俾學者有所指歸，自然明了「大學之道，在明、明德，在親民（宗法社會以親親為本，在此仍以親字為當），在止於至善」之義理所在。示以合理之手段取得其合理之所得者，就是符合天理之明德，即止於至善之過程。如此，則經典中德字，可有確義，免於霧裏觀花，彷彿其像而摸不著邊際，造成義理隱晦，影響正確判斷。故明德者，就是說明人之所得者，就須是經過正當手段，即是「明德」得合理之私義理。

綜觀儒學經典中，德字乃貫穿仁、義、禮、智、信、忠、孝、慈、愛、悌、恭等美善行為之表述。故《禮記・樂記》曰：「禮樂皆得，謂之有德，德者，得也。」得字則是指，凡事物之有所獲得，皆可以得字為表述，是未加以道德，不道德之判斷之前的總名，而得、德內容是兩個不同的層次，除了物質之所得外，尚有學問精神獲得充實美善圓滿之得失，禮、樂者周代政教之大宗，育善之途徑。能明德始可達於至善之境，致達「止於至善。」一切合理之得天道仁義皆至，是謂有「道德」，一切貪濫、幸得、損人利己，不勞而獲，行偽而堅，言偽而辯，不顧公義者，謂之「不道德」。於是凡人不道之得，就是不「明德」。明德者，以合理之勞動，換取合理之報酬，不貪求，不濫欲，無不勞而獲，不損人利己，是之謂合理之得，合理之得，是之謂合理之私，合理之私，合中庸之道，則合理之私，亦是天理，所以得升之為德。凡不道之得者，是之謂不「明德」，不明德即是不合理之私，不合理之私者，為古今公誅之對象，不齒於人類者貶之曰：「不道德」

明德二字連言，始見於《書經・堯典》「克明俊德。」俊釋為大，就是明大德，大之德莫大於天下人人得其合理之私，給人人得有其生存空間，所以曰：「光被四表」，四表者天下也，天下人人得其合理之得而和樂生活，所以「黎民於變時雍」。故能「協和萬邦」德莫此為大。《周書・康誥》曰：「文王，克明德慎罰，不敢侮鰥寡，用肇造區夏。」刑罰是人之大痛，故用刑必慎審案實，無枉無縱。刑罰與犯罪事實相稱，則刑無冤濫，是慎得用刑之正。敬其用威刑之當而無失，此文王告戒其子孫，周之所以由小邦而得天下者，因明德慎罰，行道之正，德建名立，人人悅服，是則所得莫此為大，乃明德以得天下。其他經典之德字，皆貫穿於此合理之得之正德為義，據是明德之本意。是「大學之道，在明、明德，在親民，在止於至善」之功夫，全在於「格物」之至公至正做起。故大學以「致知在格物」承此正明德之大義。

鄭玄注云：「格來也，物猶事也……事緣人所好來也。」人之所好者，莫好於公平正義，給天下人民享有共存共榮之生活空間，此乃好而來者，物情之自然。欲致公平正義者，莫如人之能明德，教以致天下人人皆能明其合理之所得，人人安身立命「盜竊亂賊」自然不作。人一有貪濫、幸得之心，必導致損人利己，而將自己的快樂，建築在他人痛苦之上，致失德之正。故齊家、治國乃至平天下，皆由修身以正物情之「明德」而得，繼之以正心誠意而持守之勿失，故止、定、靜、安、慮、得，皆為格物之次第。格字自有平義，《說文》格字段注云：「有摩杚之義。」杚，平也。同段注云：「杚者，平物之謂。平之必摩之。故《廣雅》曰：『杚，摩也，古杚與概二字通用』。」概字《說文》曰：「槩，平斗斛也。」說明格本字乃平之義甚為清楚明晰，故《大學》下文繼之以說明之曰：「物格而后知至，知至而后意誠，意誠而后心正，心正而后身脩，身脩而后家齊，家齊而后國治，國治而后天下平。」層層推進，無非要求學者致力於治國平天下一個平字的學問。究《大學》全篇，無非教學者有志於政治之公平正義，先必由自己致知明德以求合理之得，俾知人必有私，所以治國平天下，必需使人民得其合理之私，人人得其合理之私，即是公平正義之達成，人無失所，自然國治而天下平。堯之所以「光被四海」，為歷史所推戴，文王之「不敢侮鰥寡」使天下歸心，齊樂同德（合理之得）是以能做到周雖小邦而終得天下之大治。可見《大學》一篇之經文，是儒學為培養治國平天下人才而作，其目的就是教育學者，欲達成政治上之真正公平正義，必需做到天下人人得其合理之得，則德明而心誠，「稱物平施」，天下自然為公，公足天下人人合理之私，德使天下人人致知於合理之得，如是私全而公立，何患天下之不治？以下錄《大學》經文，并試補釋之。

大學之道（大學教育之原理），在明、明德（學問首要須明白人欲有所獲得，必當以合理之勞動，換取合理之報酬，乃得之正，得之正，為脩身治國之本），在親民（程氏改親為新，是受下《傳》文之影響，其實經、傳之命意有不同層次，蓋宗法社會以親親為尚，改字有背經旨），在止於至善。（人皆明德，得合理之私，自然不會損人利己，侵害他人利益，人人得合理之私，是謂至善）。知止而後有定（人明德合理之私，欲有所止，自然養成合理之得之定見。），定而後能靜，（欲得之心有定見，自不會被貪求物欲所躁動。），靜而後能安（心存合理之得定見，內宅自在安和。），安而後能慮（內宅安和，思考自然周詳。），慮而後能得（思慮周詳，明白公平正義，在於天下人人得其合理之私的真理。）物有本末，事有終始，知所先後，則近道矣。（致明德，首先在於明白合理之得，合理之私為本。最終達致至善之大成。）古之欲明、明德於天下者，先治其國，欲治其國者，先齊其家，欲齊其家者，先脩其身，欲脩其身者，先正其心，欲正其心者，先誠其意，欲誠其意者，先致其知，致知在於格物（格為平，已如上釋）。物格而後知至，知至而後意誠，意誠而後心正，心正而後身脩，身脩而後家齊，家齊而後國治，國治而後天下平。自天子以至於庶人，壹是皆以脩身為本。其本亂而末治者、否矣。其所厚者薄，而其所薄者厚，未之有也。

本之儒家教育思想，首先教仁、尚義、明忠、崇信、極孝、悌恭，為脩身之要旨。而在社會政治關係上，最重德養，德就是合理之得所升華，故在經濟分配上，強調「正德、利用、厚生」乃儒學經典對政治的普遍要求。正德就是合理之得以足人合理之私。如上指出，以合理之勞動，賺取合理之報酬，士、農、工、商同以是為準，就是德養，即正其所得，不貪欲，不濫得，無非分之求，無僥倖之得，得合理之得是謂明德，能明德者，必不損人利己，不把自己的快樂，建築在他人痛苦之上，是乃全合理之私，為得之正，是謂「正德」。故儒學提倡親親，親親就是合理之私，人情之正理。如是凡合理之得乃升華之為德，得德統一，人道政事均和，稱物平施，無不均之憂，達致「貨惡其棄於地也，不必藏於己，力惡其不出於己身也，不必為己。」自然利用足以厚生，生民咸樂，乃致太平之所必務。

德字出現在歷史上甚古，經典明文，處處可見，《易．文言》有「四德」之品題，《夏書．皋陶謨》有「九德」之釋說。惟至周初，文王乃有「明德慎罰」，以興周邦，平天下之誥言，以教育子孫，以「不敢侮鰥寡」，彰德（得）之善政。為我國歷史明正政治惟善之標的，說明治國始於平人心，道明德，理人欲平有私之心，民心歸德，然後德刑施而人無怨，先德而後刑，此乃得之大以成德。蓋導民唯德，不足以防宵小之為非。故治國猶須德刑兼施，《周書．康誥》曰：「庸庸、祗祗、威威[2]。」庸即常，祗即敬，威即刑。即是說，教民以明德，而世有莠民，作不明德以損人利己之得，則必有刑罰以矯之，但刑罰者民之瘼，「死者不可復生，刑者不可復屬。」必須敬慎用刑之意。免於刑罰過當而造成民怨。所以有重複用字者，乃加意隆重說明之，德刑當則民心服，得民心就是德政，德政者，得之大正，致止於至善之境，是之謂「明德」。《左傳・僖公》三十三年曰：「敬、德之聚也，能敬，必有德，有德以治民。」能敬事業，必得民心，得民心者得天下，是謂德之聚，得聚為德，足以興國養民，得之盛也。又二十五年曰：「德以柔中國，刑以威四夷。」《周書・洪範》「柔克」字並作和字解，《經傳》柔字亦多有和字義。柔中國即和中國，《虞書・堯典》「協和萬邦」，意皆得民心和中國，盛德之義。至於「刑以威四夷」，蓋《春秋》有夷夏外內之辨。夷族荒遠，未被王化，乃德化未及之地，先威刑然後教德善，是即「遠人不服，修文德以來之」本意。教明德之舉，而德刑有度，外內咸服，無反對意見，所謂：「正德應和曰莫[3]」，莫即莫然無反對之聲之謂，政至人民無反對聲音，乃和之至，德之明，堯、舜之治，文王之德，湯、武之政並皆如是而已，此得之正也之盛德。

以下還有《左傳》數條論德字並該作得字解，〈宣公〉二十四年曰：「申反而伐之，服而舍之，德刑成矣。」〈成公〉十六年曰：「德以施惠，……刑以正邪，民生厚而德正。」

凡經傳中德字皆可作合理之得解，故《大學》立教，即首舉「明德」為教育之指歸，能「正德（得）、利用、厚生」始可臻於至善之境。不過得字為中性字，未作判定合理之得以前之表述，故得之與德，是一事之兩個層次，兩個概念，次第分明。得之中性，不含道德是非之判斷，舉凡於物有所獲取就是有所得，如盜賊之殺人越貨取得財物，盜竊亂賊之得顯屬非理之得，然在盜賊亦是有所得。《左傳・定公》九年曰：「凡獲器用曰得」。德字《說文》曰：

「升也」即作道德之判斷之後之定義，道德者，即上所舉的合理之得之論定，謂之有道之得就是道德，包含所有德性之善，所以得進升為德，是人性受教育後之升華。一切權偽詐術，盜竊濫取，不勞而獲，損人利己之得皆不道之得，故謂之不道德，所以儒學立教以「明德」為本，命之曰「德性」。

這一具普世價值的教育真理，猶今天教育事業不可背離的原則，人文教育正是為此「明德」而設，師道尊嚴，視此為嚆矢，舉凡只顧專精而忽略人文，則教無良師，學者將無可矜式，明德是人格教育之根本。人皆有私欲，以正當手段取得，雖多不為貪，不為不義，以不正當手段取得者，雖少屬貪屬不義。以此界定道德與不道德之別。就是義利之辨。人必先正己而後能正天下，乃大學教育「作新民[4]」之義理。新民者就是領導潮流，開創時代人文醇正之新風貌，移風易俗，使人矜義自重。一樣是提高社會生產力之要素，使社會敦誠樸實而不虛華，自能與自然環境協調，不致傷害地球，免於奔走環境保護之勞，導向人類得真美善的歷史方向發展。俾大學教育建千古之功，免除人類慽慽於未來之危懼憂惶之苦，乃真大學教育精神之所在。

教育無疑是社會之一部分，關心社會，服務社會是必然之宗旨，孔子曰：「誦《詩》三百，授之以政，不達，使於四方，不能專對，雖多，亦奚以為[5]」。就是對徒讀書而無能力服務社會的批評，說明孔子對學以致用的教育成效，有強烈的要求。儒學教育傳統德性、學問、事功，是一貫的。更反對空談學問而無所作為的學究式人物。教育的目的，本來就是以服務人群、淑良社會，改善政治環境，以正風俗為目標，不然則教育何為？故它絕不是單純，無靈魂的「社會服務站」，更不是無德性的「知識工廠」而已。它是承擔探索真理，發揚正當理想之所在。因此，學校畢竟有異於一般的大眾社會群體，自不宜混濁雜遝，造成污染清流正氣，喪失領導潮流明德形象。近世多學西人之倡說，欲將學校定位為「社會服務站」，乃至於所謂的「知識工廠」，等於否定了學校應有的高尚氣質，任其隨波逐流，合於濁俗，是不明德之教。而憸人附會其說，撩人繁音，遂高徹雲壤，紛紛其說，乃有大學應走出象牙塔異類之說。其實所謂象牙塔之說，僅是西方十九世紀的產物，以為藝術而藝術的自閉。中國素無此種虛無主張。中國傳統教育所特別強調的是「經世致用」之學，故有「文以載道之強烈主張[6]」，原無此象牙塔問題，只有明德至善之要求。

當今所謂之知識爆炸時代，然而人文卻沾滯不諧，真正人類的普世價值仁義明德無從彰顯，掠奪式的猛烈競爭大行其道，明德教育隱晦不明。於是有知識，卻不識人類共濟之理，競爭之終極以掠奪為依歸。損人利己、詐欺、蒙騙成資本主義社會不言而行之規律。世道紛紛，莫知宗明德之成理。社會多元而缺乏人文之信仰。善惡是非混淆，社會無或賤不肖、恥貪濫、抑強暴，明恥於損人利己的不合理之私。

欲導之依仁蹈義以崇明德而不可得，如是人倫失序，美國式之教育難辭其咎。西方人之自謂文化危機，正在於此。自然科學的高度發展，它無疑為當代社會帶來了階段性豐饒物質生活，亦促使資本主義的生產力大為提高。但不可忽視如以上所指出：因資本主義之高度揮霍，必然造成的資源過度浪費，促成過度開發，過度浪費、過度開發，不但令地球資源枯竭，浪費同時造成高污染，使地球生態日見危促。本來地球有自我淨化能力，千萬年來人類並非沒有因生活所造成的廢物污染，而是其污染程度在地球自我淨化能力範圍之內，所以污而不染。只有這一百多年來所謂知識爆炸時代，因自然科學發達，促使人們之認識偏差，資本主義任意揮霍，致有此違背天常的高度污染，都因不明德有以致之。古人云：「天作孽，猶可違，自作孽，不可逭[7]」。二十世紀以來，所出現的問題，皆人類自作孽所造成之病態。如今發達國家侈談環境保護，殊不知汙染大源正由此輩國家所造成，而不自作負責任之防杜，卻肆行轉嫁於開發中國家，責其防保之不力，天地間之不公平事，莫此為甚。職是之故，今天教育之不可再一意輕視人文，流於只顧實用之淺見，教育如無法培養治本之人才，猶何以救此時弊，明德之教，乃千古不易之真理，教育明德，始有止於至善之人類歷史前景。

因是之故，教育應保有其清純正大之氣質，敦厚樸實而不虛華，方能養成學子正大清純之品格，俾其步入社會之時，既具備有專業知識，又具有高尚品格，高瞻遠矚，資以導正時代風氣，達到成人成物，正己正人的明德整體成效，而達成「新民」之功。尤其大學，不僅僅培養有專業知識，而器識庸鄙之輩，而期望其敦人倫，美風俗，崇禮法，講民主，有助於人類社會秩序之建設者，將是緣木求魚，萬不可得。果真如此，則大學教育已根本喪失其主體精神，沒有靈魂的大學，校無良師，學生無所歸止，其有否存在將成為疑問。

今天人人崇拜美國，以美國之教育為酷，依美國之強，淺人唯功利是尚，人人口喊國際化，其實就是美國化，唯美國之馬首是瞻。「人之有技，若己有之，人之彥聖，其心好之」[8]。人有善道，我向其學習，取精用宏，不失正大襟懷。但如果盲目跟從，不假思索而盲從之，則難免弄巧成拙，畫虎不成反類犬，美國教育秉其實用主義思想，尤其大學教育事業極其發達，百餘年來罕有其匹，因第一次世界大戰後，其國力騰飛，強國之驕態，足以炫人耳目。唯因其實用主義作祟，故其高級名校莫不以學店式經營，以「成功證明手段合理，能滿足我的需要就是真理。」即是說，人為達目的可以不擇手段，只要能滿個人的需求，不問是非，只要成功，不顧他人死活，在這種唯實用的功利主義思想影響下的大學教育，雖然培養大量人才，但亦有更多至無法估量的莘莘學子成為成功的陪葬品。它刺激了人性有私的個性發展，卻忽略了合理之私的理性公義，提高了資本主義的生產力，卻犧牲了人類的精神幸福，使基督教旁緣善化，猶難免令人文德性教育根本被扭曲，如此之美國精神，其強盛必不能持續，效西施之顰者，難掩其醜態。把人類視同一般野生動物，噬人以肥己，以不擇善惡的競爭為進步之標的，正落入單純進化論之瘋狂陷阱，使人類退化成原始人本質，則數千載人類辛苦的人文教育建設，文明毀於一旦。不問是非，不辨善惡，只要能戰勝對方、殺死對方，自己即可滿足需求而飽餐一頓，令商場險於戰場，如是人雖獲物質之滿足，依然無法安身立命，所以古人資告「窮理盡性（德性）」者，正欲人極其德性之知，以別於禽獸之所為。

另一種只求一己成功，不顧他人，損人利己的商業教育思想，尤與中國傳統的儒家教育精神秉持的「己欲達而達人，己欲立而立人」，「己所不欲，勿施於人」的明德而忠恕思想，大相逕庭，適足以令人類的道德架構為之解體，人之所以為人之本質完全消失，使當代人類與一般野生動物之差異，已不在於人之高尚品德，而僅是技能與知識之高低，進化至另一種人食人的新形式而已。二十世紀以來美國教育，已將世人帶入物質發達危機，審方來之大勢。資本主義制度，肯定非人類社會的理想，美國強盛之迷思，當是反思的對象教材。

真、善、美是人類所共同追求的最高理想，德性只有人類才有，是至善之體，和諧就是美，至真就是人性明德至善之本，至真、至美、至善乃仁之達用，故《大學》立教以「明德、至善」為宗，是人類教育的共同大原則，凡悖這一大原則，即是未能竟教育之全功，儘管人擁有卓絕專精之技能，在物理上有特殊貢獻，而不解明德致善，乃不可或缺的德性之知，則高才異能，必可能造成有意無意對人的傷害而不自知。只靠物質的刺激，利誘導人之慾望，使詐欺成為商業市場之詭隨。如是人之利欲，將如群羊之趨水草，猛獸之撲群羊，相乘損人以利己，以力相噬，如此悠悠人海，於德之不明，人歸同於禽獸，則人道滅矣，甚麼人權自由民主都是辭費。

誠知教育不可侷限於專技訓練為滿足，人文大端，絕不可缺。一個只具專業知識，不識人倫仁義之真性大端，淪落為失性之物，失性之人，將是人類歷史發展所深懼。一個缺乏明德的專家，他和人工製造出來的電腦何異？人畢竟不是電腦，人有思想、有感情，有是非德性之知，更需人倫親情之滋潤，既不可歸同於野生動物，更不可變成無德性之工具，於理至明。

當今社會之日趨多元化發展，是人類歷史發展和資本主義社會結構的必然結果。由於資本市場日益發達，生產力的高度膨脹，分工愈後而愈細。在一切服從於生產力需求思想的指導下，知識界自不能免於這種客觀現實之影響，而旁分異流，眾而且細，使大學教育淪落為「知識工廠」和「社會服務站」的命運，缺乏德性之知的主體性。有力的大資本家和野心家，力足以影響大學為其培養特定的專技人才，以為其看家護院，自然不會顧及全人格培育之教育義理。在這種全然被動於社會生產力指導的大學教育，人文之被空洞化，德性之知必然被利欲完全掩蔽，剝而不復，使人思想化於物，主從混淆，究竟是物質應該服務於人類呢？還是人類應該為物質服務？主從迷惘，思想倒亂，是造成二十世紀以來人生徬徨失措的總根源。

如果大學教育完全喪失明德之主體性，則等於人完全喪失對物質的駕馭能力。亦就談不上「正德、利用、厚生」的經濟哲學原理。由此可知，儘管知識之不斷多元發展，總須統歸於明德，明其合理之得，足乎己而不損害他人，明確物質乃為人所用，而非人役於物。崇本歸原，全天地之性，復人之主體尊嚴，乃教育之最大任務。

1 《甲骨文編》卷二。二十四。
2 《周書・康誥》。
3 《左傳・昭公》二十八年。
4 《周書・康誥》。
5 《論語・子路》篇。
6 周敦頤《通書・文辭》。

7 《商書・太甲》篇。

8 《周書・秦誓》篇。

補注：宋楊簡（慈湖）嘗懷疑「大學」非孔子所作。明末陳確之「大學辨」亦疑「大學」非孔子本旨。二氏見解實有偏差，於此補釋。

國家圖書館出版品預行編目資料

儒政新書

林庭翀著. – 初版. – 臺北市：臺灣學生，2019.08
面；公分

ISBN 978-957-15-1800-8 (平裝)

1. 儒學

121.2　　108008030

儒政新書

著作者　林庭翀
出版者　臺灣學生書局有限公司
發行人　楊雲龍
發行所　臺灣學生書局有限公司
地址　臺北市和平東路一段 75 巷 11 號
劃撥帳號　00024668
電話　(02)23928185
傳眞　(02)23928105
E-mail　student.book@msa.hinet.net
網址　www.studentbook.com.tw
登記證字號　行政院新聞局局版北市業字第玖捌壹號
定價　新臺幣四八〇元
出版日期　二〇一九年八月初版
ISBN　978-957-15-1800-8

12174